그림해설
경영전략사전

미야 에이지 지음 / 변명식 편역

KITI 한국산업훈련연구소
Korea Industrial Training Institute

圖解事典 經營戰略の基礎知識
by Eiji Miya

Copyright © 1996 by Eiji Miya
Korean Translation Copyright © 1996 by Korea Industrial
Training Institute., Publishers

Printed in Korea

◆이 책을 발간하면서

 기업이 21세기의 초우량 기업(Exellent Company)으로 발돋움하기 위해서는 이상적인 미래상을 염두에 두고 경영전략을 현실성 있게 변혁시켜 나가야 할 것이다. 그리고 지금까지는 경영전략이 최고경영층에 의해 입안되어 왔지만, 앞으로는 전원참여형으로 바뀌지 않으면 안 될 것이다.

 오늘날 기업의 외부 환경은 빠른 속도로 변화해가고 있다. 고객의 마인드를 비롯하여 새로운 마케팅 기법, 경쟁, 거기에다 정치, 경제까지도 경영에 영향을 미치고 있다. 그리고 이로 인해 경영 내부의 각 분야에서도 새로운 과제와 문제점이 제기되고 있다.

 한편 경영 규모가 확대됨에 따라 중간관리층의 역할 분담도 증가하게 되었으며, 제품 및 사업 방향도 확대되어 이제 경영전략의 입안은 최고경영층의 울타리를 뛰어넘어 전 사원의 영역으로까지 확대되는 시점에 이르렀다.

 요컨대 오늘의 경영전략은 전원참여형의 패러다임으로 변혁되지 않으면 안 된다. 그리고 미들 클래스(Middle Class)는 물론 로워 클래스(Lower Class)까지 각각의 역할에 따라 실리적인 전략이 추구되어야 한다.

 좀더 구체적으로 말한다면 중간관리자는 기업의 경영전략에 따라 영업, 생산, 개발 부문의 구조 개혁을 자율적으로 추진해야 할 것이며, 하부조직은 종합품질관리(TQC), 무결점(ZD) 운동 등을 통해 제품개선에 노력해야 할 것이다. 이렇듯 전원이 경영전략 기능을 분담하여 구조 개혁을 실현해 나갈 때 초우량 기업을 바라볼 수 있는 것이다.

 이렇게 되려면 우선 전 사원이 경영전략에 필요한 기본지식을 갖추고 있어야만 한다. 이와 같은 시대 상황에 부응하려는 의도에서 우리나라에서도 널리 알려진 마케팅 분야의 석학(碩學) 미야 에이지 교수의 저서 《그림해설 경영전략사전》(원제 : 圖解事典 經營戰略の基礎知識)을 펴내게 되었다.

iii

이 책은 표제에 '그림해설'이라고 밝혔듯이 모든 항목을 그림으로 풀어서 간결하게 설명하고 있다. 그리고 누구나 이해하기 쉽도록 표현에 각별한 배려를 기울였다. 이렇듯 알기 쉽고 재미있게 익힐 수 있는 이 한 권의 사전이 경영전략에 관심이 있는 모든 분들에게 큰 도움이 되리라는 기대를 가지며 이 책을 펴내는 바이다.

1996년 12월
한국산업훈련연구소
회장 박 달 규

세계무역기구(WTO)의 출범과 시장개방, 우리나라의 OECD 회원국 가입과 무한경쟁시대의 돌입 등 경제 환경은 예측이 어려운 시대를 맞고 있다.

과거 정형적(定型的)인 기업경영시대의 경영의 틀은 경험과 감각이 중요했으나, 무한경쟁시대의 경영은 정보와 전략, 창의성과 효율에 의해 좌우된다.

세계화는 국경없는 경영 환경을 제공하고 생산과 소비가 모두 단일시장체제로 구조를 변화시킴으로써 기업경영에 커다란 위협과 기회를 동시에 제공하고 있다.

이러한 급변하는 경영환경시대에서는 전략적 사고와 창의적 아이디어, 효과적인 전략 없이는 조직도 개인도 생존할 수 없다.

오늘날처럼 미래 예측이 불투명하고 상황 대응이 신속하게 이루어져야하는 불확실한 경영시대를 꿰뚫어보고 기본에 충실한 기업체만이 내일을 기약할 수 있는 상황 아래에서 시의적절하게 경영의 전략 방향을 제시한이 책은 이미 《그림해설 알기 쉬운 마케팅》 등으로 우리나라 독자들에게 친숙한 미야 에이지 교수의 저서를 우리말로 옮겨 발간하게 된 것을 뜻 깊은 일이라고 생각한다.

명철한 경영이론이나 심도있는 경영해법의 전개가 아무리 논리정연하고 심오한 철학의 바탕 위에서 이루어지더라도 이용하는 독자가 이해의 범주를 벗어나거나 실용적인 측면에서 효과가 없다면 그것은 무용지물(無用之物)이 될 수밖에 없다.

이 책은 한눈에 알아보기 쉽도록 기업과 경영의 관계, 경영전략을 입체적으로 정리하여 그림으로 구성한 매우 독특한 경영전략 지침서라고 할 수 있다.

독자들이 이 책을 참고로 하여 삼국지에 나오는 제갈공명처럼, 제2차세계대전의 처칠처럼 현대 경영전략에 있어서는 바로 '당신'이 최고의 경영전략가가 되기를 바란다.

　이 책을 발간하기까지 수고와 협력을 아끼지 않은 한국산업훈련연구소의 박달규 회장님과 편집 직원 여러분에게 감사를 드린다.

1996년 12월

변 명 식

차 례

■ 이 책을 발간하면서/iii
■ 편역자의 말/v
■ INDEX (가나다순)/xii
■ INDEX(ABC순)/xx

제 I 부　경영전략

제1장　경영이란 ———————————————————— 3
1-1 기 업 ———————————————————— 4
1-2 경 영 ———————————————————— 6
1-3 경영자 ———————————————————— 8
1-4 의사결정 ———————————————————— 10
1-5 경영목적 ———————————————————— 12
1-6 경영환경 ———————————————————— 14
1-7 기업의 수명 ———————————————————— 16
1-8 경영학의 발전사 ———————————————————— 18

제2장　전략이란 ———————————————————— 21
2-1 전 략 ———————————————————— 22
2-2 전략의 역할과 평가 ———————————————————— 24
2-3 전 술 ———————————————————— 26
2-4 계 획 ———————————————————— 28
2-5 목 표 ———————————————————— 30
2-6 표 적 ———————————————————— 32
2-7 절 충 ———————————————————— 34

제3장 경영전략이란 ──────────── 37
   3-1 경영전략 ──────────── 38
   3-2 비전과 컨셉트 ──────────── 40
   3-3 시나리오 ──────────── 42
   3-4 기업 도메인과 코어 콤피턴스 ──────────── 44
   3-5 선택적 인지와 기업생체론 ──────────── 46
   3-6 경 쟁 ──────────── 48
   3-7 전 황 ──────────── 50
   3-8 경험과 역사 ──────────── 52

제Ⅱ부   경영전략의 기본 프로세스

제4장 경영전략의 책정 ──────────── 57
   4-1 전략 디자인 ──────────── 58
   4-2 기업 포지셔닝 ──────────── 60
   4-3 전략 포지셔닝 ──────────── 62
   4-4 전략 레벨과 전략 스케일 ──────────── 64
   4-5 전략안 ──────────── 66
   4-6 데드라인 ──────────── 68

제5장 경영전략의 방향 ──────────── 71
   5-1 경영전략의 방향 ──────────── 72
   5-2 전진형 ──────────── 74
   5-3 유지형 ──────────── 76
   5-4 후퇴형 ──────────── 78
   5-5 시너지형 ──────────── 80

5-6 독점화 ─────────────── 82

5-7 재생형 ─────────────── 84

5-8 아웃소싱 ─────────────── 86

제6장　경영전략의 패턴 ─────────────── 89

6-1 경영전략 패턴 ─────────────── 90

6-2 창조형 전략 패턴 ─────────────── 92

6-3 모방형 전략 패턴 ─────────────── 94

6-4 적응형 전략 패턴 ─────────────── 96

6-5 배틀형 전략 패턴 ─────────────── 98

6-6 리스크 매니지먼트형 전략 패턴 ─────────────── 100

6-7 내부지향형 전략 패턴 ─────────────── 102

제7장　경영전략의 차원 ─────────────── 105

7-1 경영전략의 차원 ─────────────── 106

7-2 다각화 ─────────────── 108

7-3 컨글로머릿화 ─────────────── 110

7-4 글로벌화 ─────────────── 112

7-5 에콜러지컬화 ─────────────── 114

제8장　경영전략 믹스 ─────────────── 117

8-1 경영전략 믹스 ─────────────── 118

8-2 조직전략 ─────────────── 120

8-3 조직전략 믹스 ─────────────── 122

8-4 생산전략 ─────────────── 124

8-5 제품개발전략 ─────────────── 126

8-6 마케팅전략 ─────────────── 128

8-7 마케팅전략 믹스 ─────────────── 130

8–8 재무전략 ——————————— 132

8–9 경영정보전략 ——————————— 134

제9장 경영전략의 배분과 전달 ——————— 137

9–1 경영전략의 배분 ——————————— 138

9–2 경영전략의 전달 ——————————— 140

9–3 전달의 표현방법 ——————————— 142

9–4 통신과 경영전략 ——————————— 144

9–5 사 풍 ——————————————— 146

제10장 경영전략의 실시 ————————————— 149

10–1 경영전략의 실시 ——————————— 150

10–2 경영전략의 전개 ——————————— 152

10–3 경영전략의 수정과 컨트롤 —————— 154

10–4 변혁 프로세스 ——————————— 156

10–5 경영전략의 중지 ——————————— 158

제11장 경영전략의 분석 ————————————— 161

11–1 경영전략의 분석 ——————————— 162

11–2 선택적 인지와 분석 ————————— 164

11–3 차이분석 ————————————— 166

11–4 타사의 반응 ———————————— 168

제Ⅲ부 경영전략의 테크닉

제12장 각종 전략 ——————————————— 173

12–1 란체스터전략 ——————————— 174

12-2 제품믹스전략 ——————————— 175
12-3 브랜드전략 ——————————— 176
12-4 모델체인지전략 ——————————— 177
12-5 이미지전략 ——————————— 178
12-6 패션화전략 ——————————— 179
12-7 붐 메이킹 전략 ——————————— 180
12-8 PR전략 ——————————— 181
12-9 콤플렉스전략 ——————————— 182
12-10 코스트 리더십 전략 ——————————— 183
12-11 매뉴얼화전략 ——————————— 184
12-12 프랜차이즈전략 ——————————— 185
12-13 특허전략(1) ——————————— 186
12-14 특허전략(2) ——————————— 187
12-15 규격전략 ——————————— 188
12-16 ISO 9000 전략 ——————————— 189

부 록 기타 키워드 및 참고문헌

• 기타 키워드 ——————————— 192
• 참고문헌 ——————————— 203

INDEX
● 가나다순

[가]

가격파괴 ·························· 192
가상기업 ·························· 195
가이드라인 ················· 41, 72
간접금융 ························· 132
간판방식 ··························· 19
강자의 전략 ···················· 174
강조 기능 ························· 165
개발기업 ··························· 95
개방적 의사결정 ················· 11
개인적 의사결정 ················· 11
갭의 축소 ························· 103
갭의 확대 ························· 103
거피전략 ························· 174
게임감각 의사결정 ············· 192
게임이론 ··························· 49
게임 참여형 팀워크 ············ 147
결과관리 ··························· 31
경박단소(輕薄短小) ············ 192
경영경제학 ························· 19
경영계획 ··························· 19
경영관 ······························· 7
경영규모 ···························· 7
경영 노하우 ························ 7
경영력 ······························· 6
경영방침 ············· 13, 72, 106
경영 스타일 ························ 7
경영자 ······························· 8
경영자원 ···························· 7
경영전략 ·········· 22, 38, 72, 90, 106,
                118, 138, 150, 162
경영전략 믹스 ············ 106, 118
경영전략 패턴 ···················· 90
경영정보전략 ···················· 134
경영조직 ···························· 7

경영지침 ····················· 41, 72
경영철학 ······················ 7, 97
경영체질 ···························· 7
경영행동 ···························· 7
경영환경 ··························· 14
경쟁구조 ··························· 98
경쟁력 ···························· 183
경쟁우위 ··························· 83
경제인 ···························· 10
경직적인 전략 ·················· 151
계열화 ···························· 82
계획적 진부화 ·················· 177
공개전략 ························· 186
공동전략 ·························· 64
공업소유권 ······················ 187
공유화 ·························· 145
과점 ······················· 83, 99
관료제 ···························· 19
관료형 조직 ····················· 123
관행 ····························· 147
교육활동 ························· 181
구매력 ···························· 192
구입처별 조직 ·················· 123
국제기업 ························· 113
국제통일규격 ···················· 188
국제표준화기구 ·················· 188
국제화 ···························· 112
군대형 조직 ····················· 123
권위 ····························· 139
권한 ····························· 139
권한위양 ························· 139
권한이론 ·························· 18
궤도수정 ························· 154
규격전략 ························· 188

그랜드 디자인 ·············192
그룹웨어 ·················145
그룹형 조직 ···············123
그룹화 ··················82
글로벌기업 ···············113
기능별 조직 ··············123
기본전략 ··············64, 106
기업 ··················4, 6
기업가 정신 ···············8
기업 내 벤처 ··············192
기업 내 벤처 조직 ··········123
기업노력 ················25
기업 도메인 ···············44
기업문화 ················146
기업 미션 ················41
기업분할 ················84
기업생체론 ···············53
기업의 약체화 ·············77
기업 이미지 ··············178
기업 지배 ···············83
기업체질 ················146
기업칼라 ················146
기업 포지셔닝 ·············60
기업풍토 ················164
기업행동 ················13
기회손실 ················166
긴급 기능 ···············165
긴급수정 전략안 ············67

[나]
내부전략 ················64
내부지향형 ··············102
네트워크형 조직 ···········123
뉴미디어 ················134
능률 ·················18, 25
니치전략 ················199

[다]
다각화 ············106, 108, 127

다국적기업 ···············113
다운사이징 ··············192
다이렉트 마케팅 ···········193
단독 전략 ············64, 182
대등합병 ················82
대응행동 ················51
대체안 ···············10, 66
데드라인 ················68
데드 히트 ···············193
데이터 뱅크 ··········145, 163
데이터 베이스 ·········145, 163
데이터 웨어하우스 ··········145
도입 ···················94
독점 ···················83
독점화 ·················82
독점화전략 ··············186
동기 ···················74
동기부여 ··············19, 122
동작 ···················26
동작연구 ················18
동지형 팀워크 ············147
디시전 룸 ···············193
디자인 인 ···············193
딜리버티브 ··············133

[라]
라이선스 생산 ········125, 193
라이프 사이클 어세스먼트 ·····193
라이프 스테이지 ···········17
란체스터전략 ·············174
러프계획 ················28
레버리즈드 바이아웃 ········193
로렌츠 곡선 ··············175
로지스틱스 ············19, 194
로크리머틱스 ·············194
로테크 ·················194
루트별 조직 ··············123
루틴 ···················26
리뉴얼 ·················196

리더십 ···················· 9, 120
리버스 엔지니어링 ················ 194
리스크 ························· 100
리스크 관리 ····················· 155
리스크 매니지먼트 ················ 100
리스크 컨트롤 ···················· 101
리스크 회피 ····················· 76
리스트럭처링 ····················· 84
리엔지니어링 ····················· 194
리프레시 ························ 196
린 생산 ························· 124

[마]

마케팅 ························· 128
마케팅전략 ······················ 128
마케팅전략 믹스 ·················· 130
마케팅 컴퍼니 ····················· 41
매각 ···························· 78
매뉴얼화 ····················· 143, 184
매니지먼트 ······················· 19
매니지먼트 사이클 ················ 194
매니지먼트 이론 ··················· 18
매수 ···························· 82
매점(買占) ······················· 82
매칭 ···························· 96
매킨지 매트릭스 ··················· 61
매트릭스형 조직 ·················· 123
머니게임 ························ 192
머니 메이킹 에어리어 ·············· 45
멀티도메스틱 마케팅 ·············· 112
멀티미디어 ······················ 134
멀티브랜드전략 ·················· 176
메세나 ························· 181
메이저 ························· 194
면(面) 전략 ····················· 194
명령 ··························· 140
명문화 ························· 141
모듈 ··························· 195
모방 ···························· 94

모방형 전략 패턴 ················· 94
목적 ······················· 12, 30
목표 ··················· 12, 22, 30
목표관리 ························· 31
무기적(無機的) 커뮤니케이션 ······ 147
문제해결 ···················· 24, 73
문화활동 ························ 181
미디어 믹스 ····················· 195
미디어 콤플렉스 ·················· 182
미래주의 ························· 53
미조정(微調整) ·············· 60, 154

[바]

반격 ··························· 168
반응 ··························· 168
반응력 ························· 169
반응의 고리 ····················· 168
방어전략 ························ 186
배분 ··························· 138
배틀 ······················· 91, 98
배틀형 전략 패턴 ················· 98
버스트 ························· 180
베스트 프랙티스 ··················· 63
벤치마킹 ························· 63
벨트 컨베이어 시스템 ·············· 18
변경 ······················ 154, 156
변혁 ··························· 156
변혁 프로세스 ··················· 156
보더레스 ························· 19
보수적 경영 ······················ 39
볼런티어활동 ···················· 181
부가가치 ························· 18
부분수정 ························ 154
부분전개 ························ 152
부분전략 ························· 64
분권제 ·························· 19
분사경영(分社經營) ··············· 195
분석 ······················ 162, 164
분업 ··························· 18

붐 메이킹 마케팅 ·················· 195
붐 메이킹 전략 ····················180
붐 엔딩 전략 ·······················180
붐 유지 전략 ·······················180
브랜드 로열티(brand loyalty) ·······176
브랜드별 조직 ·····················123
브랜드전략 ·························176
브랜딩 ······························125
비교분석 ·····························63
비디오텍스 ·························135
비전 ····························· 2, 40
비주얼 머천다이징 ···············195
비주얼화 ························59, 143
비즈니스 빌더 ·····················195
비즈니스 서베이 ···················195
비즈니스 스쿨 ·····················192
비즈니스 시뮬레이션 ·············192
비즈니스 콘피던스 ················195
빅 비즈니스 ························195
빅전략 ······························ 64

[사]
사과맛 테스트 이론 ················95
사업 ·································· 4
사업단위 ····························109
사업목적 ···························· 12
사업 믹스 ···························· 79
사업부제 ···························· 19
사업부제 조직 ·····················123
사업분할 ····························108
사업의 포지셔닝 ···················· 61
사업전개 컨셉트 ···················· 41
사전분석 ····························162
사전수정 ····························155
사전 컨트롤 ························155
사정(査定) ··························157
사풍 ····························· 19, 146
사회공헌 ····························181
사회봉사활동 ·······················181

사후분석 ····························162
사후수정 전략안 ····················· 66
산업국가 ····························· 19
상계 ·································169
상위전략 ························· 22, 64
상표권 ·························186, 187
생산전략 ····························124
선동적 기업활동 ···················180
선발명주의 ·························187
선원주의(先願主義) ···············187
선택적 인지 ····················46, 164
성장재투자 ·························· 75
세계기업 ····························113
세부전략 ····························· 64
소비자만족 ·························128
소비자주의 ·························114
소프트노믹스 ·······················196
소프트웨어 뱅크 ···················145
숍마스터제 조직 ···················123
수명 ·································· 16
수시분석 ····························162
수용 ·································140
수입총대리점 ·······················196
수직적 통합 ·······················196
수출기업 ····························113
수치목표 ····························· 30
수평적 통합 ·······················196
순차적 의사결정 ····················· 11
스케줄 ······························ 28
스크랩 엔드 빌드 전략 ··············196
스테이플(staple) ····················180
스테레오 타입 ·····················196
스팬 오브 컨트롤 ··················121
시간연구 ····························· 18
시나리오 ····························· 42
시나리오 라이팅 ····················· 42
시너지 ··················· 19, 72, 80, 118
시뮬레이션 ·························197
시스템 분석 ························· 19

시스템 이론······················· 19
시장································· 128
시장매력도························ 61
시장성숙도························ 61
시장세분화전략··············· 128
시장창조··························· 93
시장창조의 고리················ 93
시장환경··························· 92
신디케이트······················197
신제품 성공의 고리··········127
신제품전략······················126
실용신안권···········186, 187
심적 필터························· 52

[아]
아웃소싱··························· 86
애그러비즈니스················197
액션 프로그램··················· 29
약자의 전략······················174
어뮤즈먼트 콤플렉스········182
업계논리··························· 52
업계의 모르모트················197
업계통일규격···················188
업무의 대중화···················184
업태변경··························· 84
에어리어전략··················· 197
에콜러지컬 매니지먼트······115
에콜러지컬화··················· 114
엑설런트 컴퍼니··············· 197
역사주의··························· 53
역할분담··························138
연계································· 181
연속적 의사결정··············· 11
예비관리··························155
오거나이저······················197
오피니언 리더··················179
외부전략··························· 64
외부환경··························· 14
유니버설 뱅크··················107

유사································· 94
유지···························72, 76
유효성····························· 24
융통성 있는 전략·············· 67
의무································138
의사결정······················10, 73
의사 결정자····················· 10
의장권··················186, 187
이노베이션······················· 19
이미지····························178
이상적 위치····················· 60
이코시스템······················114
이프(IF)의 리스크············· 87
인간관계론······················· 19
인지능력··························164
인큐베이션······················198
인텔리전스 정보시스템······ 51
인텔리전트 빌딩················198
인프러스트럭처················198
일본자본주의··················· 19
일제실시(一齊實施)··········150
임기응변형 구조················ 97
임팩트····························· 52

[자]
자금조달전략··················132
자기금융··························132
자기운동··························103
자기학습적······················· 97
자기학습적 의사결정········· 11
자동경보시스템················ 51
자본가···························· 8
자사규격··························188
자선활동··························181
자연도태··························· 77
잠정목표··························· 30
장소································· 92
재무전략··························132
재생형····························· 72

재생형 ······················ 72
재테크 ·····················133
저스트 인 타임 ··············198
저작권 ················ 186, 187
적응론 ····················· 19
적응론적 의사결정··········· 11
적응형 ····················· 96
전략 ·········· 19, 22, 26, 34, 64, 90
전략공유화 ················· 43
전략 디자이너 ·············· 58
전략 레벨 ················· 64
전략 스케일 ··············· 64
전략안 ····················· 66
전략의 분업화 ·············· 58
전략의 역할 ··············· 24
전략의 평가 ··············· 25
전략적 의사결정··········· 11
전략정보시스템 ···········135
전략 콤비네이션 ············ 65
전략 편성 ················· 65
전략 포맷 ················· 43
전략 포지셔닝 ·············· 62
전면수정 ·················154
전면전개 ·················152
전술 ················· 26, 34
전업화 ···················198
전자게시판 ···············144
전자메일 ·················144
전자표시 ·················142
전장 ····················· 50
전진 ················· 72, 74
전진광(前進狂)············· 75
전체전략 ················· 64
전통 비즈니스 ·············· 77
전황 ····················· 50
전황 판단 ················· 50
절충 ····················· 34
점(點) 전략 ···············194
점차적 실시 ···············150

정보이론 ················· 19
정크 ····················198
정합성(整合性)············114
제약된 합리성············10, 19
제조물 책임 ···············198
Z이론 ···················199
제판동맹(製販同盟)··········200
제품개발전략 ··············126
제품믹스전략 ··············126
제품별 조직 ···············123
제휴 ····················· 80
조작 ····················167
조직 내 밸런스 ············138
조직인 ···················159
조직전략 ·················121
조직전략 믹스 ·············122
조직프레임 ···············122
존속 ················· 14, 114
종합력 전략 ···············199
주관적 선택 ···············164
주식공개매입 ·············· 82
주식의 지분 ··············· 81
주의 ····················· 72
중간분석·················162
중단 ····················158
중지 ···············154, 157, 158
즉시전략·················· 67
지리멸렬 ·················119
지역별 조직 ···············123
지연기업·················· 95
지연자 ···················179
지적재산권 ············ 94, 186
지지 ····················151
지향 ················· 17, 72
직관적 의사결정············ 11
직접금융 ·················132
진전 ····················152
집단적 의사결정············ 11
집중화 ··················· 62

[차]

차별적 유리성 ································ 128
차별화전략 ································· 128
차이분석 ··························· 163, 166
창조적 파괴 ························· 18, 53
창조형 ···································· 92
책략 ······································ 27
철수 ······································ 78
철수장벽 ·································· 79
최종목표 ·································· 30
추수기업(追隨企業) ············· 93, 95
추수자 ···································· 179
축차분석 ·································· 162

[카]

카르텔 ······························ 49, 80
카리스마 ································· 199
카운터베일링 파워················· 199
카테고리 킬러 ························ 199
커뮤니케이션 갭 ····················· 58
컨글로머릿 ························19, 110
컨글로머천트 ························· 110
컨셉트 ···································· 41
컨트롤 ···································· 154
컴패티빌리티 ·························· 199
컴퍼니제 조직 ························· 123
컨플릭트 ································· 139
컴퓨터 리터러시 ···················· 199
케이스 스터디 ························· 199
코스트 리더십 ························· 183
코스트지향형 ························· 102
코스트 퍼포먼스 ···················· 199
코어 비즈니스 ························· 111
코어 콤피턴스 ························· 45
콘체른 ···································· 82
콘틴젠시 이론 ···················· 19, 46
콤플렉스전략 ························· 182
크로스 라이선스·················126, 186

[타]

타사생산 ································· 125
타이트한 전략 ························· 67
타임 리밋 ································ 68
탄력적인 전략 ························· 151
태스크 포스 ··························· 200
택스 헤이븐 ··························· 113
테크노크랫 ····························· 8
텐트 비즈니스 ························· 200
통신성 ···································· 142
통합전략 ································· 64
트라이얼 ································· 152
트러스트 ································· 82
특허공개 ································· 187
특허공여전략 ·························· 187
특허권 ······························186, 187
특허분쟁 ································· 187
특허비공개전략 ······················ 186
특허전략 ································· 186
특허취득전략··························· 186
특허활용전략 ························· 186
팀 머천다이징 ························· 200

[파]

파레토의 법칙 ························· 175
파워 센터······························· 200
판매촉진 ································· 130
판사(販社) ····························· 130
펌 뱅킹 ································· 200
패드 ······································ 180
패브레스 ····························· 86, 125
패션 ································· 179, 180
패션화전략 ····························· 179
패턴화 ···································· 91
퍼블리시티 ····························· 131
퍼서낼리티 ····························· 19
퍼실러티 매니지먼트················· 200
페이퍼리스 ····························· 144
페이퍼리스 트레이딩················· 144

평가척도 ································· 60
폐쇄적 의사결정 ························ 11
포트폴리오전략 ················· 79, 109
표적 ······································ 32
표준화 ································18, 184
품질관리 ······················· 18, 19
프랜차이저 ·························· 185
프랜차이즈 ·························· 185
프랜차이즈 체인 ···················· 185
프로그램 ···························· 29
프로그램화된 의사결정 ·············· 11
프로젝트 ···························· 29
프로젝트형 조직 ·····················123
프레셔 ························· 9, 102
플래닝 ···························· 26
플랫형 조직 ························123
피라미드형 조직 ·····················123
필터 ······································ 52
필터 기능 ···························165

[하]

하위전략 ·······················22, 64
하이테크 ····························194
합병 ·························· 80, 82
합판(合辦) ···················· 80
헤드헌팅 ························· 201
협의 ························· 82
협조성 ···························· 19
홀론 ····························201
홍보활동 ························· 181
환경 ···························· 14
환경 비즈니스 ·····················115
환경적 적소 ···················· 15
환경적 제재 ···················· 15
환경주의 ·························114
환경지향 ·························115
환경지향 회사 ·····················115
효율 ···························· 25
후퇴 ···························72, 78

흡수합병 ····························· 82

INDEX
● ABC순

[A]

ABC Analysis ·······················175
Acceptance ·························140
Acceptance Type ·················140
Accuracy ···························169
Acknowledge Ability ···········164
Acquisition ·························82
Action ·······················13, 150
Action Program ···················29
Adaptation ·························96
Adaptive ···························96
Adaptive Decision Making ·······11
Adding ·····························109
Ad hoc ·····························96
Ad hoc Decision Making ·········11
Adhocracy ·························97
Adjustment ··············25, 96, 114
Administration ·····················6
After-modification ···············155
Agitated Business Behavior ·······180
Agreement ························82
Agribusiness ······················197
Aim ·······························12
A Little Adjustment ·········60, 154
Allocation of Business Strategy
····································138
Allotment of Parts ···············138
Alteration ·························154
Alternatives ·················10, 66
American Management
Association(AMA) ···········197
American Marketing
Association(AMA) ···········197
Amusement Complex ···········182

Analysis ···························162
Analysis of Difference ···········166
Area Strategy ····················197
Assembly ·························125
Assessment ·······················157
Assets ·····························4
Assimilation ·······················94
Assortment ·······················109
Audio Visual Strategy ···········197
Authority ·························139

[B]

Backing ···························151
Backup ···························151
Backward ·····················72, 78
Balance of Power ············50, 111
Bargaining ························34
Basic ·····························77
Basic Strategy ··············64, 106
Battle ·····················50, 91, 98
Battlefield ·························50
Bench Marking ····················63
Best Practice ······················63
Better ·····························50
Big Business ······················195
Big Strategy ························64
Biotechnology ····················196
Blockbuster ·······················195
Boom ·····························180
Boom-ending ·····················180
Boom-keeping ·····················180
Boom-making ·····················180
Boom-making Marketing ·········195

Boston Consulting Group
Matrix ·· 175
Bottom-up ··· 179
Brainstorming ····································· 43
Branding ··· 125
Brand Loyalty ···································· 176
Budget of Strategy ···························· 169
Bureaucracy ·· 97
Business ·· 4
Business Behavior ····························· 13
Business Builder ······························· 195
Business Confidence ························· 195
Business Diversification ················ 127
Business Environment ···················· 14
Business Management ······················ 6
Business Mix ·· 79
Business Policy ·································· 107
Business Simulation ······················· 192
Business Strategy ··················· 22, 38
Business Strategy Mix ················· 118
Business Survey ································ 195
Business Unit(BU) ············· 109, 110
Bust ·· 180
Buying Power ···································· 192

[C]

CALS ··· 135
CAPTAIN ·· 135
Cartel(Kartell) ······················· 49, 80
Case Study ·· 199
Cash Cow ·· 175
Category ·· 127
Category Killer ······························· 199
Chairman ··· 8
Change ··· 156
Charisma ··· 199
Chief Executive Officer(CEO) ······· 38
Class ··· 127

Closed Decision Making ················· 11
Closed Type ·· 97
Combination ····································· 125
Combined Strategy ··························· 64
Command ·· 140
Communication Gap ······················· 58
Communication of
Business Strategy ························· 140
Company Tradition ························· 146
Compatibility ··································· 199
Competition ·························· 48, 83
Competitive Advantage ················· 83
Competitive Edge ··························· 183
Completion ······································· 158
Complex Strategy ··························· 182
Computerization ····························· 144
Computer Literacy ························· 199
Concentration ··································· 62
Concept ·· 41
Conditions of Battle ······················· 50
Conflict ··· 139
Conglomerate ··································· 110
Conglomerchant ······························ 110
Consumerism ···································· 114
Contingency Theory ························· 46
Continuance ······················· 114, 153
Continuation ···································· 153
Control ··· 154
Cooperation ······································· 80
Core Business ··································· 111
Core Competence ···························· 45
Corner ·· 82
Corporate Color ······························ 146
Corporate Constitution ·············· 146
Corporate Culture ························· 146
Corporate Domain ························· 44
Corporate Identity System
(CIS) ··· 197

Corporate Image ···················· 178
Corporate Mission ····················41
Corporate Positioning ················60
Cost Leadership ······················183
Cost-oriented Type ··················102
Cost Performance ··················· 199
Counterattack ······················· 168
Countervailing Power ················ 199
Course Correction ····················154
Creative ····························· 92
Creative Destruction ··················53
Cross Licence ······················· 126
Culture Action ······················181
Custom ····························· 147
Customer Satisfaction(CS) ·········128
Cutthroat Competition ·············· 49
Cyberspace ··························195

Differential Advantage ·············· 128
Differentiation ····················· 129
Differentiation Strategy ··············128
Dimension of Business Strategy ·106
Diplomacy ··························· 34
Direct Financing ····················132
Direction of Business Strategy ······72
Direct Marketing ···················193
Director ···························· 8
Discrepancy ····················15, 103
Distortion ·························146
Diversification ················107, 108
Division ··························· 84
Domain ···························· 44
Downsizing ························· 192
Dropping ··························· 109
Duty ····························· 138

[D]

Data Bank ·····················145, 163
Data Base ·····················145, 163
Data Warehouse ····················145
Dead Heat ······················49, 193
Deadline ···························68
Decision Information System ······135
Decision Maker ·····················10
Decision Making ················10, 73
Decision Room ····················· 193
Defeat ····························50
Defensive Strategy ·················186
Delay ························ 78, 153
Delegation of Authority ·············139
Delivative ························· 133
Delphi Technique ·················· 193
Depth ···························· 127
Design-in ························· 193
Development ························152
Different Counterattack ············168

[E]

Easy ·····························50
Eco-business ······················ 115
Ecologicalism ····················· 114
Ecological Management ············ 115
Ecological Sanction ················ 114
Ecomanagement ··················· 115
Eco-oriented ······················ 115
Eco-oriented Company ·············· 115
Ecosystem ························· 114
Education ························· 181
Effectiveness ······················24
Efficiency ························25
Efforts ··························· 25
Electronic Banking ···············200
Electronic Data Interchange
(EDI) ·····························145
Electronic Display ···················142
Emphatic Function ·················· 165
Enterprise ·······················4, 6

Entire Evolvement ······················152
Entire Modification ····················154
Entrepreneurship ························8
Environmental Niche ···················15
Environmental Sanction·················15
Escape ································168
Evolvement ···························152
Excellent Company ····················197
Executive ·······························8
Executive Director ·······················8
Expansion ····························152
Export Company ······················113
External Strategy ·······················64

[F]

Fabless ··························86, 125
Face to Face Communication ······147
Facility Management ················200
Factory Automation(FA) ···········135
Fad ······························180
Family ····························82
Fashion ·····················179, 180
Favorable ··························50
Field ······················92, 106
Filter Function ····················165
Fine ·····························200
Firm Banking ·····················200
Fitness ···························96
Flexible ··························67
Flexible Manufacturing System
(FMS) ···························200
Flexible Strategy ···················151
Follower ·····················93, 95, 179
Forward ·······················72, 74
Forwardmania ·····················75
Founding ························112
Franchise ························185
Franchise Chain ···················185

Franchisee ························185
Future ·····························133
Fuzzy Management ·················200

[G]

GALS ····························199
Gamesome Decision Making·······192
Game Theory ·······················49
Gap ······························15
Gap-reducing ·····················103
Gap-widening ·····················103
General Executive ···················8
General Import Agency ·············196
Generalization of Work ·············184
Gimmick ··························27
Global Business ···················112
Global Company ···················113
Globalism ························112
Globalization ···········107, 112, 144
Global Marketing ·················112
Global Sourcing ····················87
Goal ·························12, 30
Gradual Modification ···············155
Gradual Operation ·················150
Gradual Turn ·····················156
Grand Design ·····················192
Greening ·························115
Green Management ················115
Group ·······················80, 82
Group Decision Making········11, 199
Groupware ·······················145
Guiding Principle ················41, 72
Guideline ··························41
Guppy ···························174

[H]

Hard ·····························50
Harmony ··························96

Headhunting ·········· 201
Headquarter ·········· 51
Heuristic Decision Making ·········· 11
Heuristic ·········· 97
High Society ·········· 179
High Technology ·········· 194
Holding Company ·········· 82
Hollowing-out of Industry ·········· 196
Holon ·········· 201
Horizontal Integration ·········· 196
Human ·········· 4
Human Relations ·········· 201

[I]

Idea ·········· 4
Ideal Position ·········· 60
Ill-strutured Decision Making ·········· 11
Image ·········· 178
Imitation ·········· 94
Imitative ·········· 94
Immediate Modification ·········· 155
Immediate Turn ·········· 156
Impact ·········· 52
Improvement ·········· 157
Incoherency ·········· 119
Incubation ·········· 198
Indirect Financing ·········· 132
Individual Decision Making ·········· 11
Infrastructure ·········· 198
In-modification ·········· 155
Inner-oriented ·········· 102
Innovation ·········· 196
Innovator ·········· 95
Inorganic Communication ·········· 147
Intelligence Information System ·· 51
Intelligence System ·········· 23, 135
Intelligent Building ·········· 198
Interconnected Organization ·········· 192

Interim Analysis ·········· 162
Internal Strategy ·········· 64
International Company ·········· 113
Internationalization ·········· 112
Internet ·········· 135
Interruption ·········· 158
Introduction ·········· 94
Intuitive Decision Making ·········· 11
ISDN ·········· 135
Ism ·········· 72
ISO 9000 ·········· 189

[J]

Job ·········· 26
Joint ·········· 80, 82
Joint Business ·········· 82
Joint Strategy ·········· 64
Joint Venture ·········· 82
Junk ·········· 198
Just in Time ·········· 198

[K]

Keiretsu ·········· 80, 82
Konzern ·········· 82

[L]

Laggard ·········· 95, 179
Lanchester Strategy ·········· 174
Leadership ·········· 9, 120
Lean Production ·········· 124
Leveraged Buyout(LBO) ·········· 193
Licenced Production ·········· 125, 193
Life ·········· 16
Life Cycle ·········· 16
Life Cycle Assessment (LCA) ·········· 193
Life Stage ·········· 17
Limited Rationalization ·········· 10
Local Area Network(LAN) ·········· 134

Logistics ⋯⋯⋯⋯⋯⋯⋯⋯⋯ 23, 194
Long-term Objective ⋯⋯⋯⋯ 30
Lorentz's Curve ⋯⋯⋯⋯⋯⋯⋯175
Lower Classes ⋯⋯⋯⋯⋯⋯⋯179
Lower Management ⋯⋯⋯⋯ 202
Lower Society ⋯⋯⋯⋯⋯⋯⋯179
Low Technology ⋯⋯⋯⋯⋯⋯194

[M]

M&A ⋯⋯⋯⋯⋯⋯⋯⋯⋯⋯⋯ 82
Main Business ⋯⋯⋯⋯⋯⋯ 83
Maintenance ⋯⋯⋯⋯⋯⋯ 72, 76
Major ⋯⋯⋯⋯⋯⋯⋯⋯⋯⋯194
Management ⋯⋯⋯⋯⋯⋯⋯ 6
Management by Objective ⋯⋯⋯ 31
Management Cycle ⋯⋯⋯⋯⋯194
Management Information
System(MIS) ⋯⋯⋯⋯⋯⋯ 134
Management Philosophy ⋯⋯⋯⋯ 7
Management Power ⋯⋯⋯⋯⋯ 6
Management Science ⋯⋯⋯⋯ 49
Manipulation ⋯⋯⋯⋯⋯⋯⋯167
Manualization ⋯⋯⋯⋯⋯ 143, 184
Market ⋯⋯⋯⋯⋯⋯⋯⋯⋯128
Market Attractiveness ⋯⋯⋯⋯ 61
Market Environment ⋯⋯⋯⋯ 92
Marketing ⋯⋯⋯⋯⋯⋯⋯⋯128
Marketing Company ⋯⋯⋯⋯ 41
Market Segmentation ⋯⋯⋯⋯ 128
Marmot in Business ⋯⋯⋯⋯197
Mass ⋯⋯⋯⋯⋯⋯⋯⋯⋯⋯179
Master Plan ⋯⋯⋯⋯⋯⋯⋯28
Match ⋯⋯⋯⋯⋯⋯⋯⋯⋯96
Matching ⋯⋯⋯⋯⋯⋯⋯⋯96
McKinsey ⋯⋯⋯⋯⋯⋯⋯⋯61
Mécénat ⋯⋯⋯⋯⋯⋯⋯⋯181
Media Complex ⋯⋯⋯⋯⋯⋯182
Media Mix ⋯⋯⋯⋯⋯⋯⋯⋯195

Merchandise ⋯⋯⋯⋯⋯⋯⋯ 4
Merger ⋯⋯⋯⋯⋯⋯⋯⋯ 80, 82
Middle Classes ⋯⋯⋯⋯⋯⋯179
Middle Management ⋯⋯⋯⋯202
Middle Society ⋯⋯⋯⋯⋯⋯179
Mission ⋯⋯⋯⋯⋯⋯⋯⋯⋯ 7
Mix ⋯⋯⋯⋯⋯⋯⋯⋯⋯⋯119
Model Bank ⋯⋯⋯⋯⋯⋯⋯145
Modification ⋯⋯⋯⋯⋯⋯⋯154
Module ⋯⋯⋯⋯⋯⋯⋯⋯⋯195
Money ⋯⋯⋯⋯⋯⋯⋯⋯⋯ 4
Money Making Area ⋯⋯⋯ 45, 174
Money Making Purpose ⋯⋯⋯⋯ 4
Monopolization Strategy ⋯⋯⋯186
Monopolize ⋯⋯⋯⋯⋯⋯⋯ 82
Monopoly ⋯⋯⋯⋯⋯⋯ 48, 83
Morale ⋯⋯⋯⋯⋯⋯⋯⋯77, 159
Motion ⋯⋯⋯⋯⋯⋯⋯⋯⋯ 26
Motivation ⋯⋯⋯⋯⋯⋯⋯ 122
Motive ⋯⋯⋯⋯⋯⋯⋯⋯⋯74
Multi-brand Strategy ⋯⋯⋯⋯176
Multidomestic Marketing ⋯⋯⋯112
Multimedia ⋯⋯⋯⋯⋯⋯⋯134
Multinational Corporation ⋯⋯⋯113

[N]

Nation-wide Expansion ⋯⋯⋯ 112
Natural Selection ⋯⋯⋯⋯⋯ 77
Negotiation ⋯⋯⋯⋯⋯⋯ 34, 140
Network ⋯⋯⋯⋯⋯⋯⋯⋯ 144
Networking ⋯⋯⋯⋯⋯⋯⋯ 142
New Media ⋯⋯⋯⋯⋯⋯⋯ 135
New Product ⋯⋯⋯⋯⋯⋯⋯126
Niche Strategy ⋯⋯⋯⋯⋯128, 199
Non Competition ⋯⋯⋯⋯⋯ 48
Non-programmed Decision Making
⋯⋯⋯⋯⋯⋯⋯⋯⋯⋯⋯⋯ 11
Non-routine Work ⋯⋯⋯⋯⋯ 27

No Response ·· 168
Numerical Objective ······················· 30

[O]

Object ·· 12
Objective ······························· 12, 22, 30
Objective Achievement ················· 31
Occasional Analysis ······················ 162
Office Automation(OA) ·············· 135
Offset ·· 169
Oligopoly ·· 83
One-man Company ····················· 6, 87
Open Decision Making ················· 11
Opened Type ······························· 97
Open Strategy ································ 186
Operation ······························ 26, 150
Operations Research(OR) ····· 23, 174
Opinion Leader ····························· 179
Opportunistic Decision Making ····11
Opportunity Cost ··························· 166
Option ·· 133
Order ·· 140
Organization ································· 120
Organizational Frame ················· 22
Organizational Strategy ············· 121
Organization-oriented Type ······· 102
Organizer ······································ 197
Orientation ······························· 17
Oriented ····································· 17, 72
Original Equipment Manufacturing
(OEM) ·· 125
Out-sourcing ······························· 86
Overseas Advance ························ 112
Own Strategy ······························· 64

[P]

Paperless ·································· 135, 144
Paperless Trading ······················· 144

Pareto's Law ································ 175
Partial Evolvement ····················· 152
Partial Modification ··················· 154
Partial Strategy ····························· 64
Patent Acquisition Strategy ······· 186
Patent Application Strategy ······· 186
Patent Closed Strategy ··············· 186
Patent Dispute ····························· 187
Patent Licensing Strategy ··········· 187
Patent Strategy ··························· 186
Pattern of Business Strategy ······· 90
Perfect ··· 50
Performance ································· 63
Persuation ····································· 140
Philanthropy ································ 181
Plan ·· 26
Planned Product Obsolescence···· 177
Planning ··· 26
Policy·· 13, 72
Portfolio ·· 109
Portfolio Strategy ························· 79
Post-analysis ································· 162
Power Center ································· 200
Pragmatism ································· 73
Pre-analysis ································· 162
Pre-control ····································· 155
Pre-modification ························· 155
Preparatory Management ··········· 155
President ··· 8
Pressure ···································· 9, 102
Problem Solving ····················· 24, 73
Process of Turn ···················· 156
Product Differentiation ············· 128
Production Strategy ····················· 124
Product Liability(PL) ················· 198
Product Mix ··································· 126
Product Variousness ··················· 127
Profile ·· 178

Profit ·································· 128
Programmed Decision Making ····· 11
Progress ······························ 152
Pron tion ···························· 130
Publicity ······························ 131
Public Relations(PR) ········· 131, 181
Purpose ································· 12

[Q]

Qualitative Objective ··············· 30
Quality of Strategy ·················· 169
Quick Response ······················ 67

[R]

Reconstruction ······················· 84
Reduction ···························· 78
Reengineering ······················· 194
Reference ···························· 94
Refresh ································ 196
Regeneration ······················ 72, 84
Regional Expansion ················ 112
Rehabilitation ······················ 84
Relation ······························ 181
Renewal ······························ 84
Renovation ························· 196
Repeat Type ························ 102
Research ···························· 135
Research & Development(R&D) ··126
Response ···························· 168
Response Ability ···················· 169
Responsibility ······················· 138
Restart ······························ 158
Restructuring ····················17, 84
Results Management ················ 31
Reverse Engineering ··············· 194
Rhochrematics ······················ 194
Rigid Strategy ······················· 151
Risk ···························· 100, 179

Risk Avoidance ······················ 76
Risk Challenger ···················· 8, 76
Risk Control ························· 101
Risk Management ············ 100, 155
Rival ································· 50
Rough Plan ························· 29
Routine ······························ 26

[S]

Sales Promotion ···················· 130
Same Counterattack ················ 168
Scale of Management ················ 7
Scenario ···························· 42
Scenario Writing ···················· 42
Schedule ···························· 28
Scrap & Build Strategy ············· 196
Screening ···························· 77
SEC ································· 197
Segmental Strategy ················· 64
Selection ························· 10, 66
Selective Acknowledgment ···· 46, 164
Self-financing ······················· 132
Self-motion ························· 103
Selling ······························ 78
Sequential Analysis ················· 162
Sequential Decision Making ········ 11
Service ······························ 4
Severe ······························ 50
Shortening ························· 153
Short-term Objective ··············· 30
Similarity ···························· 94
Simulation ························· 197
Simultaneous Operation ··········· 150
Skunk Work ························· 196
Social Action ······················· 181
Social Contribution ················· 181
Social Service ······················· 181
Softnomics ························· 196

Software Bank ·························· 145
Span of Control ······················ 121
Specialization ························· 198
Speed ···································· 169
Spot Strategy ···························67
Staff ····································202
Standardization ·······················184
Standard Strategy ·····················188
Staple ····································180
Star ······································175
Start ·····································158
Stereo Type ···························196
Stipulation ·····························141
Stir ·······································159
Stoppage ················154, 157, 158
Stratagem ·······························34
Strategic Alliance ···················· 198
Strategic Business Unit(SBU) ····198
Strategic Decision Making ··········· 11
Strategic Information System ·····135
Strategic Position ·····················61
Strategy ···············22, 26, 34, 64
Strategy Assortment ···················65
Strategy Combination ··················65
Strategy Design ························58
Strategy Level ·························64
Strategy Positioning ···················62
Strategy Scale ·························64
Strategy Sharing ·······················43
Strength································169
Strong Competition ·····················48
Structured Decision Making ·······11
Super Strategy ···················22, 64
Sub ······································23
Subjective Selection ·················164
Subsidiary·······························82
Substrategy ·························22, 64
Suitability ······························96

Super ···································· 23
Super Strategy ·················22, 64
Support ·································151
Survival ··································14
Swap ····································133
Swing ··································· 108
Syndicate ·······························197
Synergy ·····························72, 80
Synergy Effect ······················ 118
Synthetic Strategy ·······················199

[T]

Tactics ······························ 26, 34
Take-over ·······························82
Take-over Bid(TOB) ·······················82
Target ······························· 12, 32
Task Force ···························· 200
Tax Haven ····························· 113
Team Merchandising ················· 200
Technocrat ······························· 8
Tentative Objective ·······················30
Tent Business ························· 200
Terrible Discount ·······················192
Theory Z ·······························199
Tie-up ·································80
Tight ····································· 67
Time Limit ····························· 68
Top Executive ··························· 8
Top Management ·················8, 202
Top-to-down ·····························179
Total Strategy ······················ 64
Trade Logic ·····························52
Tradition ·······················77, 146
Trial ·····································152
Trick ······························ 27, 34
Trickle Down Type ·······················179
Trust ·································· 82
Turn ·····································156

[U]

Union ·· 80
Universal Bank ······························ 107
Upper Classes ······························179
Urgent Function ···························· 165

[V]

Value Added Network(VAN) ········135
Venture in Business ······················ 192
Vertical Integration ······················197
Vice President ······························· 8
Videotex ···135
View of Business ··························· 7
Virtual Corporation ···················· 195
Vision ································· 22, 40
Visionary Company ······················ 40
Visualization ······················ 59, 143
Visual Merchandising ····················195
Volunteer ······································181

[W]

Weak Competition ························· 48
Weakened Business ······················ 77
Wheel of Creating Market ···········93
Wheel of Response ······················168
Withdrawal ·································· 78
Withdrawal Barriers ···················· 79
Workflow ···································· 145
World Company ····························113
World Trade ································112
Worse ··· 50

[Z]

Zaibatsu ····································· 82

제 **I** 부

경영전략

경영이란

1-1 기 업

〈그림1〉 사업의 원형

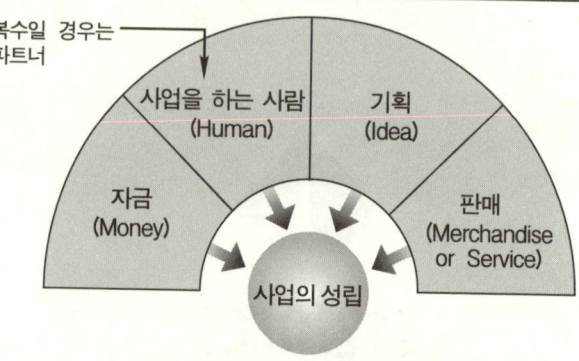

복수일 경우는
파트너

사업을 하는 사람
(Human)

기획
(Idea)

자금
(Money)

판매
(Merchandise
or Service)

사업의 성립

〈그림2〉 기업의 원형

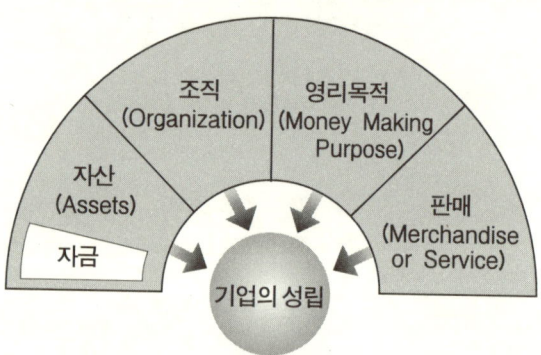

조직
(Organization)

영리목적
(Money Making
Purpose)

자산
(Assets)

자금

판매
(Merchandise
or Service)

기업의 성립

사업(Business)이란 특정 목적하에 전개되는 경영활동을 말한다.

기업(Enterprise)이란 영리를 목적으로 자원을 통합하여 계속적으로 사업을 해나가는 사업 주체를 말한다.

4

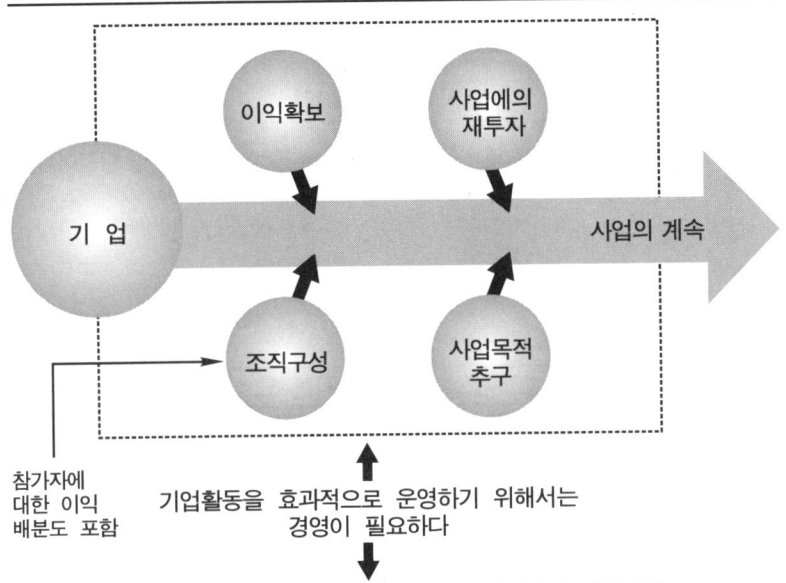

〈그림3〉 사업을 계속 해나가기 위해서는

기 업

이익확보

사업에의
재투자

사업의 계속

조직구성

사업목적
추구

참가자에
대한 이익
배분도 포함

기업활동을 효과적으로 운영하기 위해서는
경영이 필요하다

이 경영을 실지로 훌륭하게 전개하기 위한 방법론이 전략이다

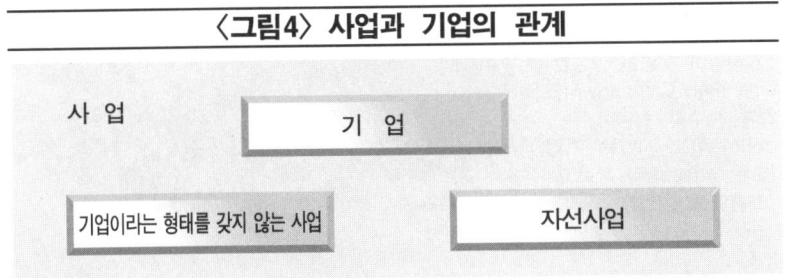

〈그림4〉 사업과 기업의 관계

사 업

기 업

기업이라는 형태를 갖지 않는 사업

자선사업

자산이란 기업이 소유하는 토
지, 건물, 기계, 기구, 비품,
자금 등의 기업재산을 말한다.
모두 금전으로 환산이 가능한
것들이다.

판매란 기업이 생산한 상품,
타기업으로부터 구입한 상품,
서비스, 정보 등 금전으로 거
래되는 모든 것을 말한다.

1-2 경 영

〈그림1〉 경영이란

- 사업을 스스로 잘 이끌어가는 사람이 경영자
- 조직으로서 실행해가는 것이 기업
- 운영 이론을 체계화하는 것이 경영학

〈그림2〉 경영의 기본 요소

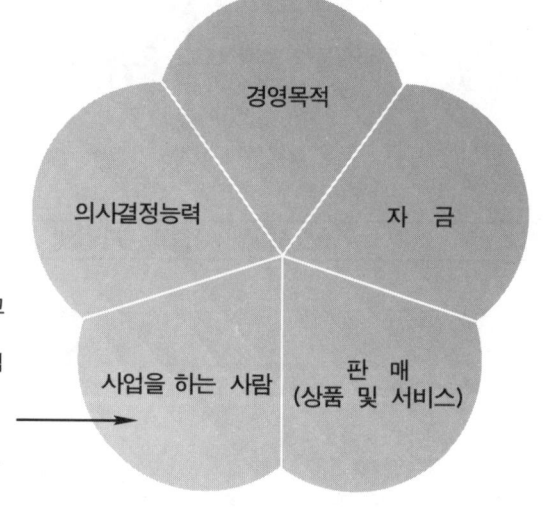

경영목적

의사결정능력

자 금

사업을 하는 사람

판 매
(상품 및 서비스)

한 사람이 운영할 경우는 One-man Company 라고 하며, 복수의 사람이 모여서 하는 사업은 기업(Enterprise)이라 부르고 그 경영을 기업경영이라 한다

경영(Business Management)이란 사업을 효과적으로 수행해가는 것을 말한다. Management를 Administration이라고도 한다.

경영력(Management Power)이란 경영능력을 말하는데, 보통 기업능력과 같은 의미로 쓰인다.

〈그림3〉 경영력의 기본 요소

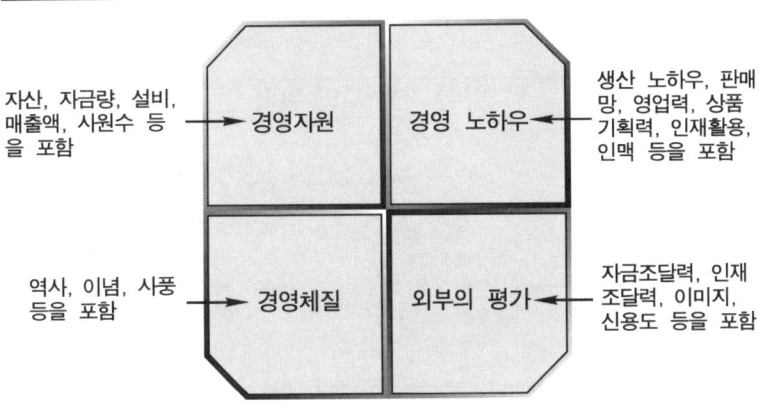

자산, 자금량, 설비, 매출액, 사원수 등을 포함 → 경영자원

경영 노하우 ← 생산 노하우, 판매망, 영업력, 상품 기획력, 인재활용, 인맥 등을 포함

역사, 이념, 사풍 등을 포함 → 경영체질

외부의 평가 ← 자금조달력, 인재 조달력, 이미지, 신용도 등을 포함

〈그림4〉 경영 스타일이란

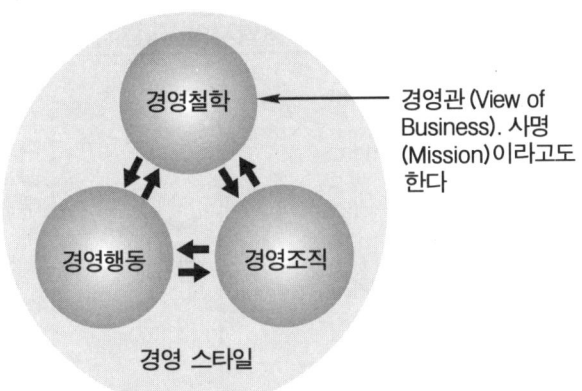

경영철학

경영관(View of Business). 사명(Mission)이라고도 한다

경영행동   경영조직

경영 스타일

경영철학(Management Philosophy)이란 경영에 임하는 기본적인 사고를 말한다. 경영관(View of Business)이라고도 한다.

경영규모(Scale of Management)는 경영자원의 규모를 말하는데, 지금까지는 경영규모가 크면 클수록 큰 메리트가 있다고 인식되어 왔다.

1-3 경영자

〈그림1〉 경영자의 위치

경영자 ◀—— 기업을 경영하는 사람

자본을 제공하는 사람
또는 기관. 투자자본
수익률에만 관심을 ——▶ 자본가
기울인다

자기 자본을 가지고
기업가 ◀—— 사업을 하는 사람. 기업가
정신의 소유자

〈그림2〉 경영자의 역할

| 경영의 방향 확립 | 조직의 리더십 | 기업의 이미지 |

〈그림3〉 경영자의 직명과 직위

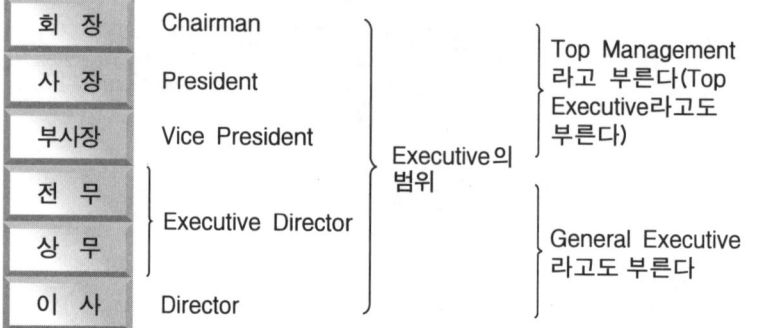

회 장	Chairman		
사 장	President	Executive의 범위	Top Management 라고 부른다(Top Executive라고도 부른다)
부사장	Vice President		
전 무	Executive Director		General Executive 라고도 부른다
상 무			
이 사	Director		

경영자(Top Management)란 경영을 담당하는 개인 또는 복수의 사람을 말한다. 기업의 소유자가 아닌 경우가 많아 통상적으로 테크노크랫(Techno-crat:경영전문가)이라고 한다.

기업가 정신(Entrepreneur-ship)이란 기업가적 사고를 말하는데 비즈니스 찬스를 발견하면 리스크에 기꺼이 도전하는(Risk Challenger) 정신이다.

〈그림4〉 경영자의 유형(유형에 따라 전략이 달라진다)

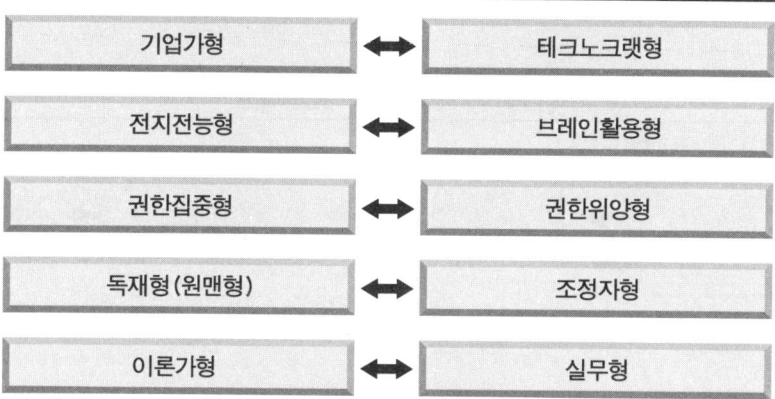

기업가형	⟷ 테크노크랫형
전지전능형	⟷ 브레인활용형
권한집중형	⟷ 권한위양형
독재형(원맨형)	⟷ 조정자형
이론가형	⟷ 실무형

〈그림5〉 경영자에게 가해지는 압력

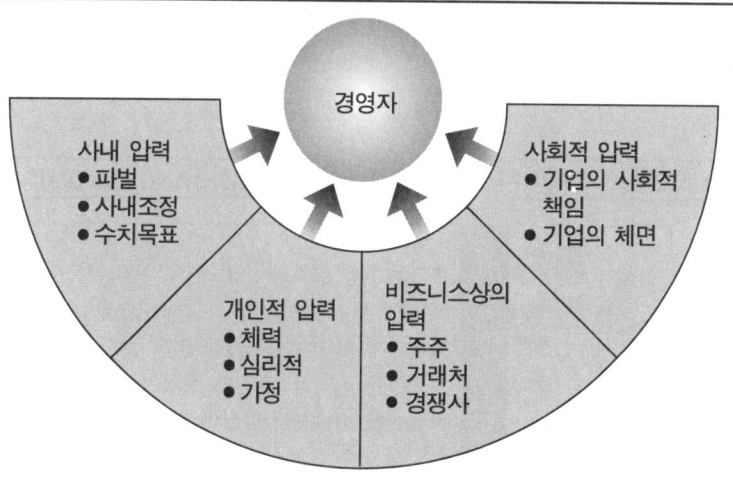

경영자

사내 압력
● 파벌
● 사내조정
● 수치목표

사회적 압력
● 기업의 사회적 책임
● 기업의 체면

개인적 압력
● 체력
● 심리적
● 가정

비즈니스상의 압력
● 주주
● 거래처
● 경쟁사

리더십(Leadership)이란 조직을 관리, 통솔하면서 목적을 달성해가는 관리자의 능력을 말한다.

프레셔(Pressure)란 심리적인 압력을 말하는데, 경영에 큰 영향을 주는 요인이 된다.

1-4 의사결정

〈그림1〉 의사결정 프로세스

| A 안 |
| B 안 | → | 비교·검토 | → | 적합한 안 선택 | → 실행 |
| C 안 |

대체안　　　　　　평가·분석　　　　　　선택

〈그림2〉 의사결정론에서 본 경영

문제 인식 → 정보 수집 → 각종 대체안의 입안 → 선택 → 기업행동

경영을 의사결정 프로세스라고 생각함

〈그림3〉 제약된 합리성(Limited Rationalization)

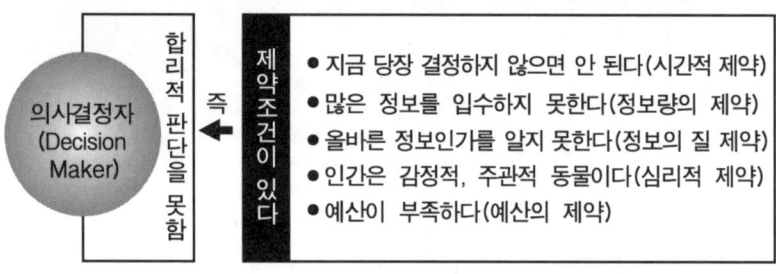

의사결정자 (Decision Maker) ← 즉 합리적 판단을 못함

제약조건이 있다

- 지금 당장 결정하지 않으면 안 된다(시간적 제약)
- 많은 정보를 입수하지 못한다(정보량의 제약)
- 올바른 정보인가를 알지 못한다(정보의 질 제약)
- 인간은 감정적, 주관적 동물이다(심리적 제약)
- 예산이 부족하다(예산의 제약)

의사결정(Decision Making)이란 복수의 대체안(Alternatives) 중에서 바람직한 것을 한 가지 선택(Selection)하는 일이다.

의사결정론에서는 의사결정자를 불완전한 인간으로 파악하고 감정과 오해까지도 포함시켜 이론화해 간다. 그러나 경제학에서는 경제인을 신과 같은 완전한 인간으로 전제하고 이론화한다.

〈그림4〉 의사결정의 종류

조립하기 쉬운 의사결정(Structured Decision Making)

조립하기 어려운 의사결정(Ill-structured Decision Making)

프로그램화된 의사결정(Programmed Decision Making)

프로그램화되지 못한 의사결정(Non-programmed Decision Making)

순차적 의사결정(Ad hoc Decision Making) ◀── 그때그때마다 결정

연속적 의사결정(Sequential Decision Making)

전략적 의사결정(Strategic Decision Making) ◀── 최초로 결정

관망주의적 의사결정(Opportunistic Decision Making)

적응론적 의사결정(Adaptive Decision Making)

집단적 의사결정(Group Decision Making)

개인적 의사결정(Individual Decision Making)

개방적 의사결정(Open Decision Making)

폐쇄적 의사결정(Closed Decision Making)

자기학습적 의사결정(Heuristic Decision Making)

직관적 의사결정(Intuitive Decision Making)

경영목적

〈그림1〉 목적과 목표의 종류

Purpose	명확한 의도를 수반한 목적	마케팅에서는 목적
Object	노력의 대상이 되는 목표, 목적	경영학에서는 목적
Objective	목표물, 객관적 목표	경영학에서는 목표
Aim	구체적인 목표, 지향	
Goal	최종적 목표	마케팅에서는 목표
Target	노리는 과녁, 표적	마케팅에서는 표적

〈그림2〉 목적과 목표의 차이 (2-5참조)

목 적	목 표	
정신적, 철학적	구체적	
조직 전체가 지향하는 것	여러 수준에서 지향하는 것	
장기적	단기적	
목적과 현재 진행되고 있는 방향이 체크된다	목표와 결과가 비교·검토된다	
목적의 설정만으로는 관리의 대상이 되지 않는다	관리의 대상이 된다 ◄	── 목표관리
거의 변경되지 않는다	몇 번이고 설정된다	

경영목적(Object, Goal, Purpose)이란 경영에서 실현하려고 하는 장기적인 최종목표를 말한다. 명확한 목적이 없으면 기업조직을 유지, 결속하기가 곤란하다.

여기에서 말하는 경영목적은 사업목적과 동일하며 기업의 개성을 특징지어 준다.

〈그림3〉 경영목적의 예

- 영상을 통한 소비자만족
- 여성의 아름다움 실현
- 과자의 제조·판매
- 부동산 매매를 통한 영리활동

〈그림4〉 경영목적의 차이가 기업행동을 크게 변화시킨다

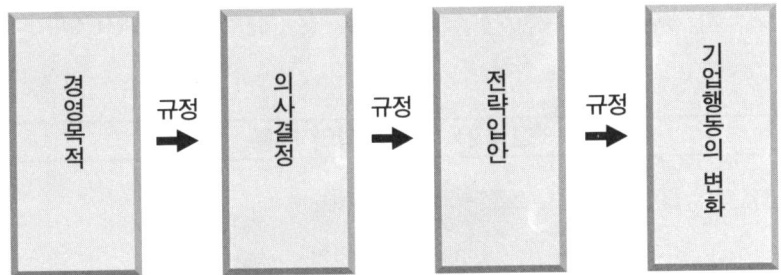

경영목적 → 규정 → 의사결정 → 규정 → 전략입안 → 규정 → 기업행동의 변화

〈그림5〉 경영방침의 예

- 신상필벌·도전 정신
- 경상이익이 매출액의 10% ← 이익률이 낮은 분야에는 진출하지 않는다
- 투기 비즈니스 금지
- 모든 분야에서 No.1을 지향함

기업행동(Business Behavior)이란 기업이 행하는 것과 기업의 행동 자체를 말한다. 행위(Action)란 행한 결과를 말한다.

경영방침(Policy)이란 기업이 채택하는 기업행동상의 지침을 말한다.

1-6 경영환경

〈그림1〉 환경의 종류

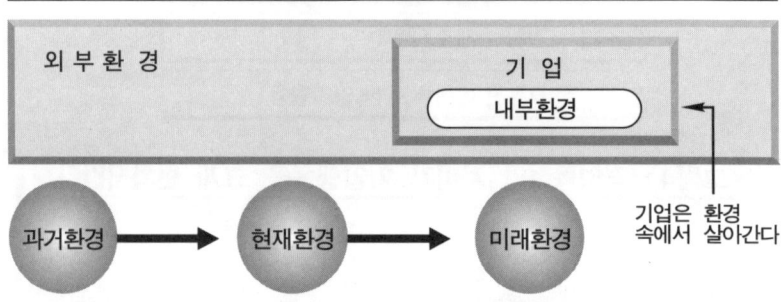

외부환경

기 업

내부환경

기업은 환경
속에서 살아간다

과거환경 → 현재환경 → 미래환경

〈그림2〉 외부환경의 내용

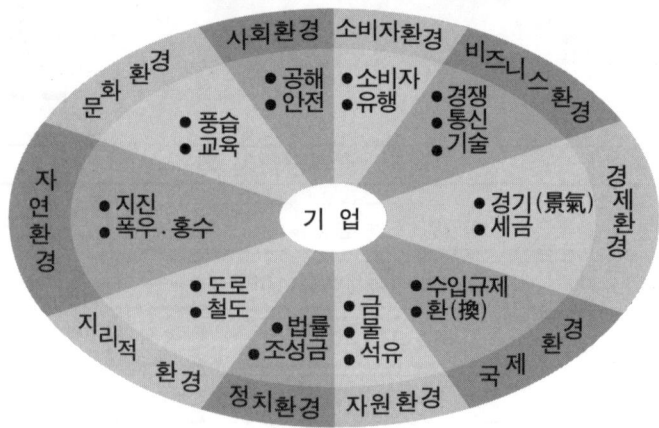

사회환경　소비자환경

문화환경

비즈니스환경

●공해
●안전

●소비자
●유행

●경쟁
●통신
●기술

●풍습
●교육

자연환경

●지진
●폭우·홍수

기 업

경제환경

●경기(景氣)
●세금

●도로
●철도

●수입규제
●환(換)

지리적환경

●법률
●조성금

●금리
●석유

국제환경

정치환경　자원환경

경영환경 (Business Environ-
ment)이란 기업행동에 관계가
있는 영역을 말한다.

존속(Survival)이란 계속 살아
가는 것을 뜻한다. 기업의 목
적은 한마디로 말한다면 '존
속하는 데' 있다.

14

〈그림3〉 기업과 환경의 관계

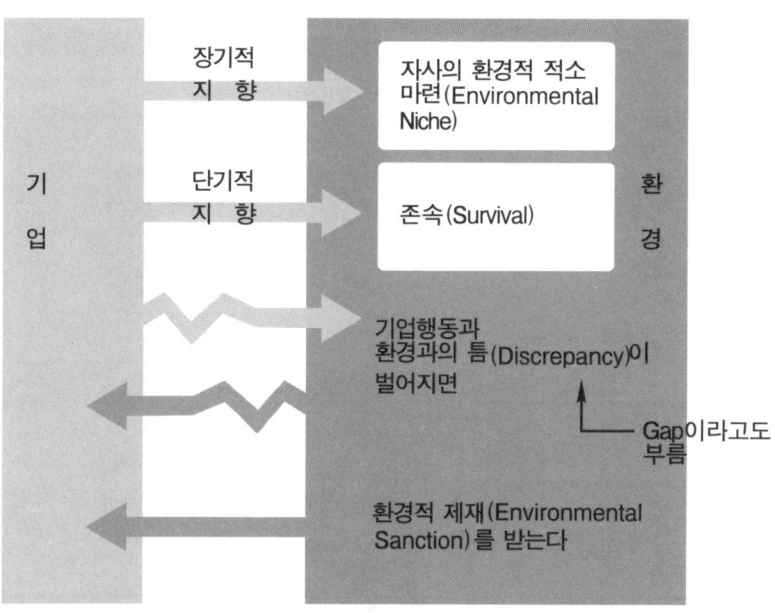

〈그림4〉 기업과 비즈니스 환경·소비자 환경과의 관계

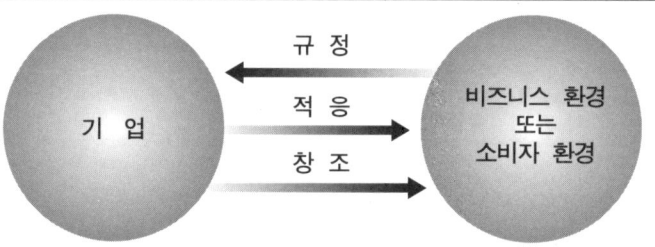

환경적 적소 (Environmental Niche)란 기업에게 주어진 환경 속에서 이상적인 위치(Position)를 확보한다는 말이다.

환경적 제재(Environmental Sanction)란 기업이 환경으로부터 받는 거절반응 또는 부(負)의 반응을 말한다.

1-7 기업의 수명

〈그림1〉 기업의 수명(Life Cycle)

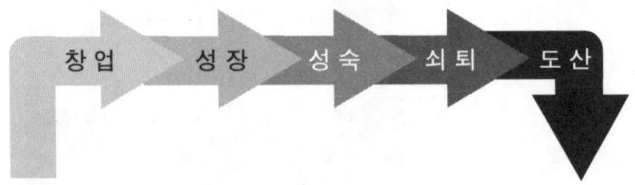

창업　성장　성숙　쇠퇴　도산

〈그림2〉 기업의 수명과 사람의 수명의 차이

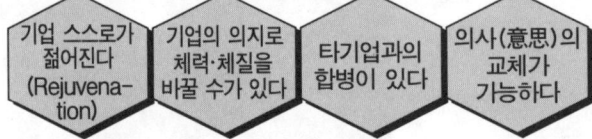

기업 스스로가 젊어진다 (Rejuvena-tion)　기업의 의지로 체력·체질을 바꿀 수가 있다　타기업과의 합병이 있다　의사(意思)의 교체가 가능하다

〈그림3〉 욕심이 기업의 수명을 단축시킨다

기업의 존속을 위해서는 강한 경영의욕과 경영능력과 기업체력을 유지시킬 만한 이익이 있어야 한다

그러나 현실적으로 기업은 보다 많은 이익과 보다 많은 마켓셰어를 추구하여 거대한 돈벌이 기계로 변해간다

그 결과 기업은 자신의 수명을 단축시킨다

기업에도 수명(Life)이 있다. 무한한 존속을 꿈꾸며 노력을 꾀하지만 반드시 죽음(도산)이 찾아온다. 마치 인간처럼 말이다.

기업의 목표는 이익이다. 그러나 이익을 제일의 목표로 삼는다면 소비자는 그것을 받아들이지 않을 것이다. 이익은 노력의 결과인 것이다.

〈그림4〉 라이프 스테이지별로 살펴본 경영의 차이

창업기
- 초기 투자 및 R&D 투자를 위한 차금(借金) 경영
- 자전거를 타고 활동하는 회사
- 체면 불구하고 뛰어다니는 회사

성장기
- 확대경영-제품라인의 확대, 판로 확대 등
- 하청기업의 흡수와 타사로부터의 인재 스카우트
- 매출액 지향

성숙기
- 다각적인 경영
- 여유있는 경영 → 복리후생, 메세나, 자선활동 지향
- 글로벌 경영

쇠퇴기
- 리스트럭처링(Restructuring)
- 코스트다운 지향
- 본업회귀(다각화 사업의 철수)

도산
- 타사에 의한 흡수, 합병
- 회사 청산
- 회사갱생법에 의해 재기를 노림

라이프 스테이지(Life Stage)
란 기업 수명상의 활약 단계
를 말한다.

지향(Oriented, Orientation)이
란 사고의 기본 방향을 말한다.

1-8 경영학의 발전사

	경 영 학	조 직 론	기 타
1700년	● 분업(전문화) ● 관리통제 (애덤 스미스) ● 호환성있는 부품 (토머스 제퍼슨) ● 전통적 방법 ● 품질관리 ● 원가계산 (호이트니)	● 권한이론 (J.스튜어트)	
1800년	● 표준작업순서 ● 작업방법 (제임스 와트) ● 동작연구 (J.밀) ● 시간연구 (C.바벳지) ● 매니지먼트의 중요성 (M.로린) ● 매니지먼트의 과학 (H.다윈)	● 장려급 ● 표준시간 (M.볼튼) ● 인사관리 (로버트 오엔) ● 조직도 (D.머커럼) ● 피로연구 (쥬본즈)	● 이윤 ● 부가가치 (마르크스)
1900년	● 과학적 관리 (F.W.테일러) ● 능률 (에머슨) ● 경제적 롯트·사이즈 (F.W.해리스) ● 표준화 ● 벨트 컨베이어 시스템 (H.포드) ● 기술론 ● 생산성 (슈머렌 바하)	● 노동자교육 (H.L.건트) ● 심리학의 응용 (문스터 버그) ● 매니지먼트 이론 (페이욜)	● 창조적 파괴 (슈 베이터) ● 전쟁게임 (토머스 에디슨)

	경 영 학	조 직 론	기 타

1920년	● 경영경제학
	  (닛크리슈)
	● 심리학 도입
	  (W.D. 스콧)
	● 매니지먼트의 원리
	  (O. 셀든)
	
	● 매니지먼트
	  (아 위크)
		● 인간관계론
		  (메이요)
		● 그룹연구
		  (M. 포레트)
		● 경영자의 역할
		● 커뮤니케이션의 중요성
		● 조직론
		  (버나드)
		● 관료제
		● 오픈시스템
		● 노동관
		  (막스 베버)
		● 실증연구(리카드)
		● 퍼서낼리티
		  (아지리스)
			● 품질관리
			  (돗지, 로밋그,
			  슈워트)
			● 베이지만 통계
			● 샘플이론
			  (R. 핏셔)
			● 오퍼레이션즈
			  리서치
			  (브라겟트 등)
			● 오퍼레이션즈 분석
			● 로지스틱스
			  (J. 어코프)
			● 정보이론
			● 사이버네틱스
			● 시스템 분석
			  (N. 워너)

1950년	● 생산성(구덴 베르크)
	● 이노베이션
	  (드러커)
	● 경영계획
	  (스타이너)
	● 전략
	● 시너지 효과
	● 컨글로머릿
	  (안소프)
	● 콘틴젠시 이론
	  (반즈 에드워드)
	
	● 휴리스틱
	● 계획책정
	  (오즈베컨)
	● 간판방식
	  (도요타 자동차)
	● 경쟁
	  (M. 포터)
	● 보더레스
	  (오마에 겐이치)
		● 의사결정
		● 제약된 합리성
		  (H.A. 사이몬)
		● X이론, Y이론
		  (맥그레거)
		● 분권제 (드러커)
		● 협조성 (R.핏셔)
		● 사업부제
		  (첸들러)
		● 조직개발(샤인)
		● 조직과 환경
		  (페로, 돈프슨)
		● 기업목적
		● 적응론
		  (에이콥)
		● 조직시스템
		  (웨이크)
		● 사풍
		  (딜, 케네디)
		● 인간중시
		  (T. 피터즈)
			● 욕구5단계설
			  (매슬로우)
			● 시스템 이론
			  (차치먼)
			● 동기부여
			  (허즈버그)
			● 산업국가
			  (갈브레이스)
			
			● 미래충격
			● 제3의 물결
			  (토플러)
			
			● 일본자본주의
			  (야마모토)

전략이란

2-1 전 략

〈그림1〉 비전과 목표와 전략

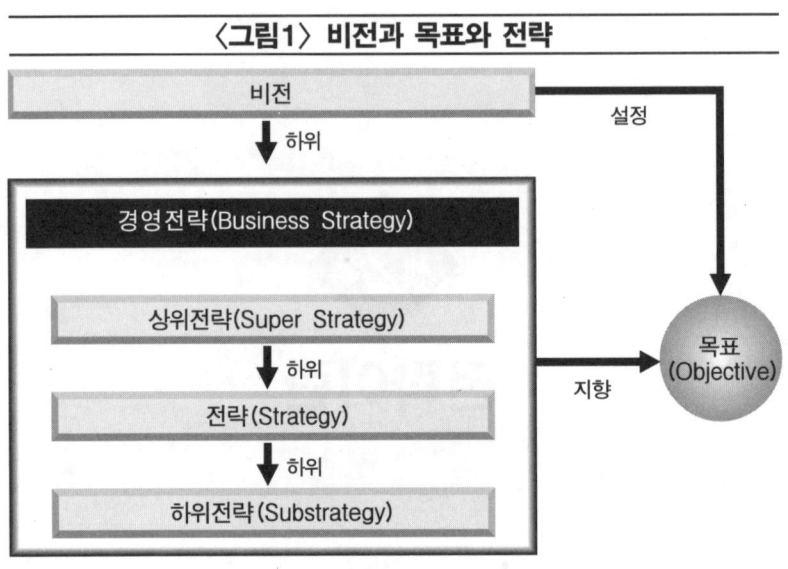

〈그림2〉 경영전략이란

기업의 경영력을 살리면서	각종 기업행동을 통합하여	전 국면에 걸쳐 운용되는 기획 사항

전략(Strategy)이란 기업행동에 있어서 중요한 기획 사항이다.

비전(Vision)이란 장차 기업이 그렇게 되려고 생각하는 기업상(企業像)을 말한다. 이것이 전략 사고의 기초가 된다.

〈그림3〉 전략의 어원

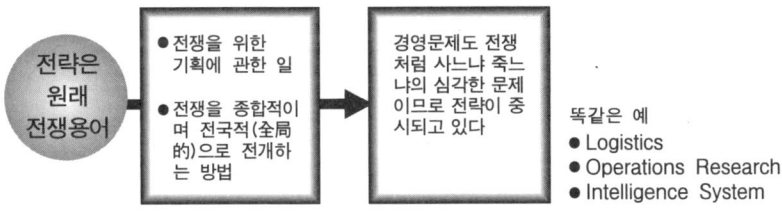

전략은 원래 전쟁용어	● 전쟁을 위한 기획에 관한 일 ● 전쟁을 종합적이며 전국적(全局的)으로 전개하는 방법

경영문제도 전쟁처럼 사느냐 죽느냐의 심각한 문제이므로 전략이 중시되고 있다

똑같은 예
● Logistics
● Operations Research
● Intelligence System

〈그림4〉 전략의 기본 요소

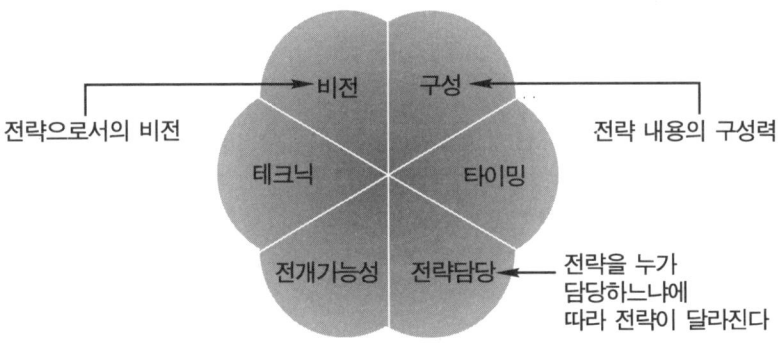

전략으로서의 비전 → 비전

구성 ← 전략 내용의 구성력

테크닉

타이밍

전개가능성

전략담당 ← 전략을 누가 담당하느냐에 따라 전략이 달라진다

〈그림5〉 전략의 아이디어는 어디에서 생겨나는가

정보분석에서　경쟁 속에서　타업계의 전략에서　사내협의에서　개인적인 영감에서

상위(Super)·하위(Sub)는 우선순위나 전략의 기본적, 전제적 특징에 의해 분류되며, 하위의 전략은 상위의 전략을 지원하게 된다.

비전은 기업행동의 동기부여가 되며, 경영전략의 정신적 지주가 된다.

2-2 전략의 역할과 평가

〈그림1〉 전략의 특징

전략에 의해 각종 기업행동이 통합된다	어떠한 국면에서도 활용이 가능하다	기업행동 그 자체를 특징짓는다
문제해결(Problem Solving) 지향이 강하다		결과에 대한 평가를 쉽사리 내릴 수 있다

〈그림2〉 전략의 역할

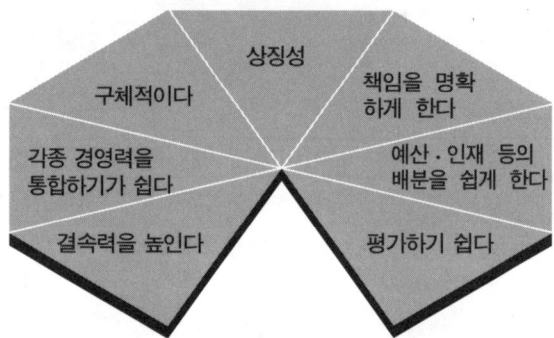

상징성
구체적이다
책임을 명확하게 한다
각종 경영력을 통합하기가 쉽다
예산·인재 등의 배분을 쉽게 한다
결속력을 높인다
평가하기 쉽다

문제해결(Problem Solving) 지향은 전략의 특징을 잘 나타낸 것으로서, 만일 문제해결(목표의 달성)이 이루어지지 못하면 모든 것이 수포로 돌아간다.

유효성(Effectiveness)은 목표가 달성되었는지를 식별하는 기준이 된다. 예를 들어 예산을 초과했더라도 목표가 달성되었다면 그 전략은 효과가 있었다고 보아야 한다.

〈그림3〉 전략의 평가

> 전략의 기본 요소 그 자체를 평가한다

> 목표와 결과의 차이를 평가한다

> 다른 결과와의 정합성(Adjustment)을 평가한다

〈그림4〉 목표와 결과의 차이 평가

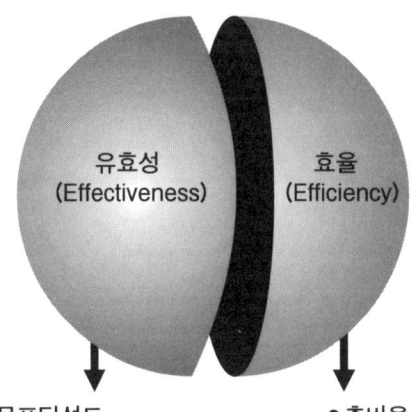

유효성
(Effectiveness)

효율
(Efficiency)

이 2가지에 의해 평가됨

- 목표달성도
- 비즈니스 효과
- 사회적 효과와 문화적 효과 등의 파급 효과
- 지명도 상승
- 이미지 상승

- 총비용
- 총시간
- 투입 인재와 인원수
- 총매출액
- 총투자액

효율(Efficiency)이란 획득한 성과에 대해 소요된 기업 노력(Efforts)의 비율을 말한다. 목표를 달성했더라도 예산이 초과되면 효율은 떨어진다.

능률이란 일정시간 내에 이룬 업무의 비율을 말한다. Time is Money의 발상이 강한 기준이 된다. 능률을 영어로 표시하면 효율과 똑같은 Efficiency가 된다.

전 술

〈그림1〉 업무의 계층

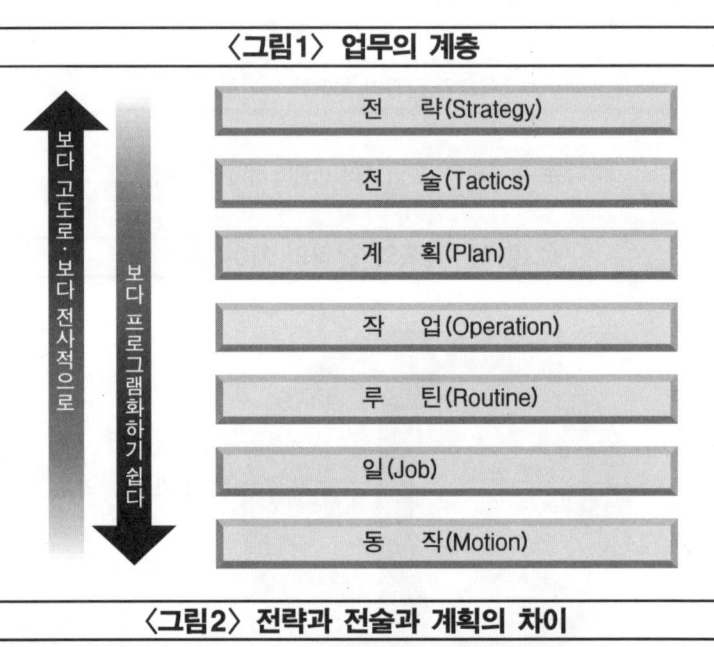

보다 고도로 · 보다 전사적으로

보다 프로그램화하기 쉽다

| 전 략(Strategy) |
| 전 술(Tactics) |
| 계 획(Plan) |
| 작 업(Operation) |
| 루 틴(Routine) |
| 일(Job) |
| 동 작(Motion) |

〈그림2〉 전략과 전술과 계획의 차이

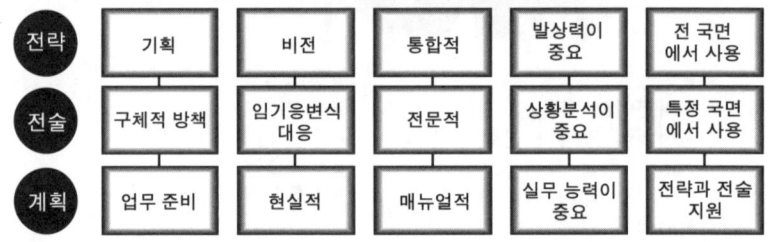

전략	기획	비전	통합적	발상력이 중요	전 국면에서 사용
전술	구체적 방책	임기응변식 대응	전문적	상황분석이 중요	특정 국면에서 사용
계획	업무 준비	현실적	매뉴얼적	실무 능력이 중요	전략과 전술 지원

전술(Tactics)이란 전략을 실행하기 위한 방법론이다. 여기에는 전술목표가 있는데 그 목표달성을 위한 수단과 방법인 것이다.

계획(Plan)이란 일을 실행함에 있어서 수단과 방법을 강구해내는 것이다. 계획을 입안해가는 것을 플래닝(Planning)이라고 부른다.

〈그림3〉 전술의 기본 요소

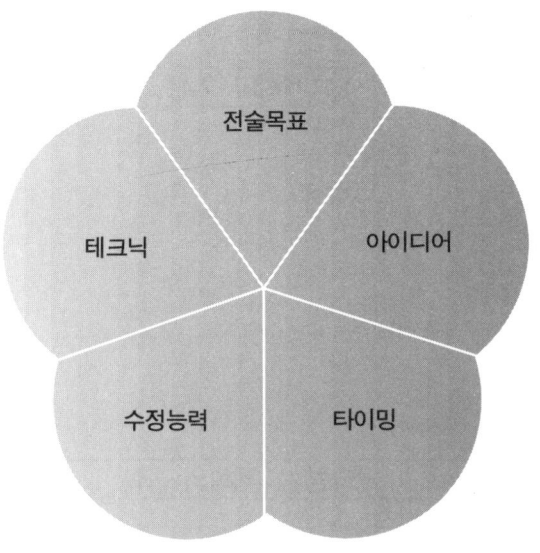

〈그림4〉 전술의 계층

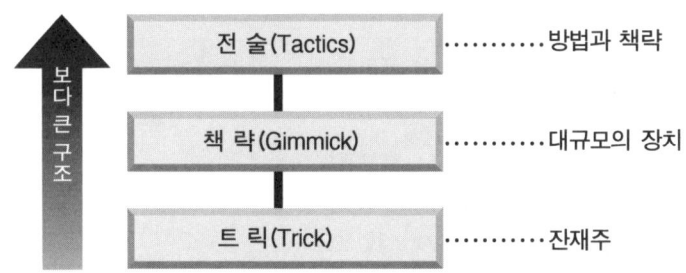

작업(Operation)이란 계획을 실현하기 위한 구체적인 일련의 행위(Action)를 말한다. 논루틴 워크(Non-routine Work)도 포함된다.	루틴(Routine)이란 정해진 일련의 작업을 말한다. 미리 정해놓은 많은 업무의 집합체이다.

2-4 계 획

〈그림1〉 계획의 기본 요소

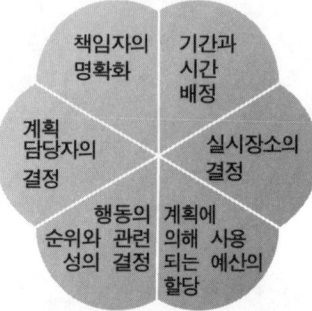

〈그림2〉 계획의 종류

기본계획(Master Plan)이란 각종 계획의 기본이 되는 전체 계획을 말한다.

스케줄(Schedule)이란 계획을 시계열적(時系列的)으로 나열한 것이다.

28

〈그림3〉 계획의 액션 프로세스

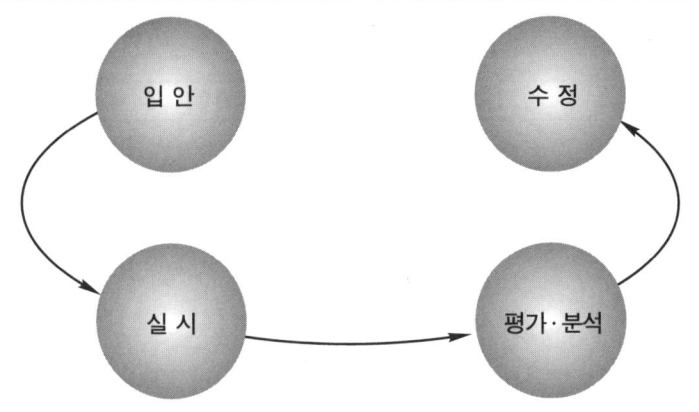

〈그림4〉 계획과 비슷한 낱말

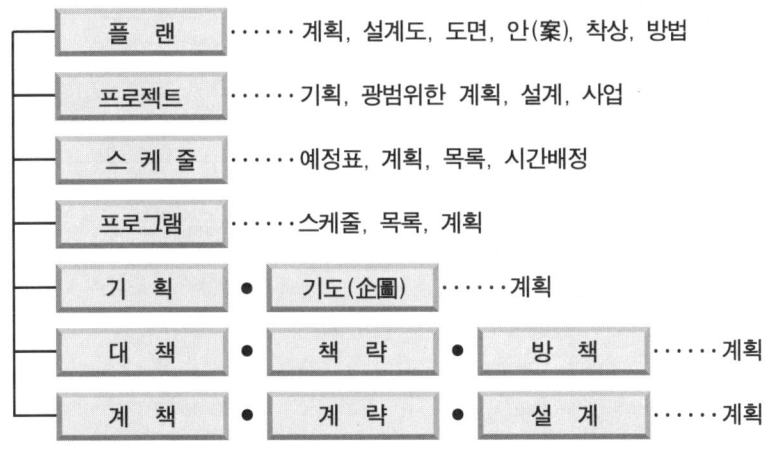

플 랜 ······ 계획, 설계도, 도면, 안(案), 착상, 방법

프로젝트 ······ 기획, 광범위한 계획, 설계, 사업

스 케 줄 ······ 예정표, 계획, 목록, 시간배정

프로그램 ······ 스케줄, 목록, 계획

기 획 ● 기도(企圖) ······ 계획

대 책 ● 책 략 ● 방 책 ······ 계획

계 책 ● 계 략 ● 설 계 ······ 계획

러프계획(Rough Plan)이란
아이디어 구상 단계의 계획을
말한다.

액션 프로그램(Action Program)
이란 행동계획을 말한다.

2-5 목 표

〈그림1〉 목적과 목표의 차이

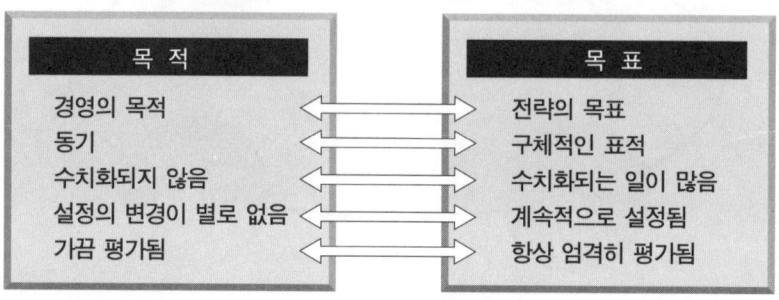

목 적	목 표
경영의 목적	전략의 목표
동기	구체적인 표적
수치화되지 않음	수치화되는 일이 많음
설정의 변경이 별로 없음	계속적으로 설정됨
가끔 평가됨	항상 엄격히 평가됨

〈그림2〉 목표와 골(Goal)

잠정목표 (Tentative Objective) → 목 표 (Objective) → 최종목표 (Goal)

〈그림3〉 목표의 종류

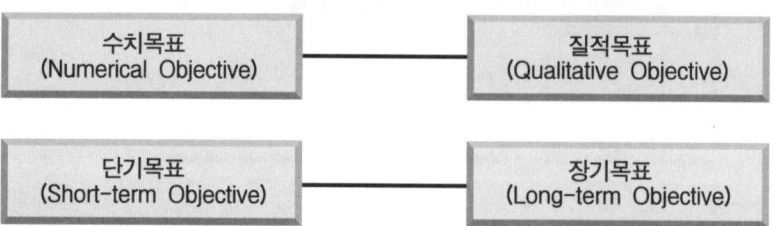

수치목표 (Numerical Objective) ──── 질적목표 (Qualitative Objective)

단기목표 (Short-term Objective) ──── 장기목표 (Long-term Objective)

목표(Objective)란 전략이 지향하는 대상을 말한다.

수치목표(Numerical Objective)란 수치에 의해 목표를 설정하는 것이다. 결과의 분석, 평가가 용이하며 객관적이다.

〈그림4〉 목표관리(Management by Objective)

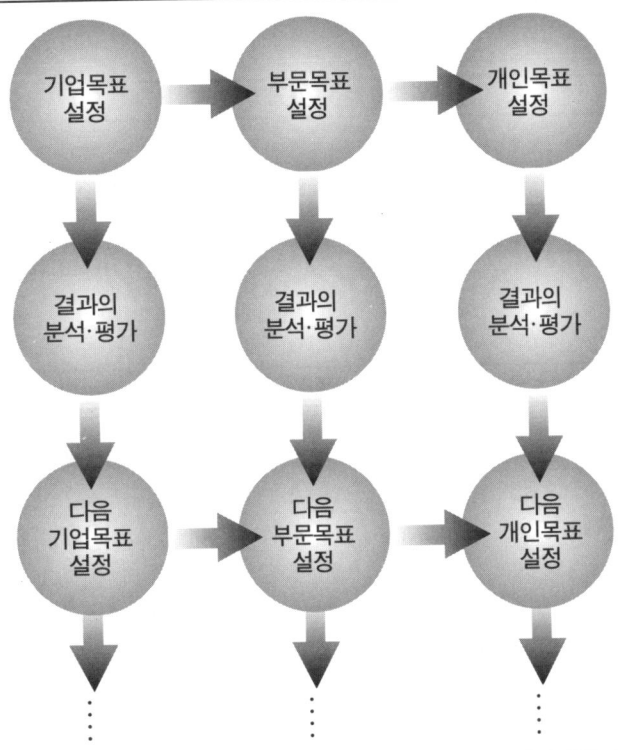

〈그림5〉 목표관리의 메리트

상사와 부하의 커뮤니케이션이 원활해진다	기업목표와 개인목표가 관련지어진다	개인의 목표달성 의욕이 높아진다	분석과 평가가 쉽다

목표관리(Management by Objective)란 목표를 각 개인에게 할당해줌으로써 좋은 성과를 기대하는 경영을 말한다. 결과관리(Results Management)라고도 한다.

목표달성(Objective Achievement)으로 수치가 크게 상승했을 때는 수치 설정 그 자체를 면밀히 분석해보지 않으면 안 된다.

2-6 표 적

〈그림1〉 표적이란

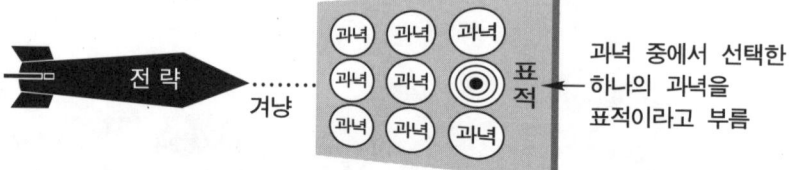

과녁 중에서 선택한
하나의 과녁을
표적이라고 부름

〈그림2〉 표적의 테크닉

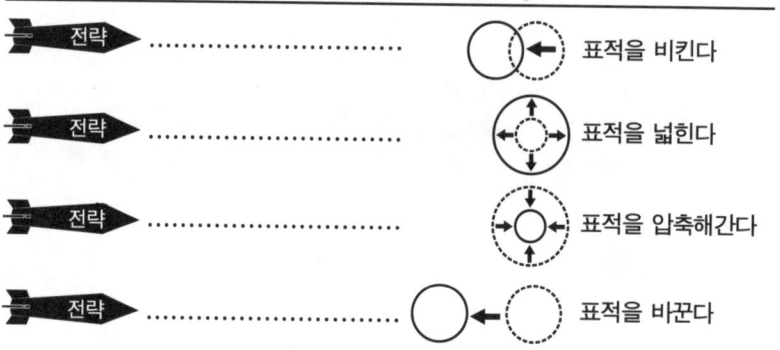

표적을 비킨다

표적을 넓힌다

표적을 압축해간다

표적을 바꾼다

〈그림3〉 표적은 달성할 수는 없지만 독점할 수는 있다

표적은 구체적인 대상물
이기 때문에

예를 들어 학생을
표적으로 한다면

달성은 할 수 없지만 학생들
의 인기를 독점할 수는 있다

표적(Target)이란 목표가 되는
과녁을 말한다. 이것은 수치로
나타내지는 못해도 구체적인
목표가 된다. 마케팅에서는 지
향하는 특정 시장을 뜻한다.

표적은 여건에 따라 변한다.
예를 들어 고교생을 표적으로
한 패스트푸드점의 구색 갖추
기 전략은 고교생의 기호 변
화(표적의 변화)에 따라 달라
지지 않을 수 없다.

32

〈그림4〉 이익이 될 듯한 표적은 많은 기업들이 노린다

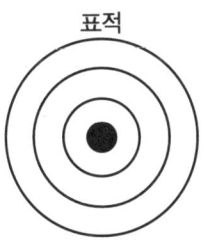

표적

그러므로 전략을 성공시키기 위해서는
타사와의 차별화가 필요하다

〈그림5〉 표적과 목표의 차이

표적의 대상은 기업 외부에 존재한다		목표는 기업 스스로가 설정한다
표적은 수치로 나타내지 못한다		목표는 수치로 나타내는 일이 많다
표적 그 자체는 스스로 변화한다		목표 그 자체는 스스로 변화하지 않는다
표적과 전략은 상호작용에 의해 변화한다		목표와 전략 사이에는 상호 작용이 없다

└─전략이 표적을 변화시키는 일도 있다

표적은 독점이 가능하다		목표는 독점할 수가 없다

마케팅에서는 표적의 설정이 매우 중요하다. 이 설정을 그르치면 마케팅전략에 실패하기 때문이다. 그러나 목표 설정은 그르쳐도 효율만이 떨어질 뿐이다.

전략에 의한 표적의 변화란 기업이 전략을 전개함으로 인해 표적(노린 시장) 그 자체가 변화하는 것을 말한다. 예를 들어 신제품을 판매함으로써 표적이 된 젊은이들의 행동이 변화하는 일이 있다.

2-7 절 충

〈그림1〉 절충의 종류

	나쁜 의미
교섭·매매상의 절충	Bargaining, Trick, Haggling
전쟁상의 절충	Strategy, Tactics, Trick
외교상의 절충	Diplomacy
정치상의 절충	Negotiation

〈그림2〉 전략의 관련어

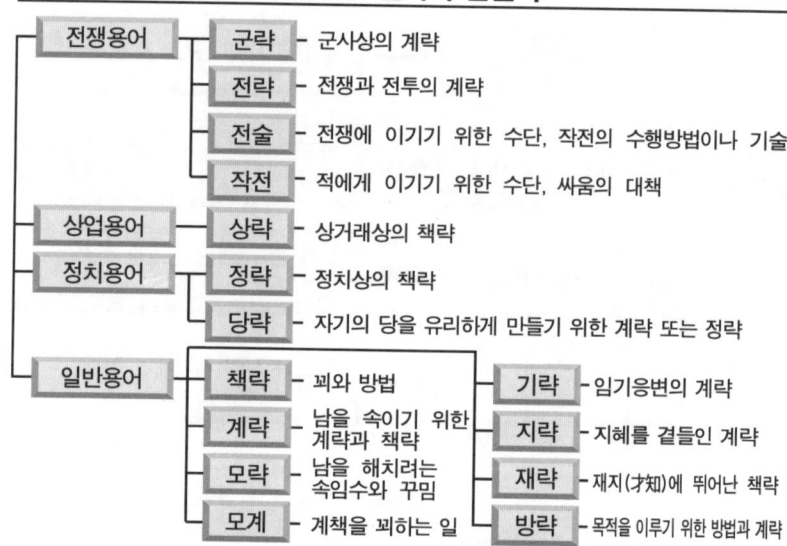

- 전쟁용어
  - 군략 - 군사상의 계략
  - 전략 - 전쟁과 전투의 계략
  - 전술 - 전쟁에 이기기 위한 수단, 작전의 수행방법이나 기술
  - 작전 - 적에게 이기기 위한 수단, 싸움의 대책
- 상업용어
  - 상략 - 상거래상의 책략
- 정치용어
  - 정략 - 정치상의 책략
  - 당략 - 자기의 당을 유리하게 만들기 위한 계략 또는 정략
- 일반용어
  - 책략 - 꾀와 방법
    - 기략 - 임기응변의 계략
  - 계략 - 남을 속이기 위한 계략과 책략
    - 지략 - 지혜를 곁들인 계략
  - 모략 - 남을 해치려는 속임수와 꾸밈
    - 재략 - 재지(才知)에 뛰어난 책략
  - 모계 - 계책을 꾀하는 일
    - 방략 - 목적을 이루기 위한 방법과 계략

전략의 본질은 절충이다. 반드시 상대방에 대해 경쟁우위에 설 수 있도록 목표를 설정하여 전략을 전개해 나간다.

계략(Stratagem)이란 기획을 말한다. 이 영어에서 Strategy가 생겨났다. 그리고 Plan도 계획의 뜻을 지니고 있다.

〈그림3〉 전술의 관련어

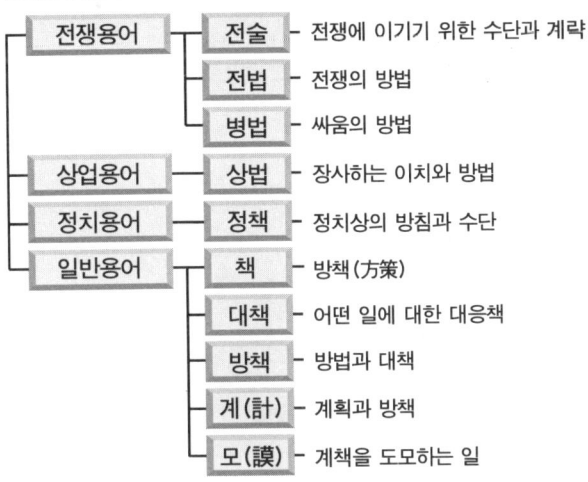

- 전쟁용어
  - 전술 ― 전쟁에 이기기 위한 수단과 계략
  - 전법 ― 전쟁의 방법
  - 병법 ― 싸움의 방법
- 상업용어
  - 상법 ― 장사하는 이치와 방법
- 정치용어
  - 정책 ― 정치상의 방침과 수단
- 일반용어
  - 책 ― 방책(方策)
  - 대책 ― 어떤 일에 대한 대응책
  - 방책 ― 방법과 대책
  - 계(計) ― 계획과 방책
  - 모(謨) ― 계책을 도모하는 일

〈그림4〉 절충의 기본 사항

자신에게 유리하게 한다

분석 능력을 발휘한다

타이밍을 노린다

상대의 대응에 따라 변화한다

전술(Tactics)은 전략에 비해 테크닉 지향이라고 하겠는데 이기기 위한 모든 수단(나쁜 의미도 포함)을 동원한다는 뜻이 강하다.

절충에 있어서 '자신에게 유리하도록' 하는 것도 중요하지만, 전략도 자신에게 유리하도록 전개해가는 것이 대전제가 된다.

경영전략이란

3-1 경영전략

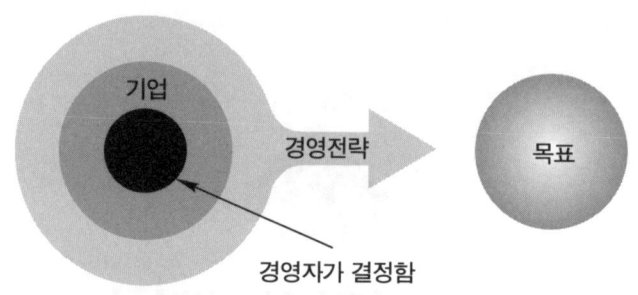

〈그림1〉 경영전략이란

기업

경영전략

목표

경영자가 결정함

〈그림2〉 경영전략 중의 서브전략(메이커가 마케팅전략을 생각할 때)

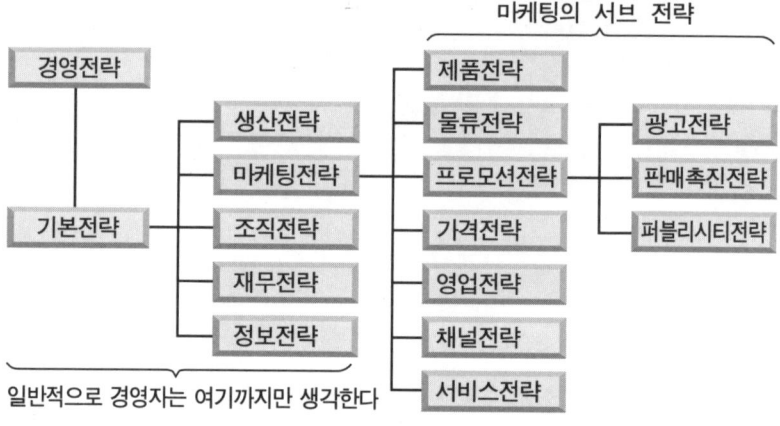

마케팅의 서브 전략

경영전략

기본전략

생산전략

마케팅전략

조직전략

재무전략

정보전략

제품전략

물류전략

프로모션전략

가격전략

영업전략

채널전략

서비스전략

광고전략

판매촉진전략

퍼블리시티전략

일반적으로 경영자는 여기까지만 생각한다

경영전략(Business Strategy)
이란 사업을 훌륭하게 전개해
나가기 위한 전사적인 계획을
말한다.

미국에서는 최고 책임자를
CEO(Chief Executive Officer)
라고 부른다.

〈그림3〉 경영전략을 입안할 때의 영향 요인

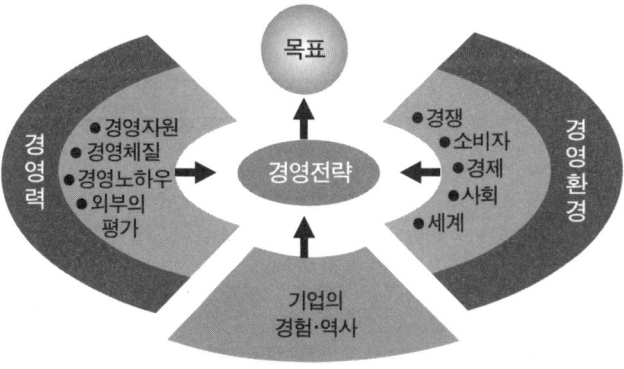

〈그림4〉 경영전략의 기본 프로세스

기업의 경험과 역사는 경영전략을 입안하는 데 큰 영향을 준다. 보수적 경영이란 그와 같은 영향을 강하게 받아들이는 것을 말한다.

경영전략의 기본 프로세스란 경영전략을 전개해 나갈 때 구체적으로 어떻게 입안하여 실시할 것인가를 나타낸 것이다.

3-2 비전과 컨셉트

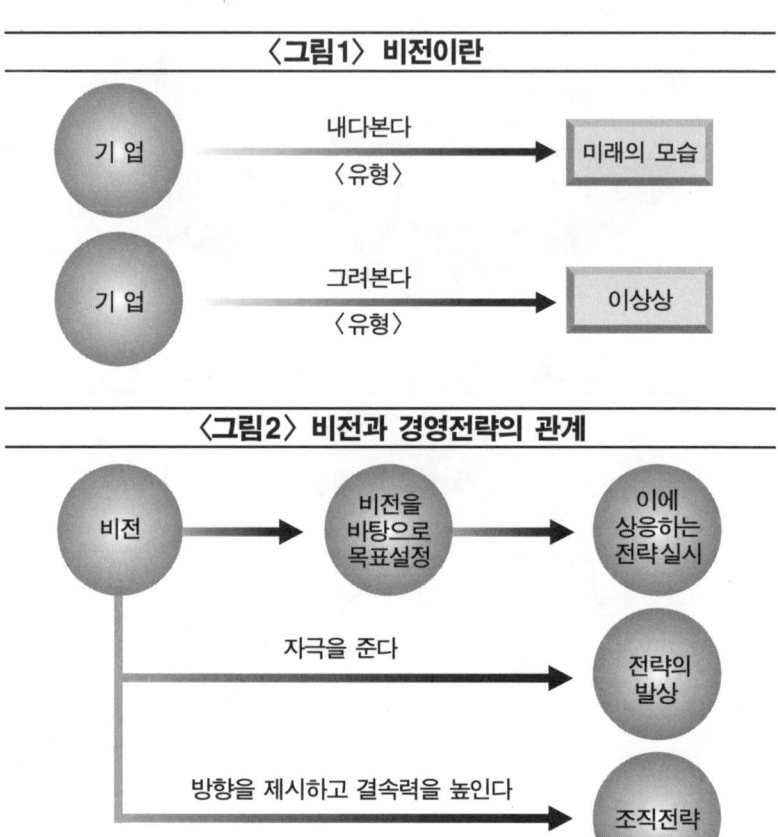

〈그림1〉 비전이란

기 업 ──내다본다〈유형〉──▶ 미래의 모습

기 업 ──그려본다〈유형〉──▶ 이상상

〈그림2〉 비전과 경영전략의 관계

비전 ──▶ 비전을 바탕으로 목표설정 ──▶ 이에 상응하는 전략실시

비전 ──자극을 준다──▶ 전략의 발상

비전 ──방향을 제시하고 결속력을 높인다──▶ 조직전략

비전(Vision)이란 기업의 미래상을 말한다. 또는 이상상(理想像)이라고도 말한다.

비저너리 컴퍼니(Visionary Company)란 비전을 경영의 중심에다 두고 그 비전을 항상 견지하는 기업을 말한다.

〈그림3〉 비저너리 컴퍼니란

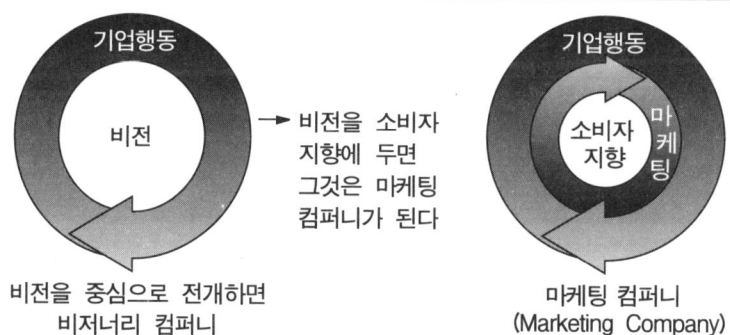

〈그림4〉 컨셉트란

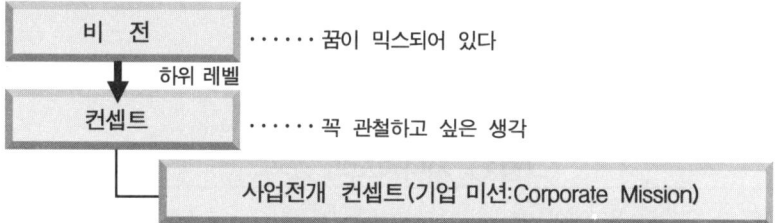

〈그림5〉 지침이란

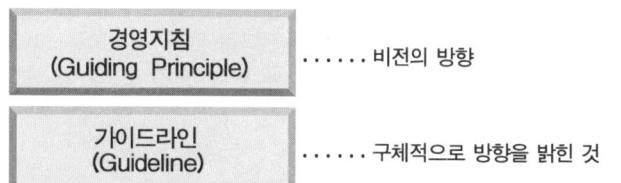

컨셉트(Concept)란 기본적인 사고를 말한다. 제품 컨셉트라든가 사업전개 컨셉트 등의 말로 사용되고 있다.	기업 미션(Corporate Mission)이란 사업을 전개해 나갈 때 기업이 갖는 기본적인 사고(컨셉트)를 말한다.

3-3 시나리오

〈그림1〉 시나리오의 기본(그룹적으로 묘사하는 일이 많다)—허먼 칸의 아이디어

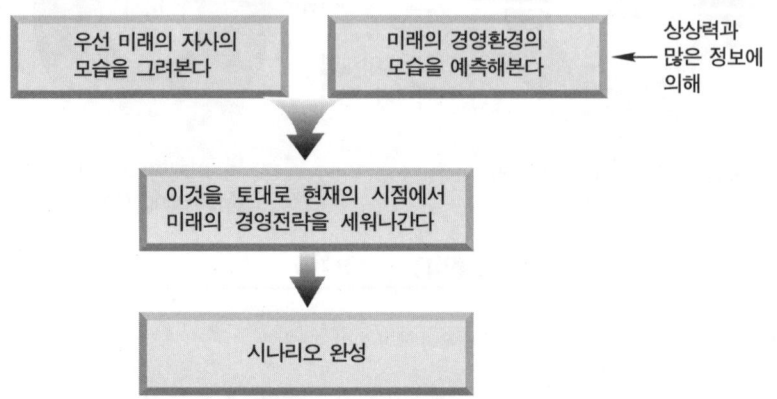

| 우선 미래의 자사의 모습을 그려본다 | 미래의 경영환경의 모습을 예측해본다 | 상상력과 많은 정보에 의해 |

이것을 토대로 현재의 시점에서 미래의 경영전략을 세워나간다

시나리오 완성

〈그림2〉 시나리오의 효과

| 객관적으로 자사의 경영 전략을 전망할 수가 있다 | 냉정하게 경영환경을 예측할 수가 있다 | 논리적으로 모순이 없는 일련의 경영 전략을 전개 해 나갈 수가 있다 | 시나리오 작성에 참가한 사람의 의사가 강하게 작용하여 실지로 실시할 때에는 크게 플러스가 된다 |

시나리오(Scenario)란 기업이 생각하고 있는 미래에 대한 줄거리이다. 시나리오의 형태로는 기업의 미래상을 묘사하는 시나리오 라이팅(Scenario Writing)이 있다.

시나리오 라이팅에 젖어 있으면 발상이 고정화되어 원패턴의 경영전략을 수립할 우려가 있다.

⟨그림3⟩ 경영전략의 발상

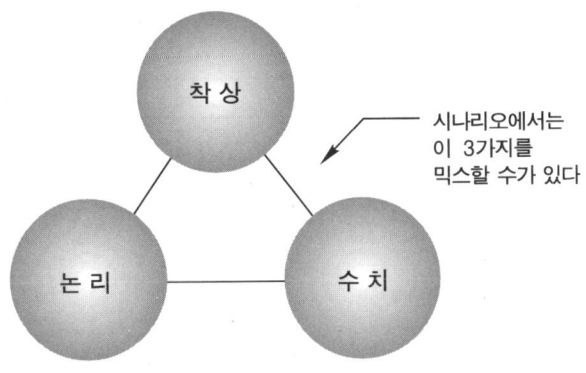

착 상

논 리

수 치

시나리오에서는
이 3가지를
믹스할 수가 있다

⟨그림4⟩ 브레인스토밍이란

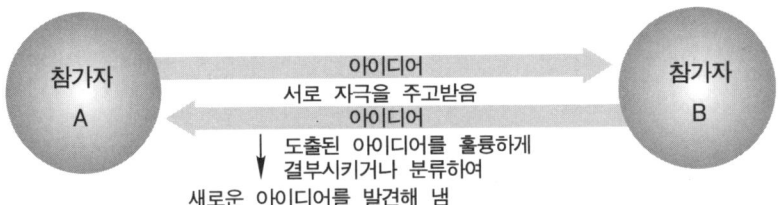

참가자
A

참가자
B

아이디어
서로 자극을 주고받음
아이디어

도출된 아이디어를 훌륭하게
결부시키거나 분류하여
새로운 아이디어를 발견해 냄

⟨그림5⟩ 전략공유화(아더 D. 리틀 사의 아이디어)

기업의 과거·
현재의 정보·
전략자료

전략
포맷
작성

새로운
비전과
전략제안

브레인스토밍(Brainstorming)
이란 복수의 사람들이 모여
특정 테마에 대해 생각해낸
것을 자유롭게 발표, 정리하여
새로운 아이디어를 이끌어내
는 집단사고법이다.

전략공유화(Strategy Sharing)
란 많은 전략 실천자가 참가
하여 전략 포맷을 중심으로
공통의 언어를 사용하여 전략
을 입안하거나 비전을 확립하
는 것을 말한다.

3-4 기업 도메인과 코어 콤피턴스

〈그림1〉 기업 도메인이란

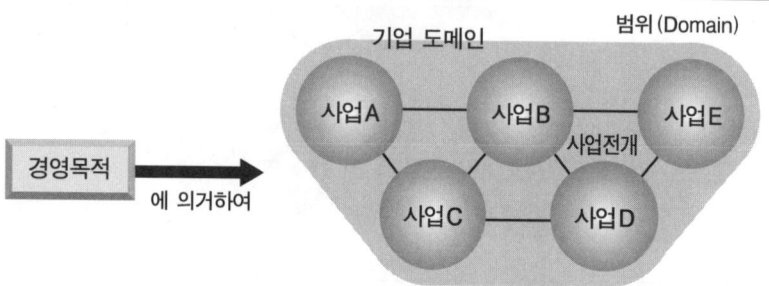

기업 도메인

범위(Domain)

경영목적 에 의거하여

사업A — 사업B — 사업E

사업전개

사업C — 사업D

〈그림2〉 기업 도메인의 대표적인 예

● NEC .... C&C (Computer & Communication)
● 도시바 .... E&E (Energy & Electronics)
● 미쓰비시전기 .... SOCIO-TECH(사회기술)
● 산토리 .... 생활문화산업
● 가오 .... 계면활성(界面活性) 기술
● Minnesota Mining (스미토모 스리엠)··· 표면가공기술

〈그림3〉 기업 도메인의 메리트

경영전략의 방향이 일치 / 경영자원의 효율적 활용 / 경영노하우의 축적 / 사원의 일체감 / 소비자가 갖는 이미지가 분명해진다

기업 도메인(Corporate Dom-ain)이란 기업의 사업전개 범위를 말한다. 경영목적에도 관련되는 것으로서 사업목적 범위 내에서 비즈니스를 전개하려고 하는 것이다.

기업간의 경쟁도 치열해지고 있는 만큼 경영력을 효과적으로 활용하기 위해서는 기업 도메인을 채택하지 않을 수 없다. 전능한 기업은 이 세상에 존재하지 않는다.

〈그림4〉 코어 콤피턴스 전략이란

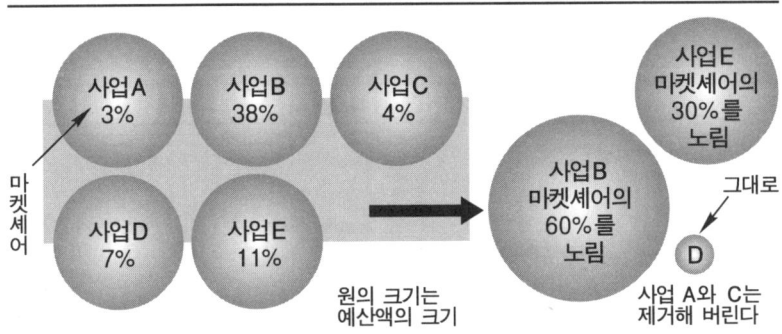

마켓셰어

사업A 3%
사업B 38%
사업C 4%
사업D 7%
사업E 11%

원의 크기는
예산액의 크기

사업E
마켓셰어의
30%를
노림

사업B
마켓셰어의
60%를
노림

그대로

D

사업 A와 C는
제거해 버린다

〈그림5〉 코어 콤피턴스 전략과 똑같은 의미의 전략

제품라인의 압축

사업의 리스트럭처링

경쟁우위의 전략

머니 메이킹
에어리어 전략

달러박스 전략

〈그림6〉 기업 도메인과 코어 콤피턴스의 관계

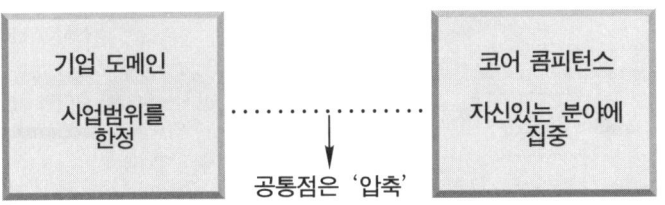

기업 도메인

사업범위를
한정

코어 콤피턴스

자신있는 분야에
집중

공통점은 '압축'

코어 콤피턴스(Core Compe-
tence)란 업계 넘버원 분야에
기업노력을 집중시켜 경쟁력을
높이는 것이다.

머니 메이킹 에어리어(Money
Making Area) 전략이란 경쟁
력이 압도적으로 강한 분야를
만들어 거기에서 이익의 대부
분을 벌어들인다는 전략을 말
한다.

3-5 선택적 인지와 기업생체론

〈그림1〉 선택적 인지란

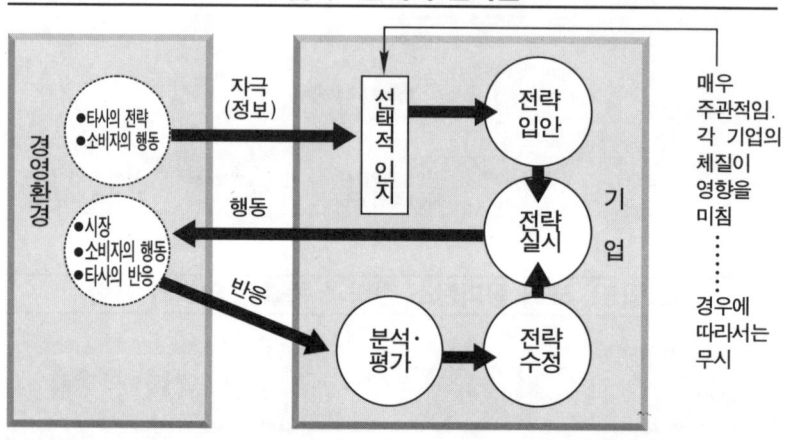

〈그림2〉 그 결과

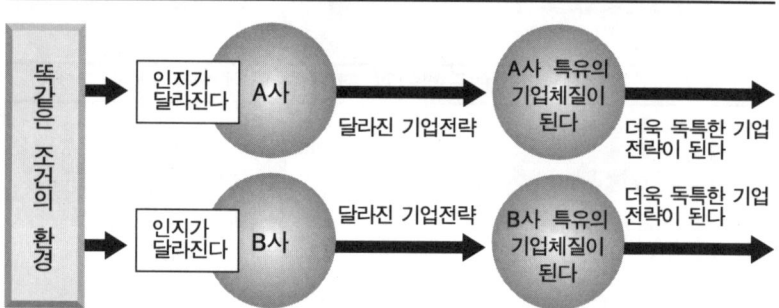

선택적 인지(Selective Acknowl-edgment)란 기업이 경영환경으로부터의 자극을 주관적인 선택에 의해 인지하는 일이다. 이렇게 해서 스스로의 기업행동(전략)을 입안, 실시해 나간다.

콘틴젼시 이론(Contingency Theory)이란 조직은 조직을 에워싸고 있는 환경에 의해 규정지어지며, 상황이 달라지면 조직의 효율성도 달라진다는 사고이다. 경영학을 오픈시스템으로 파악한 이론이다.

〈그림3〉 콘틴젠시 이론과 기업생체론

〈콘틴젠시 이론〉

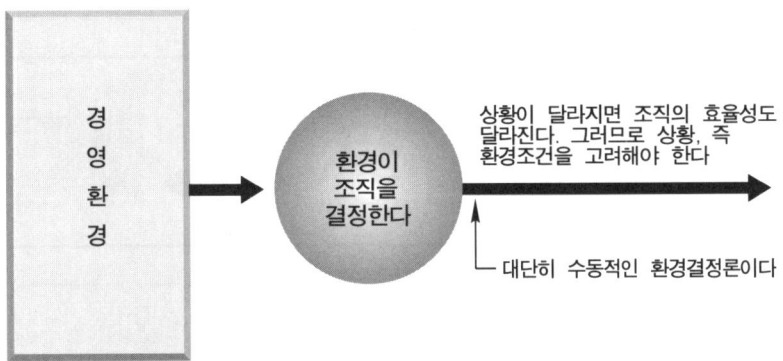

〈기업생체론〉

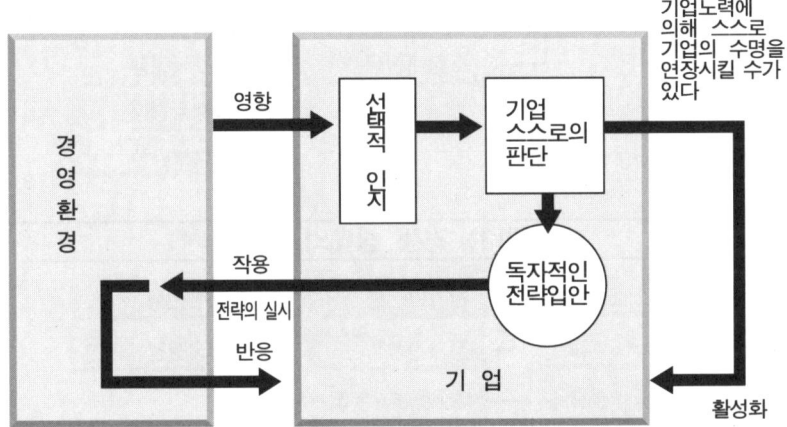

기업생체론이란 기업이 환경 속에서 살아가는 생명체적 조직임을 이해하고 비록 환경으로부터 크게 영향을 받지만, 기업 스스로의 노력에 의해 환경까지도 변화시켜 기업의 수명을 컨트롤해야 한다는 이론이다.	기업생체론에서는 똑같은 환경하에서 여러 형태의 기업들이 살아간다는 이론이다. 마치 꽃처럼 붉은 꽃, 노랑꽃, 흰꽃 등이 핀다. 그리고 겨울에 피는 꽃, 가을에 피는 꽃, 모두가 독특한 전략으로 살아가고 있는 것이다.

경 쟁

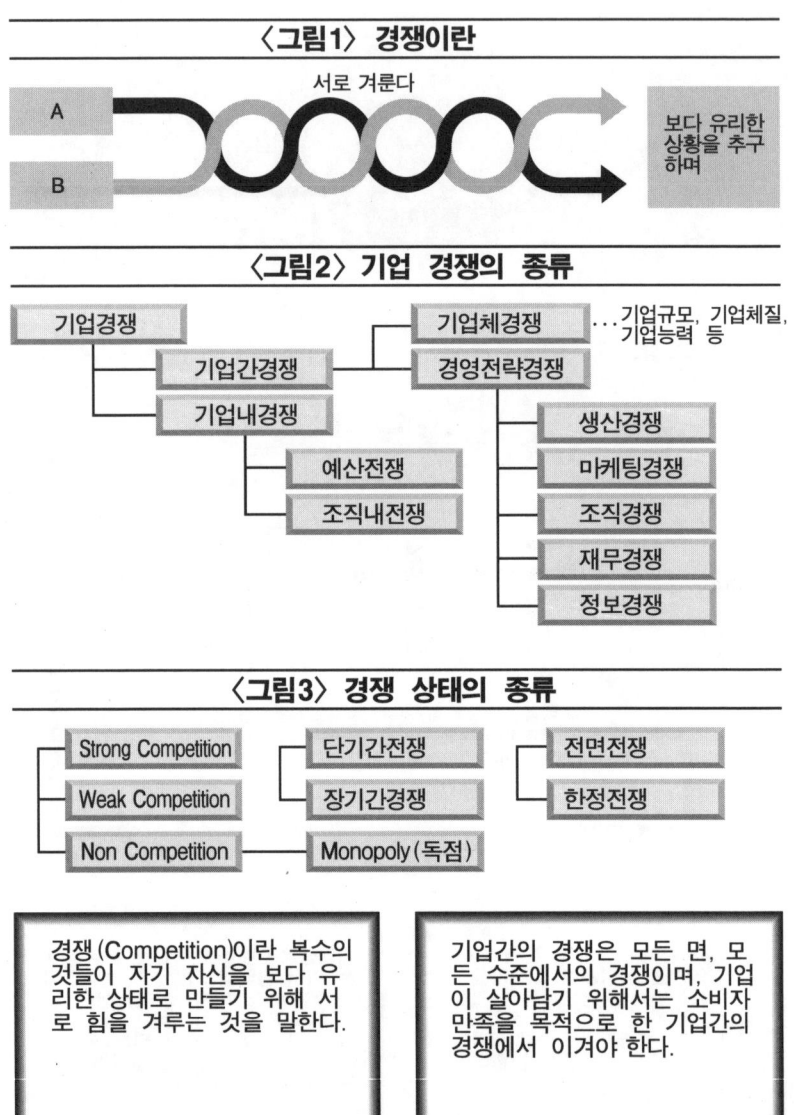

〈그림1〉 경쟁이란

서로 겨룬다

A

B

보다 유리한 상황을 추구 하며

〈그림2〉 기업 경쟁의 종류

기업경쟁

기업간경쟁

기업내경쟁

기업체경쟁 ··· 기업규모, 기업체질, 기업능력 등

경영전략경쟁

예산전쟁

조직내전쟁

생산경쟁

마케팅경쟁

조직경쟁

재무경쟁

정보경쟁

〈그림3〉 경쟁 상태의 종류

Strong Competition

Weak Competition

Non Competition

단기간전쟁

장기간경쟁

Monopoly(독점)

전면전쟁

한정전쟁

경쟁(Competition)이란 복수의 것들이 자기 자신을 보다 유 리한 상태로 만들기 위해 서 로 힘을 겨루는 것을 말한다.

기업간의 경쟁은 모든 면, 모 든 수준에서의 경쟁이며, 기업 이 살아남기 위해서는 소비자 만족을 목적으로 한 기업간의 경쟁에서 이겨야 한다.

〈그림4〉 전략과 경쟁의 차이

경쟁
=
이기기 위해 싸운다

전략

싸우기
위한 대책

철수하기
위한 대책

〈그림5〉 경쟁 스타일

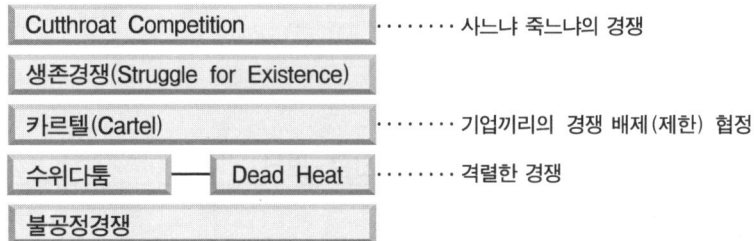

Cutthroat Competition ········ 사느냐 죽느냐의 경쟁

생존경쟁(Struggle for Existence)

카르텔(Cartel) ········ 기업끼리의 경쟁 배제(제한) 협정

수위다툼 ── Dead Heat ········ 격렬한 경쟁

불공정경쟁

〈그림6〉 게임이론(Game Theory)이란

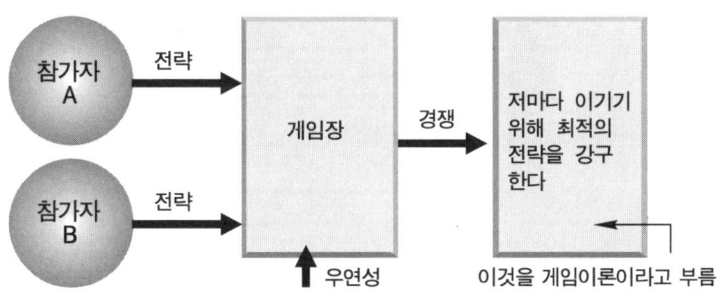

참가자
A

전략

게임장

경쟁

저마다 이기기
위해 최적의
전략을 강구
한다

참가자
B

전략

우연성

이것을 게임이론이라고 부름

게임이론(Game Theory)이란 이해득실이 상반되는 조직(인간, 집단, 회사)이 특정 룰 아래에서 우연성과 전략에 의해 승부를 가리기 위한 최적의 전략을 강구해내는 이론이다.

현실적으로 비즈니스 사회에서는 게임이론의 응용이 어렵다. 게임 참가자의 많은 변동과 경쟁의 질적 문제, 타업계와의 경쟁 등 많은 문제가 있다. 그러나 탁상이론으로서의 매니지먼트 사이언스(Management Science)에서는 매우 인기가 있다.

3-7 전 황

〈그림1〉 전황(Conditions of Battle)이란

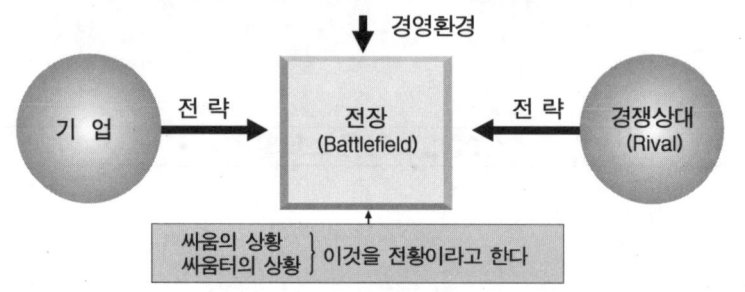

경영환경

기 업 — 전략 → 전장(Battlefield) ← 전략 — 경쟁상대(Rival)

싸움의 상황
싸움터의 상황 } 이것을 전황이라고 한다

〈그림2〉 전황 판단

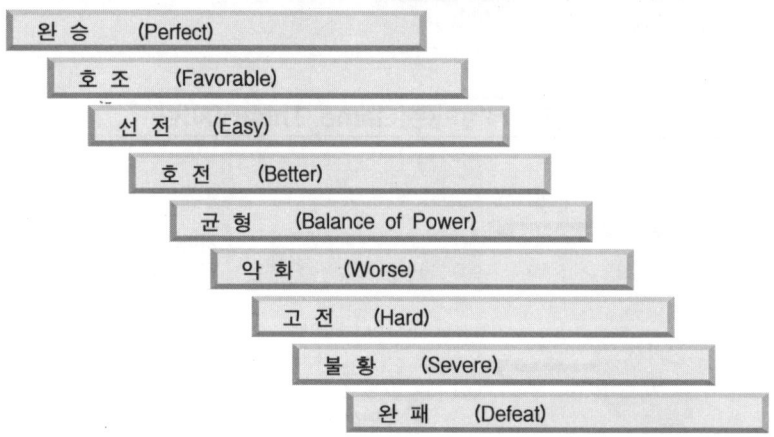

완 승 (Perfect)

호 조 (Favorable)

선 전 (Easy)

호 전 (Better)

균 형 (Balance of Power)

악 화 (Worse)

고 전 (Hard)

불 황 (Severe)

완 패 (Defeat)

전황(Conditions of Battle)이란 기업간의 전투 상황, 전투장의 형편을 말한다.

경쟁상대(Rival)는 특정 기업의 경우가 되지만 대체적으로 업계 전체 및 타업계에서 참여한 기업 또는 관련 업계(대체상품 업계, 예를 들면 슈퍼마켓과 외식 등)의 모든 기업을 지칭한다.

〈그림3〉 인텔리전스 정보시스템이란

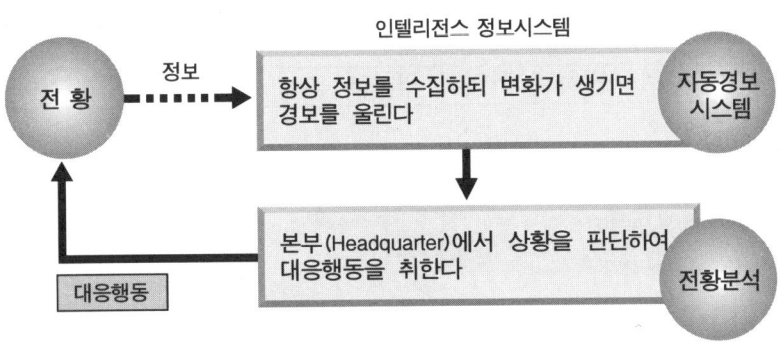

인텔리전스 정보시스템

전 황 → 정보 → 항상 정보를 수집하되 변화가 생기면 경보를 울린다 ← 자동경보 시스템

본부(Headquarter)에서 상황을 판단하여 대응행동을 취한다 ← 전황분석

대응행동

〈그림4〉 대응행동의 기본 기능

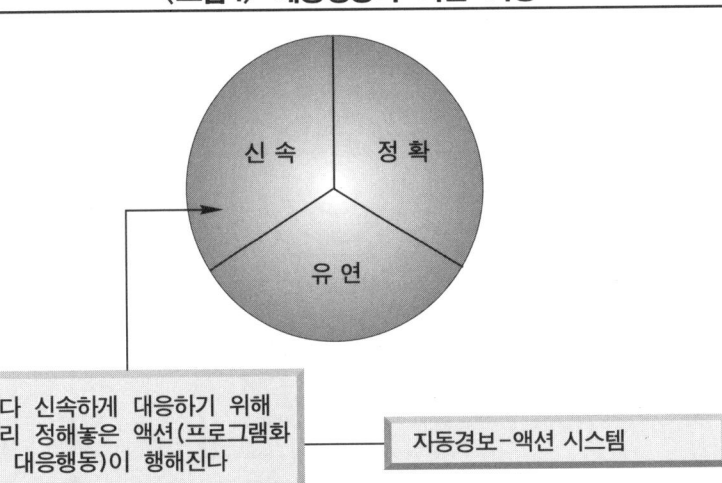

신 속   정 확

유 연

보다 신속하게 대응하기 위해 미리 정해놓은 액션(프로그램화 된 대응행동)이 행해진다 — 자동경보-액션 시스템

인텔리전스 정보시스템 (Intelligence Information System)이 란 항상 전황에 관한 정보를 입수하되 사소한 변화라도 발 견하면 즉각 알려주는 경보 시 스템을 말한다.

자동경보시스템에서는 전황에 관한 정보가 당초 예상한 것 과 같을 때에는 즉시 본부(전 략 결정 부문)에 경보를 발령 하여 프로그램화된 대응행동이 취해지도록 한다.

3-8 경험과 역사

〈그림1〉 전략은 기업의 역사에 의해 큰 영향을 받는다

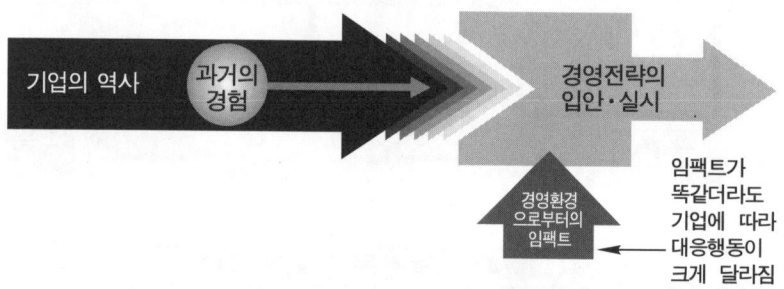

임팩트가
똑같더라도
기업에 따라
대응행동이
크게 달라짐

〈그림2〉 심적 필터의 역할

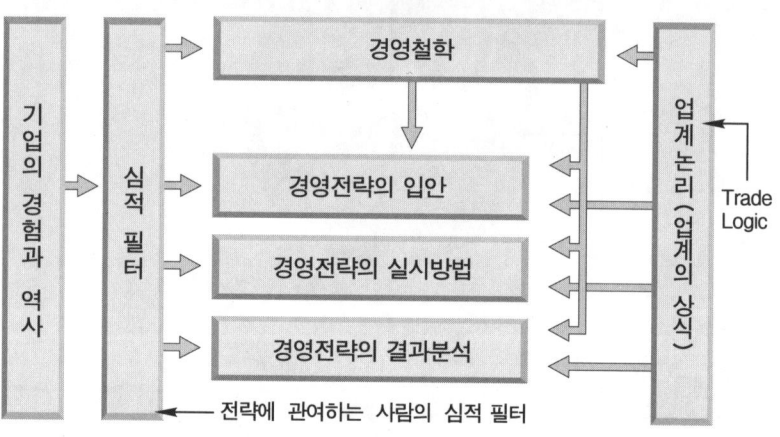

전략에 관여하는 사람의 심적 필터

임팩트(Impact)란 기업행동에 자극이 되는 영향력(영향 요인)을 말하는데, 임팩트를 어떻게 받아들이느냐에 따라 기업의 전략이 크게 달라진다.

심적 필터란 인간의 마음이 지각이나 인지의 모든 것에 대해 여과작용시켜 사실의 취사선택, 과대평가, 왜곡 등을 바로잡는 것을 말한다.

〈그림3〉 경험·역사·경영철학의 대표적 인자

경험	역사	경영철학
• 자사의 성공 • 타사의 성공 • 자사의 실패 • 타사의 실패	• 자사의 역사 • 자사 전략의 역사 • 라이벌 기업의 역사 • 라이벌 기업 전략의 역사 • 세계의 역사	• 경영이란 • 상업이란 • 이익이란 • 조직이란 • 절충이란 • 사원이란 • 전략이란 • 지불이란

〈그림4〉 창조적 파괴(Creative Destruction)란

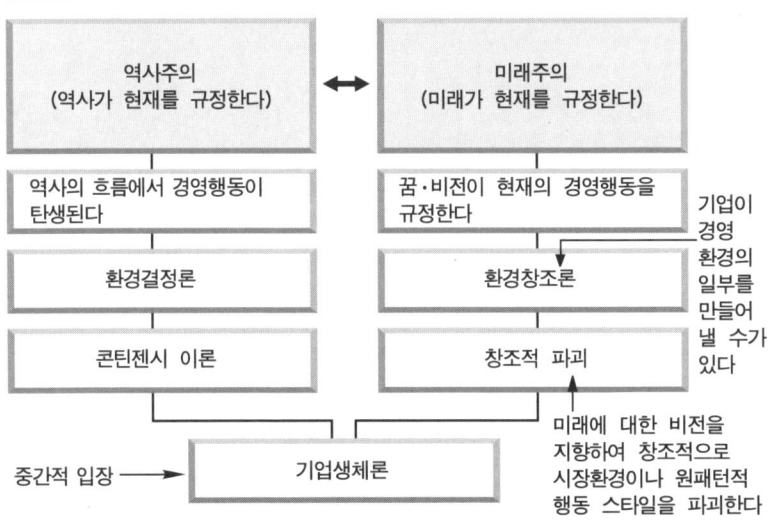

역사주의 (역사가 현재를 규정한다)	↔	미래주의 (미래가 현재를 규정한다)	

역사의 흐름에서 경영행동이 탄생된다 | 꿈·비전이 현재의 경영행동을 규정한다

환경결정론 | 환경창조론

콘틴젠시 이론 | 창조적 파괴

기업이 경영환경의 일부를 만들어 낼 수가 있다

중간적 입장 ——→ 기업생체론

미래에 대한 비전을 지향하여 창조적으로 시장환경이나 원패턴적 행동 스타일을 파괴한다

경험과 역사는 경영전략을 보수적으로 끌고가는 일이 많으며, 경영환경의 변화가 극심한 업계에서는 반드시 한도를 설정할 필요가 있다.

창조적 파괴(Creative Destruction)란 과거의 경험주의나 역사 위주의 사고를 버리고 전혀 새로운 발상과 전략으로 경영방법을 재구축하려고 하는 것을 말한다.

경영전략의 기본 프로세스

제4장

경영전략의 책정

4-1 전략 디자인

〈그림1〉 전략 디자인을 하기 전에 고려해야 할 점

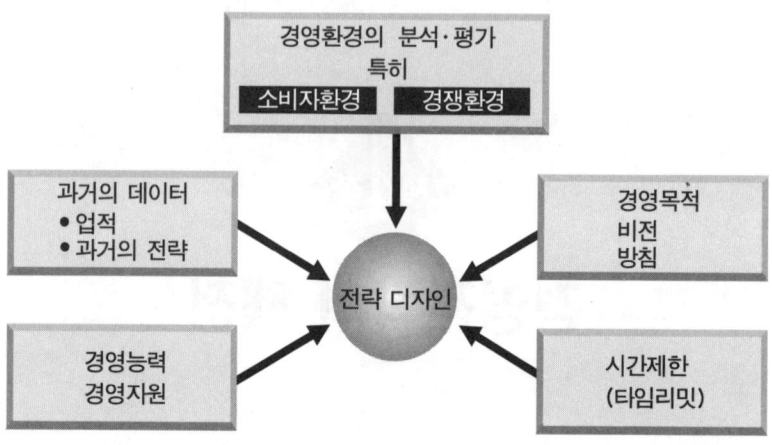

〈그림2〉 전략의 분업화

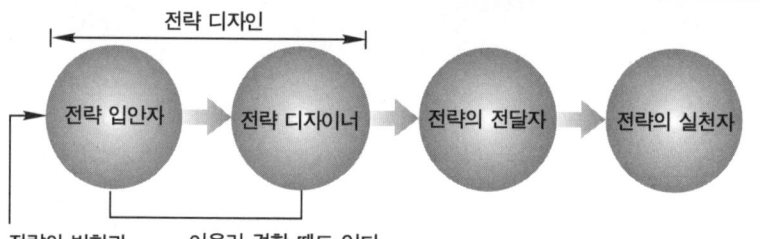

전략의 방향과 구조를 생각한다   아울러 겸할 때도 있다

전략 디자인(Strategy Design) 이란 전략을 입안, 기획하는 것을 말한다. 경영활동의 핵심이 되는 것으로서 매우 중요한 업무이다.

전략이 분업화되고 있기 때문에 커뮤니케이션 갭(Communication Gap)이나 책임을 전가하는 일이 자주 발생하여 훌륭한 전략도 실패하는 경우가 많다.

〈그림3〉 전략 디자인의 성공 테크닉

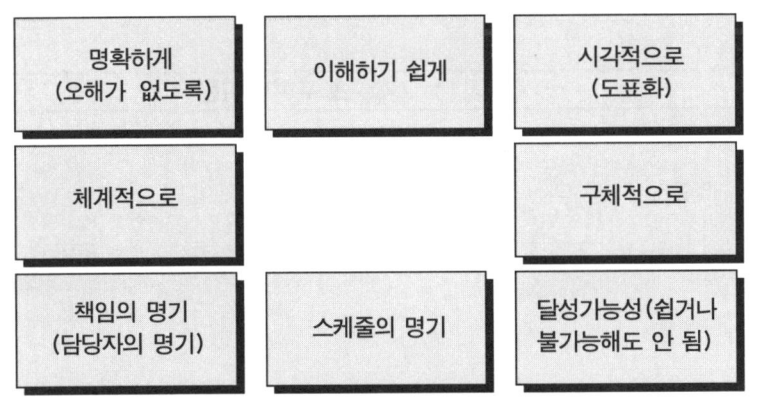

명확하게 (오해가 없도록)	이해하기 쉽게	시각적으로 (도표화)
체계적으로		구체적으로
책임의 명기 (담당자의 명기)	스케줄의 명기	달성가능성 (쉽거나 불가능해도 안 됨)

〈그림4〉 전략 디자인의 전달

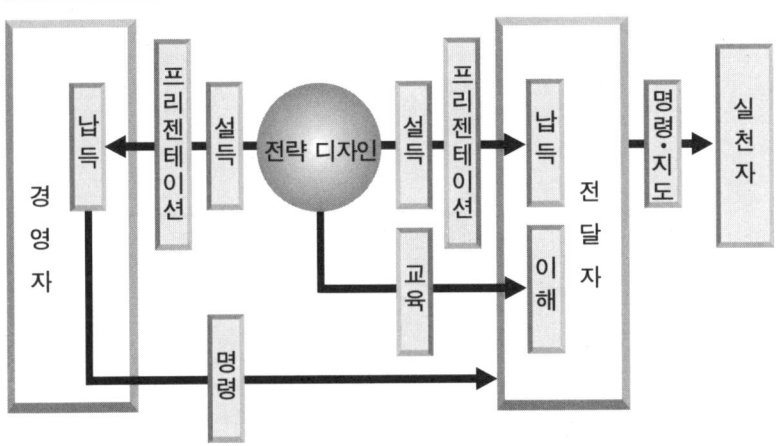

전략 디자인의 비주얼화(Visu-alization)는 플로차트나 전체도, 상호관련도, 조직도, 지도 등으로 나타내게 된다.

일반적으로 조직에서는 커뮤니케이션 가운데 설득, 납득이 큰 비중을 차지한다. 여기에서 실패하면 전략 디자인이 아무리 훌륭해도 거부될 수밖에 없다.

기업 포지셔닝

〈그림1〉 기업 포지셔닝이란

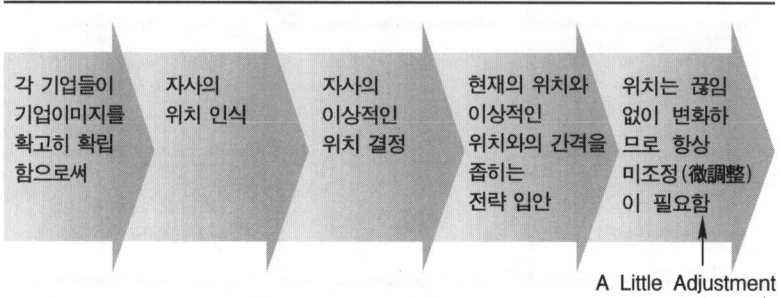

각 기업들이 기업이미지를 확고히 확립 함으로써

자사의 위치 인식

자사의 이상적인 위치 결정

현재의 위치와 이상적인 위치와의 간격을 좁히는 전략 입안

위치는 끊임 없이 변화하 므로 항상 미조정(微調整) 이 필요함

A Little Adjustment

〈그림2〉 기업 포지셔닝의 예

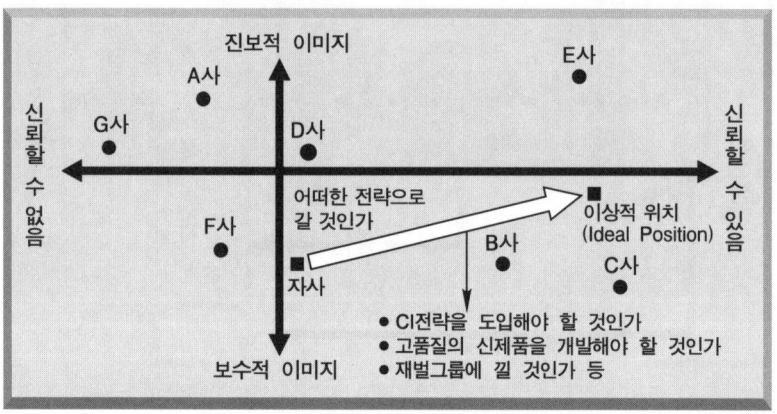

진보적 이미지

E사

A사

신뢰할 수 없음

G사

D사

신뢰할 수 있음

어떠한 전략으로 갈 것인가

이상적 위치 (Ideal Position)

F사

B사

C사

자사

● CI전략을 도입해야 할 것인가
● 고품질의 신제품을 개발해야 할 것인가
● 재벌그룹에 낄 것인가 등

보수적 이미지

기업 포지셔닝(Corporate Po- sitioning)이란 기업이미지의 상 대적 위치부여를 말하는데, 타 사와의 상대적 위치관계를 발견 함으로써 이에 따른 경영전략을 입안한다는 것이다.

포지셔닝을 위한 평가척도는 어떤 것이든 상관없지만, 특히 현실적 위치와 이상적 위치의 차이점을 중심으로 전략을 전 개해 나가는 것이 바람직하다.

〈그림3〉 사업의 포지셔닝(ADL 매트릭스)

- Arthur D. Little 매트릭스로부터(ADL 사) -

〈그림4〉 사업의 포지셔닝(매킨지 매트릭스)

- McKinsey 매트릭스로부터(매킨지 사) -

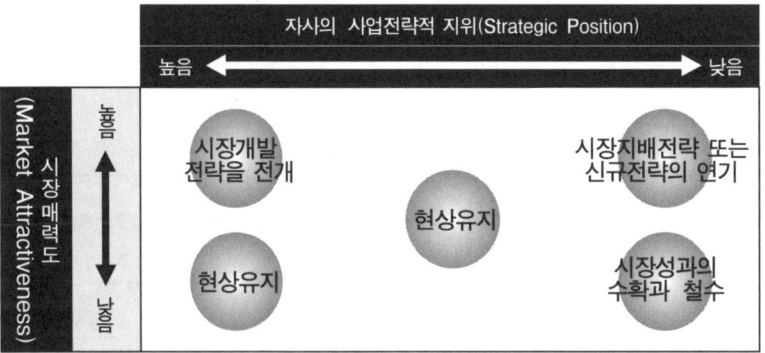

ADL 매트릭스와 매킨지 매트릭스는 양쪽 모두 스스로의 위치를 확립하고 전략을 결정한 매트릭스이다. 그 어느 것이나 자사의 전략 능력과 시장의 수준에 의해 매트릭스를 만들어내고 있다.

아더 D. 리틀 사와 매킨지 사는 모두 컨설팅 회사인데 이 매트릭스에 의해 더욱 유명해졌으며 발전하게 되었다. 이것만 보아도 포지셔닝전략의 중요성을 알 수가 있다.

4-3 전략 포지셔닝

〈그림1〉 전략 포지셔닝이란

(전략 포지셔닝의 기본)

> 타사와 똑같아서는 살아남을 수 없다

사례

	오디오	영상	가라오케
아날로그	스테레오 ● 파이오니아 ● 켄우드 ● 소니	비디오 ● 니혼빅터 ● 마쓰시다전기	가라오케 ● 클라리온
디지털	CD ● 소니 ● 아이와	레이저디스크 ● 파이오니아	레이저 가라오케 ● 파이오니아
통신	라디오 ● 소니 ● 마쓰시다전기	TV	통신 가라오케 ● 다이치

대화면 TV	● 소니 ● 마쓰시다전기	액정 TV	● 샤프
와이드 TV	● 도시바	프로젝터	● 샤프
TV	● 마쓰시다전기	벽걸이 TV	● 샤프
모니터 TV	● 마쓰시다전기 ● 소니	입체 TV	● 산요
소형 TV	● 카시오	PC형	● NEC

전략 포지셔닝(Strategy Positioning)이란 사업전략의 상대적 위치 확립을 뜻하는데, 타전략과의 이미지의 차별화를 기한다는 측면에서 경영전략을 입안해 가는 것을 말한다.

경영자원과 경영능력의 집중화(Concentration)야말로 현대경영에 있어서 가장 중요한 테마인데 전략에 관해서나 이미지에 관해서나 능률의 집중화가 요구된다.

〈그림2〉 벤치마킹(Bench Marking)이란

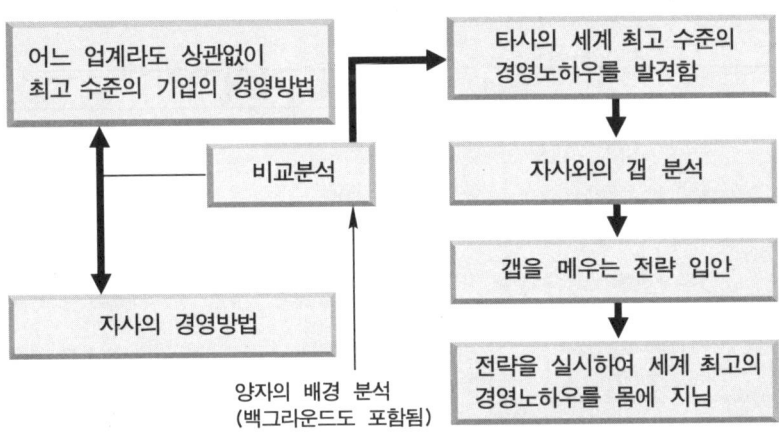

어느 업계라도 상관없이
최고 수준의 기업의 경영방법

비교분석

자사의 경영방법

양자의 배경 분석
(백그라운드도 포함됨)

타사의 세계 최고 수준의
경영노하우를 발견함

자사와의 갭 분석

갭을 메우는 전략 입안

전략을 실시하여 세계 최고의
경영노하우를 몸에 지님

〈그림3〉 베스트 프랙티스와 퍼포먼스

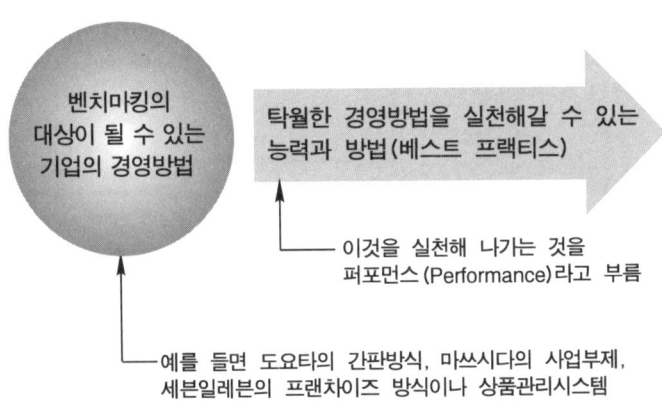

벤치마킹의
대상이 될 수 있는
기업의 경영방법

탁월한 경영방법을 실천해갈 수 있는
능력과 방법(베스트 프랙티스)

이것을 실천해 나가는 것을
퍼포먼스 (Performance)라고 부름

예를 들면 도요타의 간판방식, 마쓰시다의 사업부제,
세븐일레븐의 프랜차이즈 방식이나 상품관리시스템

벤치마킹(Bench Marking) 이란 타사의 세계 최고의 경영방법과 자사의 경영방법을 비교, 분석하여 그 차이를 인식하고 경영혁신을 한다는 것이다.

베스트 프랙티스(Best Practice) 란 벤치마킹의 대상이 되는 기업의 경영 실천방법을 말한다. 여기에는 수많은 노하우가 있다.

4-4 전략 레벨과 전략 스케일

〈그림1〉 전략 레벨의 종류

상위전략 (Super Strategy)	전체전략 (Total Strategy)	기본전략 (Basic Strategy)
↑	↑	↑
전략 (Strategy)	부분전략 (Partial Strategy)	세부전략 (Segmental Strategy)
↑	↑	↑
하위전략 (Substrategy)	기능적으로 전체인가, 아니면 한 부분인가	기초가 되는 중추적 전략 인가, 아니면 그렇지 않은 전략인가

〈그림2〉 전략 스케일의 종류

(1) 예산면의 스케일

빅전략 (Big Strategy)	◄──►	전략 (Strategy)

(2) 전략 전개면의 스케일

외부전략 (External Strategy)	◄──►	내부전략 (Internal Strategy)
통합전략 (Combined Strategy)	◄──►	전략 (Strategy)
공동전략 (Joint Strategy)	◄──►	단독전략 (Own Strategy)

전략 레벨(Strategy Level)
이란 기업이 입안하는 전략
수준의 높고 낮음을 말한다.

전략 스케일(Strategy Scale)이
란 전략의 예산이나 전략규모
의 크기를 말한다.

〈그림3〉 전략 편성

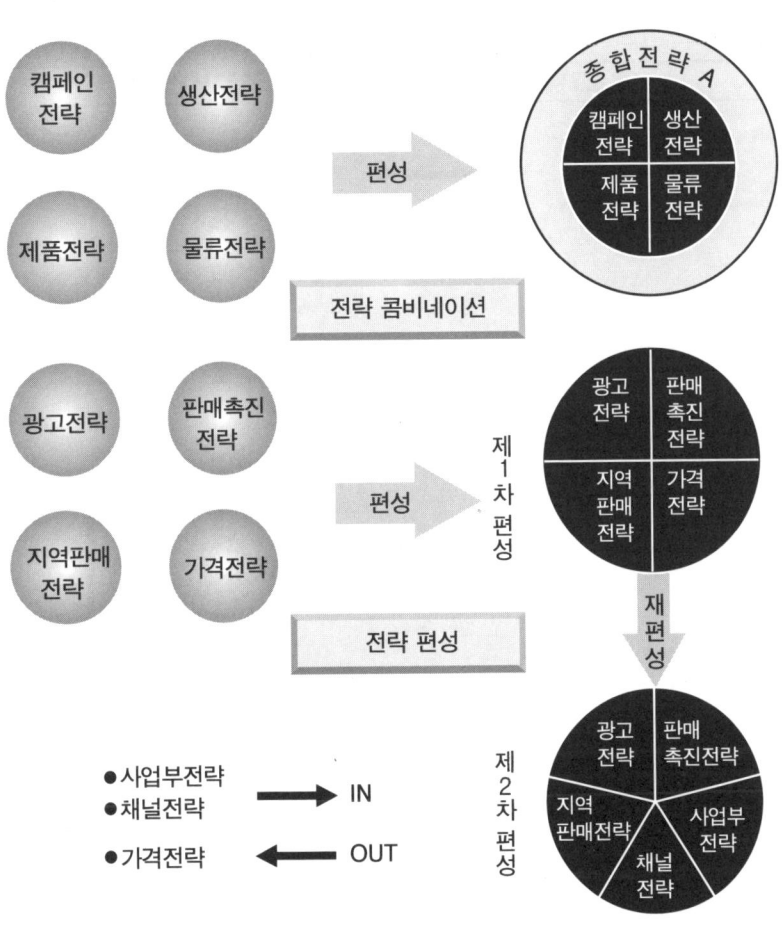

전략 콤비네이션(Strategy Combination)이란 복수의 전략을 편성하여 통합전략을 만들어 내는 것을 말한다.

전략 편성(Strategy Assortment)이란 여러 가지의 전략을 편성하거나 새롭게 재편성하는 것을 말한다.

4-5 　전략안

아이디어·정보 수집 ━━━▶ 수많은 시안의 작성

복수 대체안의 작성

폐안(廢案) ◀── 선 택

경우에 따라서는
예비안을 준비해둔다

선택된 전략안
(원안)

수정안 작성

실 시

사후수정 전략안
(전략의 수정)

다시 한번 실시

새로운 전략 입안

만일의 경우

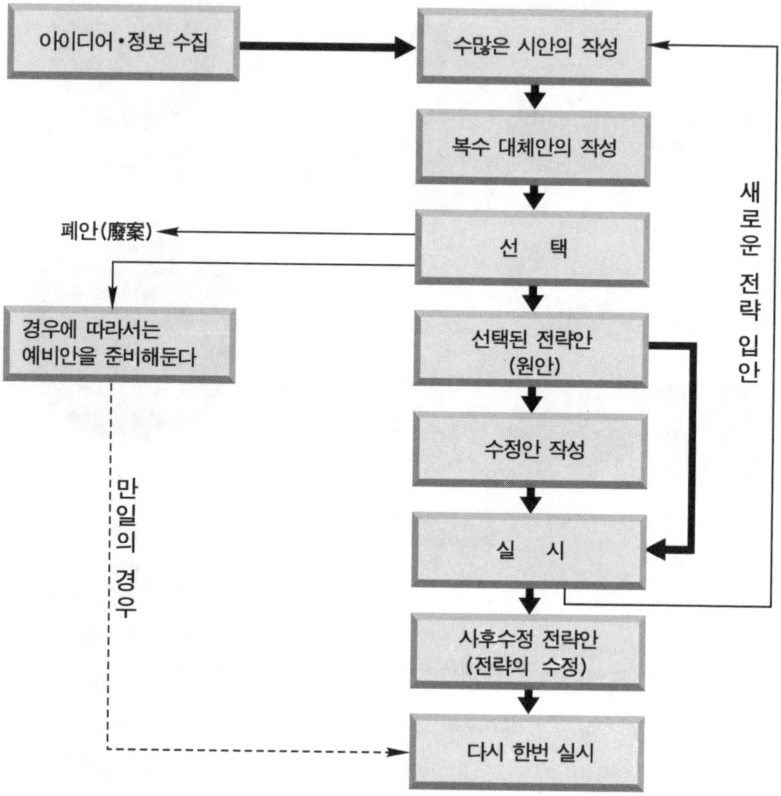

전략은 반드시 복수로 입안하여 그 중에서 하나를 선택(Selection)하지 않으면 안 된다. 단 하나만의 전략을 입안하여 실시하는 것은 위험하다.

대체안(Alternatives)이란 다른 것으로 대신하게 되는 전략안을 말한다.

〈그림2〉 긴급수정 전략안

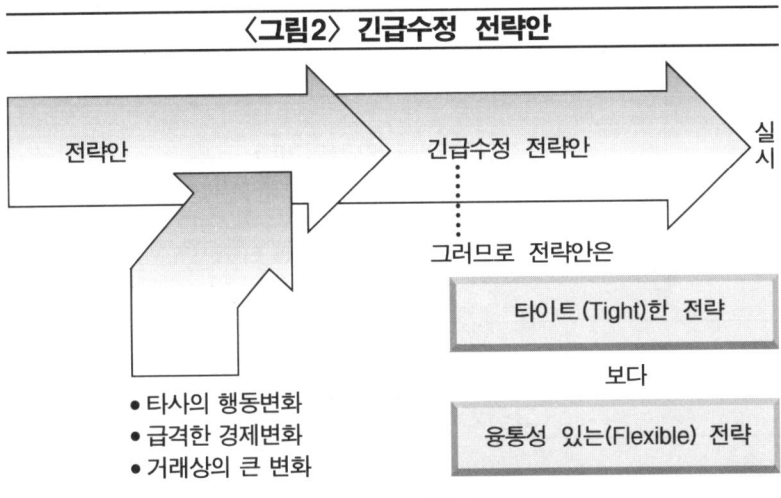

전략안

긴급수정 전략안

실
시

그러므로 전략안은

타이트(Tight)한 전략

보다

융통성 있는(Flexible) 전략

• 타사의 행동변화
• 급격한 경제변화
• 거래상의 큰 변화

〈그림3〉 즉시전략안

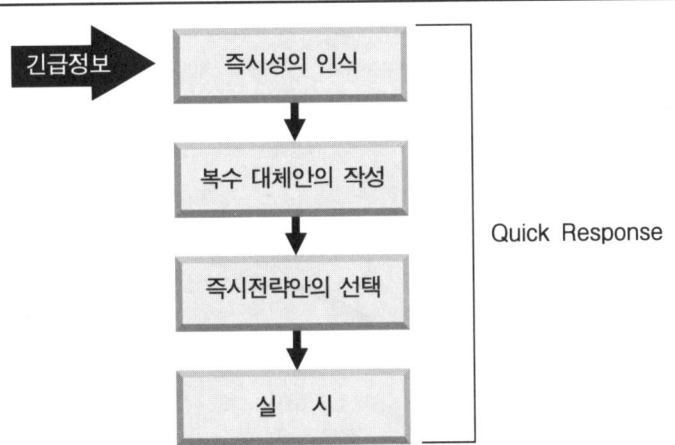

긴급정보

즉시성의 인식

복수 대체안의 작성

즉시전략안의 선택

실   시

Quick Response

타이트(Tight)한 전략이란 수정을 할 수 없는 전략을 말한다. 융통성 있는(Flexible) 전략이란 수정이 가능한 전략을 말한다.

즉시전략(Spot Strategy)이란 즉시 입안하여 실시하지 않으면 때가 늦는 전략을 말한다.

4-6 데드라인

〈그림1〉 데드라인이란

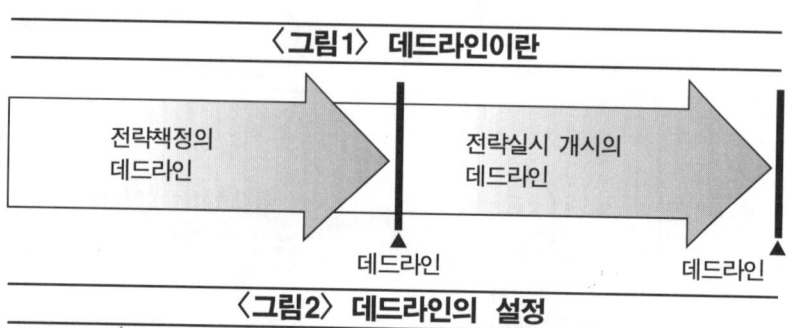

전략책정의
데드라인

전략실시 개시의
데드라인

데드라인   데드라인

〈그림2〉 데드라인의 설정

기업 스스로
계획적으로
설정

처음부터
정해져 있음

외부의
타임 리밋에
의해 정해짐

자사의 형편에
의해 그렇게
하지 않으면
안 됨

〈그림3〉 전략책정에는 데드라인이 정해져 있다

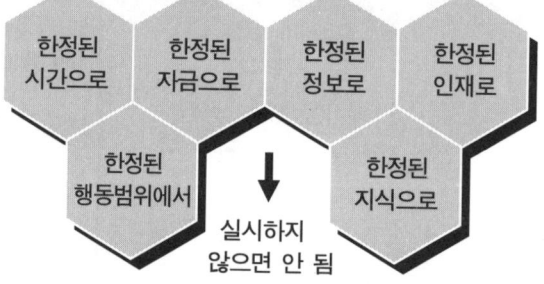

한정된
시간으로

한정된
자금으로

한정된
정보로

한정된
인재로

한정된
행동범위에서

실시하지
않으면 안 됨

한정된
지식으로

데드라인(Deadline)이란 전략의
책정 전략의 개시에 반드시 따
라다니는 마감시간을 말한다.

타임 리밋(Time Limit)이란 제
한된 시간을 말하는데, 이를테
면 더이상 연장할 수 없는 시
간(기한)이다.

〈그림4〉 데드라인의 변경

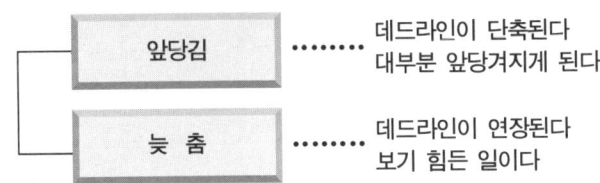

앞당김 ········ 데드라인이 단축된다
대부분 앞당겨지게 된다

늦 춤 ········ 데드라인이 연장된다
보기 힘든 일이다

〈그림5〉 데드라인의 단축화 경향

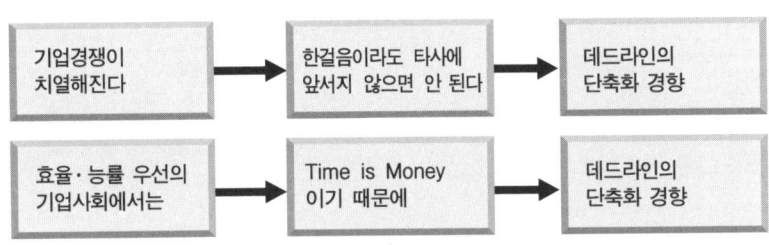

기업경쟁이 치열해진다 → 한걸음이라도 타사에 앞서지 않으면 안 된다 → 데드라인의 단축화 경향

효율·능률 우선의 기업사회에서는 → Time is Money 이기 때문에 → 데드라인의 단축화 경향

〈그림6〉 데드라인의 단축화 경향의 결과

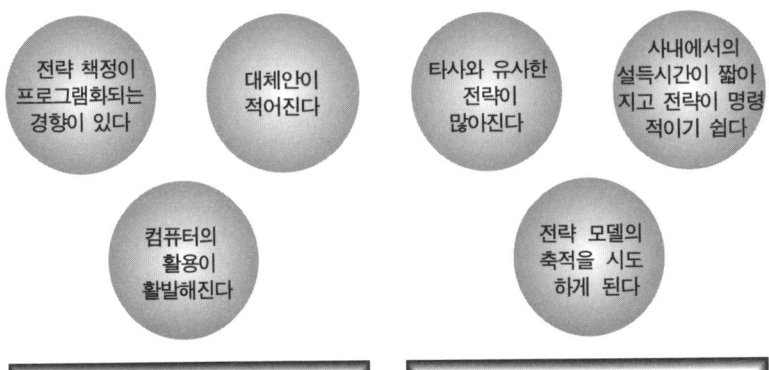

전략 책정이 프로그램화되는 경향이 있다

대체안이 적어진다

타사와 유사한 전략이 많아진다

사내에서의 설득시간이 짧아지고 전략이 명령적이기 쉽다

컴퓨터의 활용이 활발해진다

전략 모델의 축적을 시도 하게 된다

현대의 경영에서는 시간이 최대의 키워드(Keyword)가 되는데 신속성은 물론 정확성, 주기성, 적시성, 동시성 등이 개입된 비즈니스 찬스가 급증하고 있다.

데드라인의 단축화 경향은 저수준의 전략에서는 특히 그러한 경향이 현저하다. 그러나 높은 수준의 전략(장기전략)에서도 단축화 경향이 보여지고 있는데, 그것보다도 타사와의 차별화쪽이 더 강조되고 있다.

제5장

경영전략의 방향

〈그림1〉 경영전략의 방향

- 전진 (Forward) 형
- 유지 (Maintenance) 형
- 후퇴 (Backward) 형
- 시너지 (Synergy) 형
- 재생 (Regeneration) 형

〈그림2〉 경영의 방향을 제시해주는 것

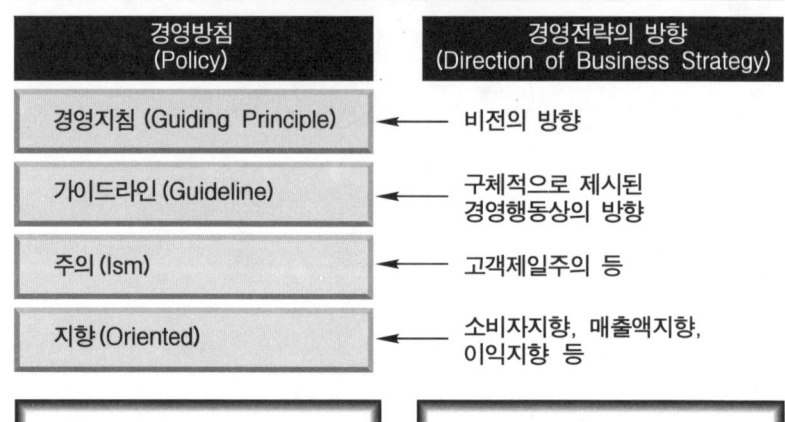

경영방침 (Policy)	경영전략의 방향 (Direction of Business Strategy)
경영지침 (Guiding Principle)	← 비전의 방향
가이드라인 (Guideline)	← 구체적으로 제시된 경영행동상의 방향
주의 (Ism)	← 고객제일주의 등
지향 (Oriented)	← 소비자지향, 매출액지향, 이익지향 등

경영전략의 방향 (Direction of Business Strategy)이란 목표를 지향하는 방향을 말한다. 때에 따라서는 경영목적에 합치되지 않더라도 제시된 목표에 따르지 않을 수 없다.

경영전략의 방향 제시는 하나의 전략을 전개해 나갈 때 모든 활동을 동일한 방향으로 집중시키는 데 의의가 있다.

〈그림3〉 경영전략의 방향의 특징

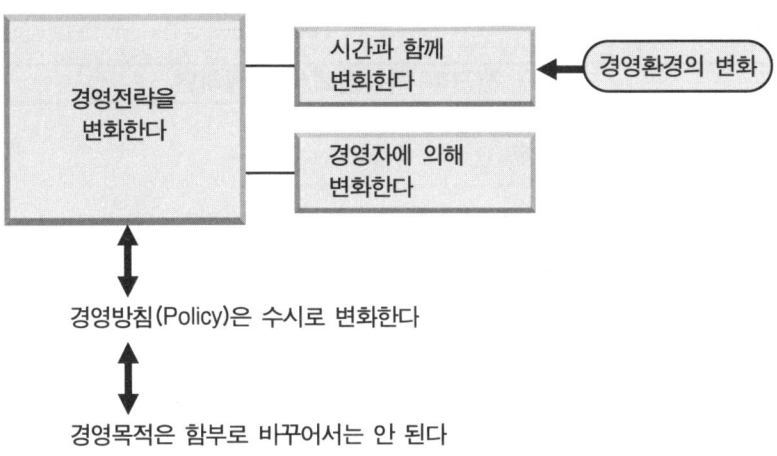

경영방침(Policy)은 수시로 변화한다

경영목적은 함부로 바꾸어서는 안 된다

〈그림4〉 경영전략의 특징

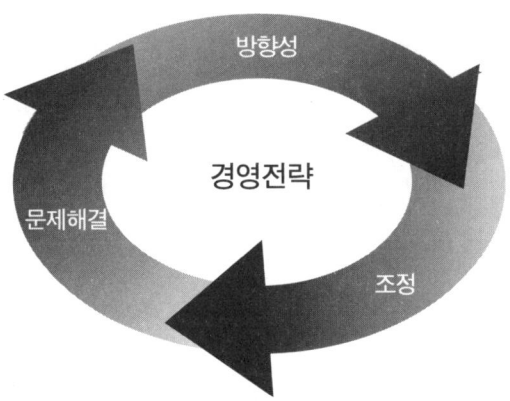

기업의 의사결정(Decision Ma-king)은 모두 문제해결(Probl-em Solving)을 위해 존재한다는 것을 이해해야 한다. 이것은 프래그머티즘적 사고이다.

프래그머티즘(Pragmatism)이란 모든 개념을 행동적인 측면에서 분석하여 실제적 효과(유효성)를 바탕으로 생각하는 것을 말한다. 이것을 실용주의라고도 부른다.

전진형

〈그림1〉 전진을 기능면에서 분류하면

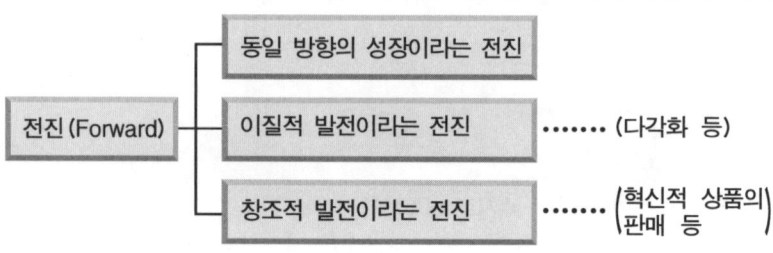

〈그림2〉 전진을 동기면에서 분류하면

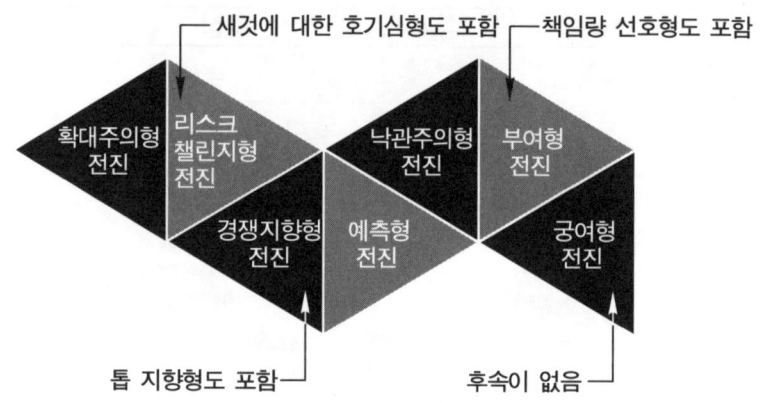

전진(Forward)형이란 전향적인
전략 책정을 뜻하는 것인데
전진, 유지, 후퇴, 시너지, 재생
등 5가지의 전략 유형에서
가장 많이 볼 수 있다.

전략을 입안할 경우 동기(Mo-
tive)가 중요한 역할을 한다.
전략 입안에 참여하는 사람들
의 결속력과 의욕에 큰 영향
을 미친다.

〈그림3〉 전진을 기업간의 경쟁면에서 분류하면

도전형 전진

마이페이스형 전진

동조형 전진

〈그림4〉 전진을 상태면에서 분류하면

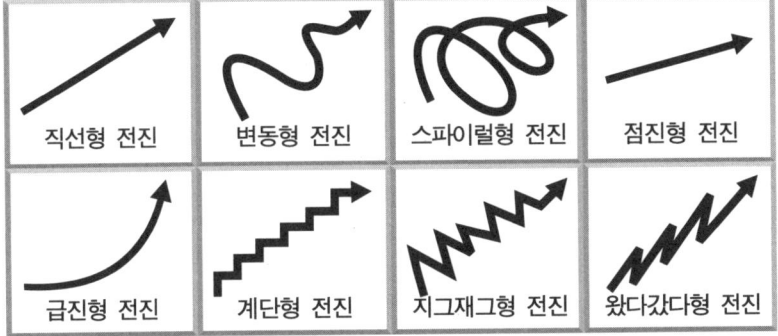

| 직선형 전진 | 변동형 전진 | 스파이럴형 전진 | 점진형 전진 |
| 급진형 전진 | 계단형 전진 | 지그재그형 전진 | 왔다갔다형 전진 |

〈그림5〉 경영은 성장재투자를 지향해야 한다

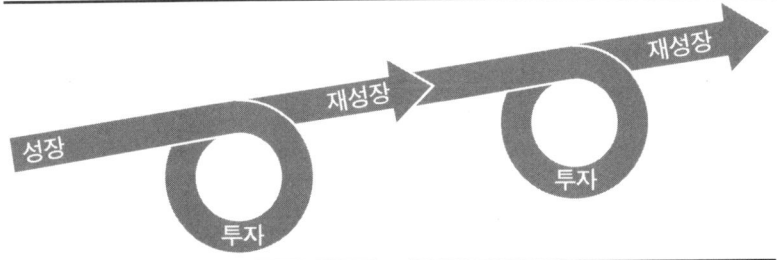

성장 재성장 재성장 투자 투자

전진광(前進狂, Forwardmania)이란 기업 경영자가 걸리기 쉬운 병으로서 일단 이 병에 걸리면 전진이 가장 좋다는 식으로 모든 발상을 지배한다.

성장재투자란 기업이 성장을 위해 투자를 하여 기업이 그만큼 성장을 하게 되면 다시 성장을 위해 투자를 하는 사이클을 말한다.

5-3 유지형

〈그림1〉 유지형의 분류

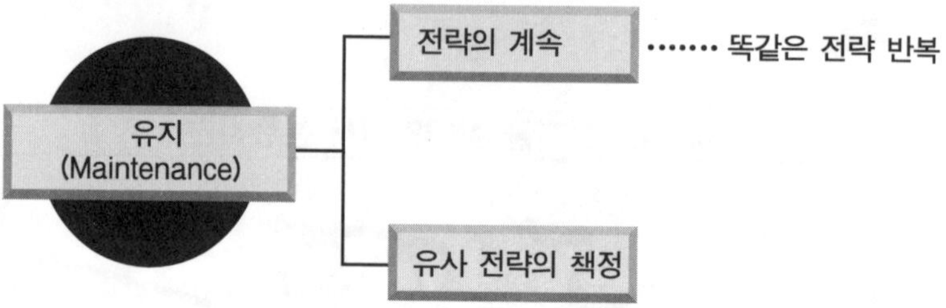

유지
(Maintenance)

전략의 계속 ······ 똑같은 전략 반복

유사 전략의 책정

〈그림2〉 왜 유지형을 선호하는가

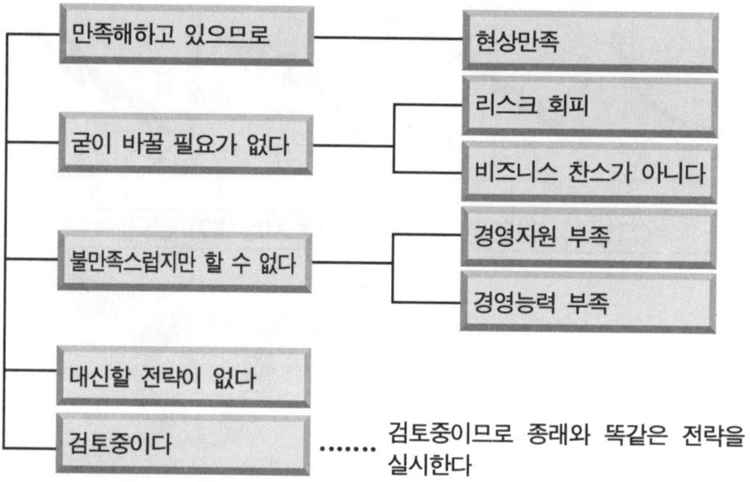

만족해하고 있으므로 ──── 현상만족

굳이 바꿀 필요가 없다 ──── 리스크 회피

비즈니스 찬스가 아니다

불만족스럽지만 할 수 없다 ──── 경영자원 부족

경영능력 부족

대신할 전략이 없다

검토중이다 ······ 검토중이므로 종래와 똑같은 전략을 실시한다

유지(Maintenance)형이란 전략
방향이 종전과 똑같다는 것인
데, 이를테면 '큰 변화가 없다'
는 전략이다.

리스크 회피(Risk Avoidance)
란 조직이 위험성이 높은 전략
을 피한다는 것이다. 반대말은
Risk Challenge이다.

76

〈그림3〉 장기간 유지형 전략을 계속할 경우

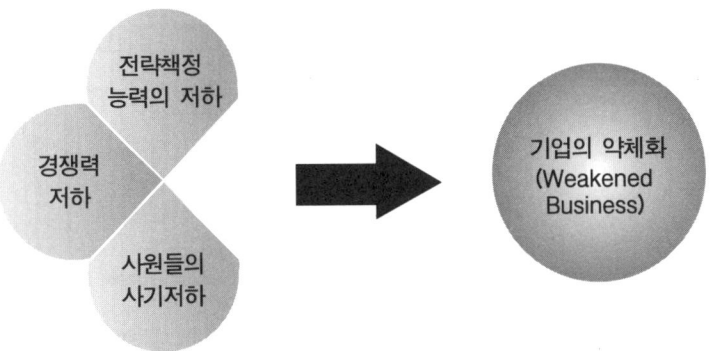

〈그림4〉 전통 비즈니스(그림3의 경우는 예외)

쓸데없는 것은 <u>도태되어 간다</u>(자연도태)
                      ‖
체로 쳐서 구별함(Screening)

사기(Morale)란 조직이 무슨 일을 할 때 조직원이 갖는 의욕을 뜻한다.	자연도태(Natural Selection)란 비즈니스를 오랫동안 지속해 나가는 과정에서 불필요한 행위나 특색이 저절로 없어지는 것을 말한다.

후퇴형

〈그림1〉 후퇴형의 분류

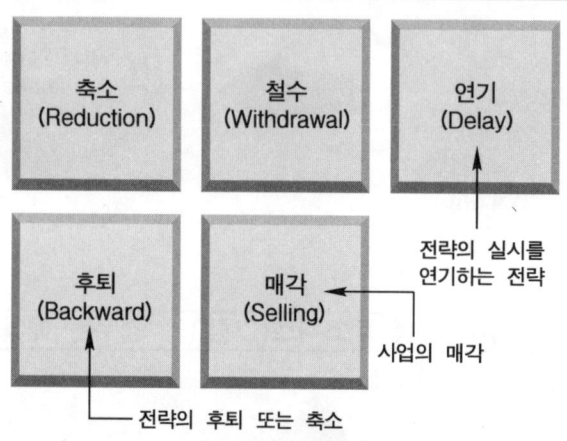

축소
(Reduction)

철수
(Withdrawal)

연기
(Delay)

후퇴
(Backward)

매각
(Selling)

전략의 실시를
연기하는 전략

사업의 매각

전략의 후퇴 또는 축소

〈그림2〉 철수방법

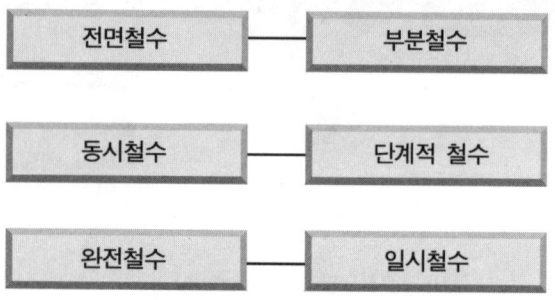

전면철수	부분철수
동시철수	단계적 철수
완전철수	일시철수

후퇴(Backward)형이란 퇴각하는 전략으로서 폐업이나 사업축소 등의 전략이 대표적인 예에 속한다.

연기(Delay)란 전략 전개를 연기한다는 것으로서 일본 기업들이 자주 쓰는 전략이다.

〈그림3〉 철수에 장벽(Withdrawal Barriers)이 되는 것

경영자의 프라이드가 상한다	기업 이미지가 악화된다	투자한 돈을 회수할 수 없다
철수비용이 막대하다	국제적인 문제로 발전한다	구입처, 고객, 유통업자 등의 반대에 부딪친다
법적 문제에 휘말린다	노조의 반대가 심하다	공적 문제로 얽힌다

〈그림4〉 후퇴형의 전략은 포트폴리오전략(Portfolio Strategy)의 일환으로 생각하지 않으면 안 된다

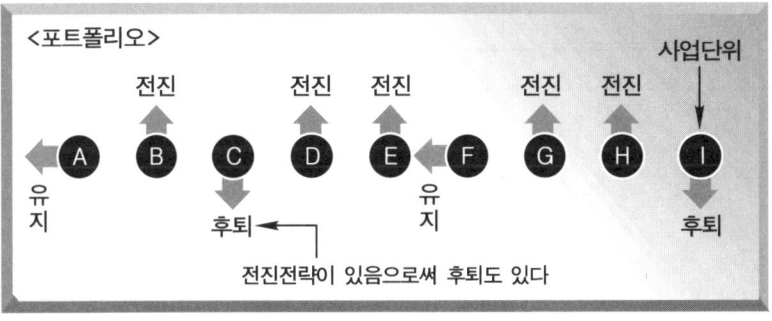

철수장벽(Withdrawal Barriers)이란 기업이 특정 사업에서 손을 뗄 때 발생하는 장애를 말한다.	포트폴리오(Portfolio)란 기업이 전개하는 사업 믹스(Business Mix)를 말한다.

5-5 시너지형

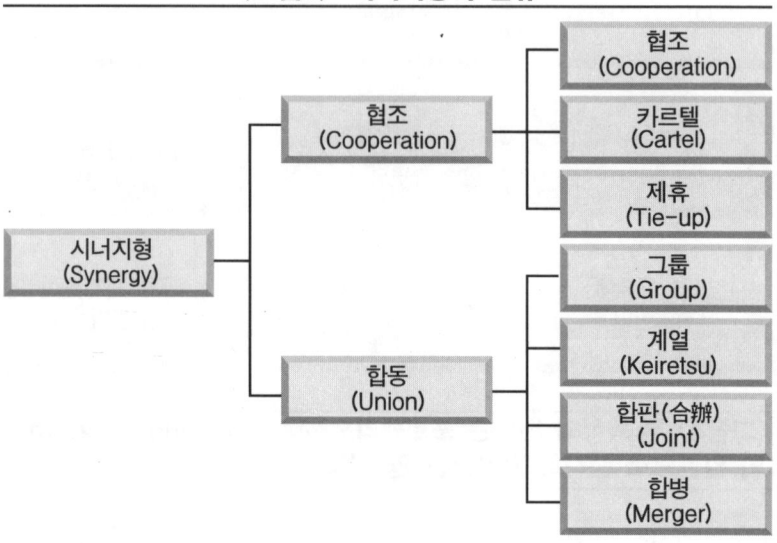

시너지(Synergy)형이란 타사와 협조하거나 합동하여 보다 강력한 파워를 발휘하는 것을 말한다.

카르텔(영어 Cartel, 독일어 Kartell:기업연합)이란 복수의 기업이 협력하여 지배력을 이용하면서 이익을 꾀하려는 것을 말한다.

〈그림3〉 시너지 효과 추구 프로세스

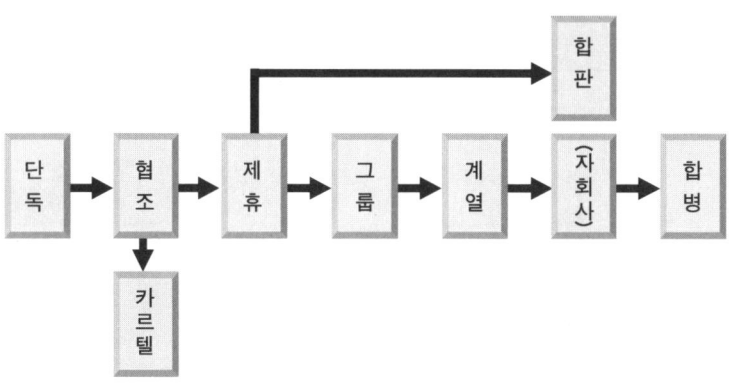

〈그림4〉 제휴를 세밀히 분류하면

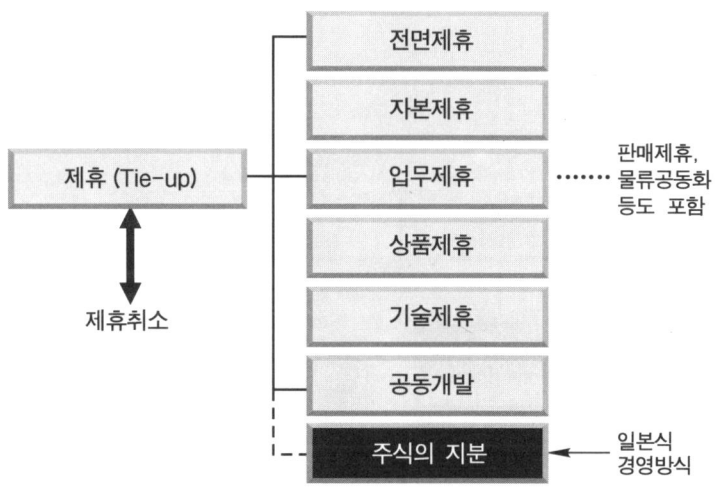

제휴란 서로 연계하여 돕는다
는 뜻인데, 최근에는 실험적으
로 제휴하는 경우도 많다. 소위
사무적인 제휴라고 하겠다.

주식의 지분이란 기업끼리 서
로 상대의 주식을 소유하는 일
이다. 이로 인해 안정주주화를
도모하는 동시에 자유로운 경
영이 가능하며 타기업으로부터
의 매수도 막을 수가 있다.

독점화

〈그림1〉 독점화의 분류

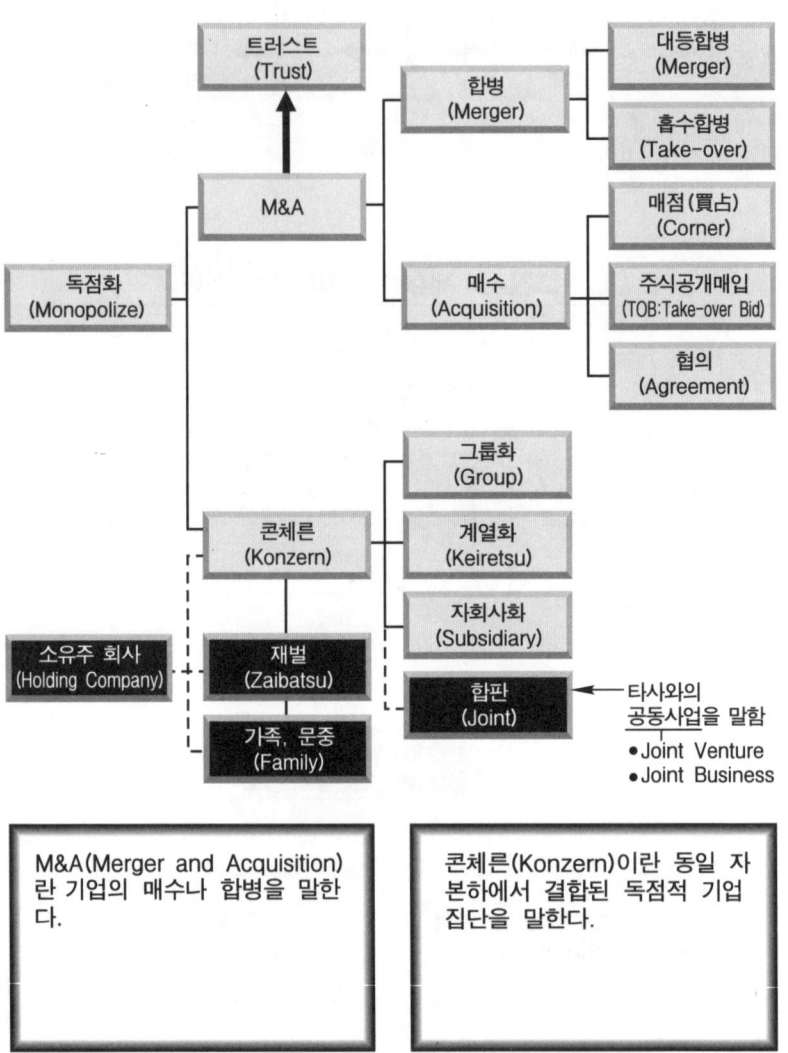

M&A(Merger and Acquisition) 란 기업의 매수나 합병을 말한 다.

콘체른(Konzern)이란 동일 자 본하에서 결합된 독점적 기업 집단을 말한다.

〈그림2〉 독점의 지향

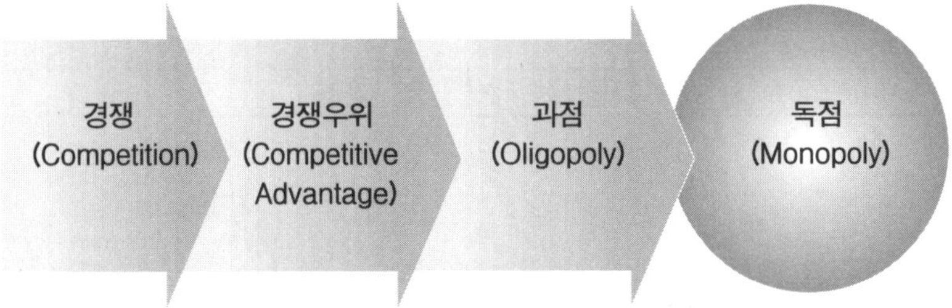

경쟁
(Competition)

경쟁우위
(Competitive
Advantage)

과점
(Oligopoly)

독점
(Monopoly)

〈그림3〉 기업 지배

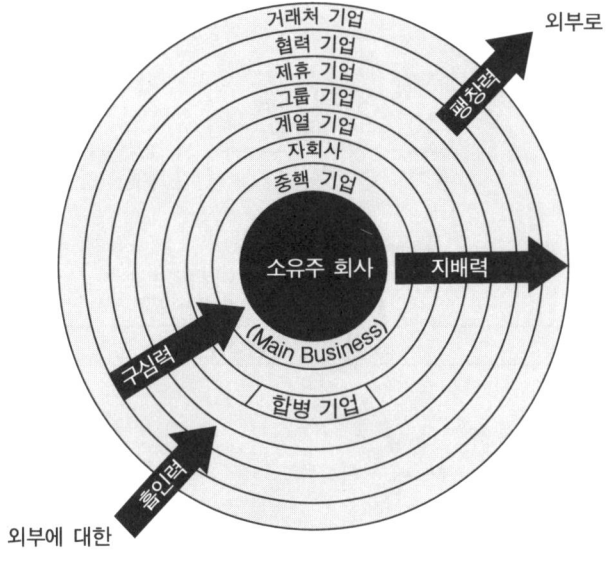

거래처 기업
협력 기업
제휴 기업
그룹 기업
계열 기업
자회사
중핵 기업

소유주 회사
(Main Business)

합병 기업

외부로

팽창력

지배력

구심력

흡인력

외부에 대한

트러스트(Trust:기업합동)란 시장의 독점을 목적으로 합쳐진 조직을 말한다.

소유주 회사(Holding Company)란 사업을 지배하기 위해 만들어진 회사를 말하는데, 스스로 사업을 영위하지 않고 여러 회사를 컨트롤하기 위해 존재하는 회사이다.

5-7 재생형

〈그림1〉 재생형의 분류

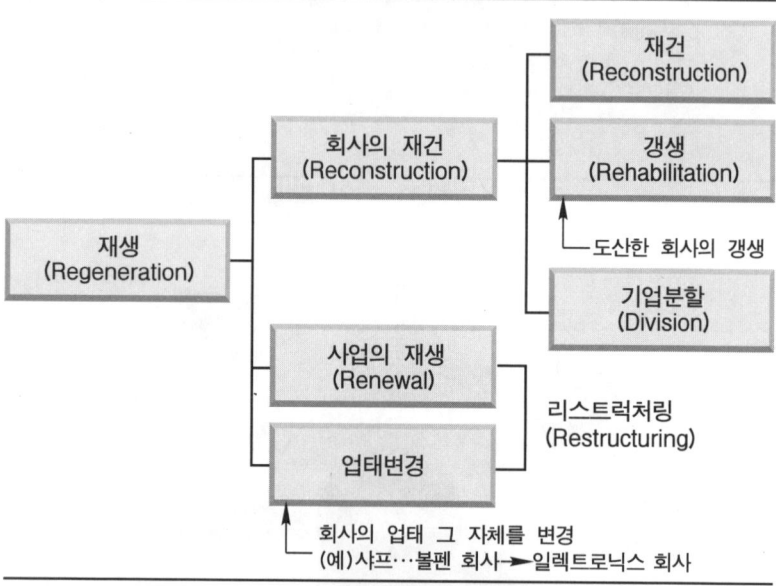

〈그림2〉 재생이란

재생(Regeneration)형이란 사업을 다시 소생시키기 위한 전략을 말한다.

기업분할(Division)이란 기업을 분할시킴으로써 전업(專業) 메리트를 살려 기동성 있게 대응할 수가 있다. 도요타 자동차가 업적부진에 처했을 때 도요타 자동차 공업과 도요타 자동차 판매로 분할하여 성공했다.

〈그림3〉 리스트럭처링의 기본

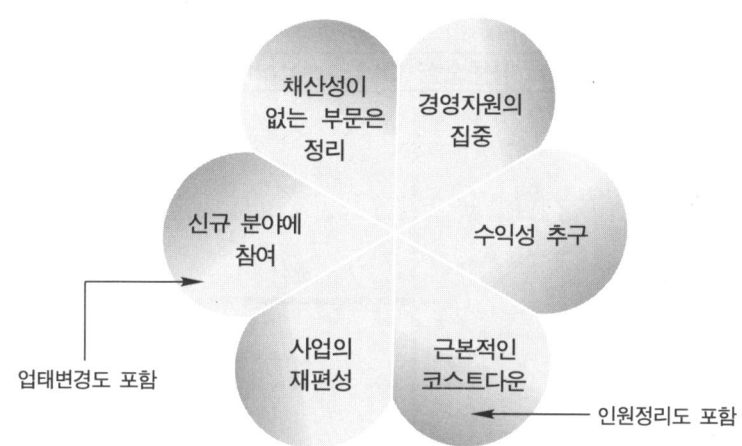

채산성이
없는 부문은
정리

경영자원의
집중

신규 분야에
참여

수익성 추구

업태변경도 포함

사업의
재편성

근본적인
코스트다운

인원정리도 포함

〈그림4〉 사업재생의 대표적인 예

사업매각	사업재편성	인원정리	신규사업 참여	사업쇄신
대폭적인 코스트다운	감자(減資)	채권회수	자산매각	불량채권을 별회사로

리스트럭처링(Restructuring)이란 기업이 업적부진에서 탈출하기 위해 사업을 재편성, 재구축하는 것을 말한다. 경영자원의 집중투자와 채산성이 없는 부문의 제거 및 근본적인 코스트다운을 단행한다.

재생 경영에 성공하기 위해서는 비즈니스를 냉정하게 분석하고 합리적으로 사업의 재편성을 시도하되 전체 기능을 한곳에 투입하여 전력투구해야 한다. 이를 위해서는 결과를 반성하는 슬기가 필요하다.

5-8 아웃소싱

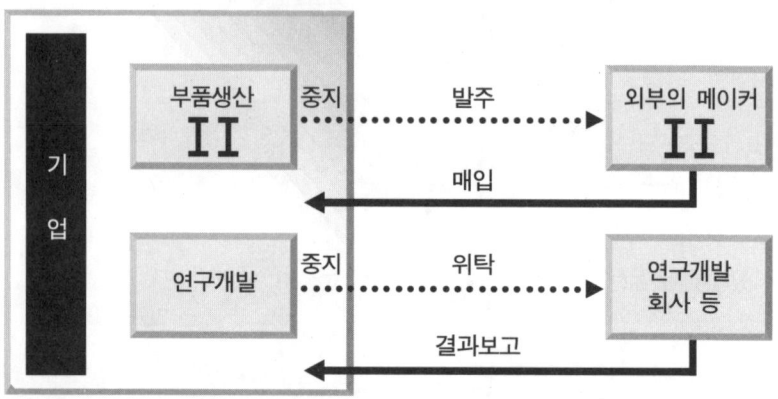

〈그림2〉 왜 아웃소싱 쪽으로 전환하는가

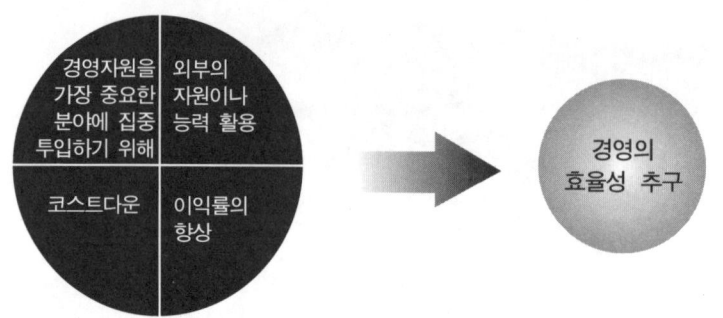

아웃소싱(Out-sourcing)이란 자사에서도 만들 수 있는 것을 굳이 외부에서 조달하거나 위탁하는 것을 말한다. 예를 들면 부품의 외부조달이나 R&D의 외부위탁 등이다.

패브레스(Fabless)란 공장을 갖지 않는 메이커를 말한다. 생산을 모두 외부에 발주하고 기동적인 두뇌집단으로서의 역할만 한다.

〈그림3〉 아웃소싱의 파급 효과

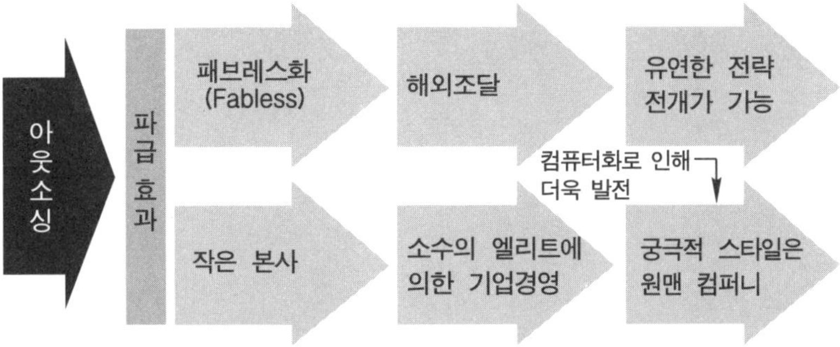

아웃소싱 → 파급효과

패브레스화 (Fabless) → 해외조달 → 유연한 전략 전개가 가능

컴퓨터화로 인해 더욱 발전 ↓

작은 본사 → 소수의 엘리트에 의한 기업경영 → 궁극적 스타일은 원맨 컴퍼니

〈그림4〉 앤티 아웃소싱과 아웃소싱

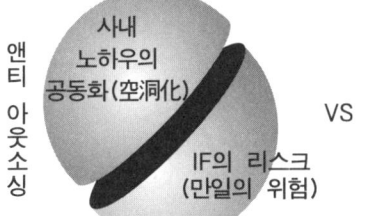

앤티 아웃소싱

사내 노하우의 공동화(空洞化)

IF의 리스크 (만일의 위험)

VS

소프트화시대의 필연적인 흐름

아웃소싱

〈그림5〉 글로벌 소싱이란

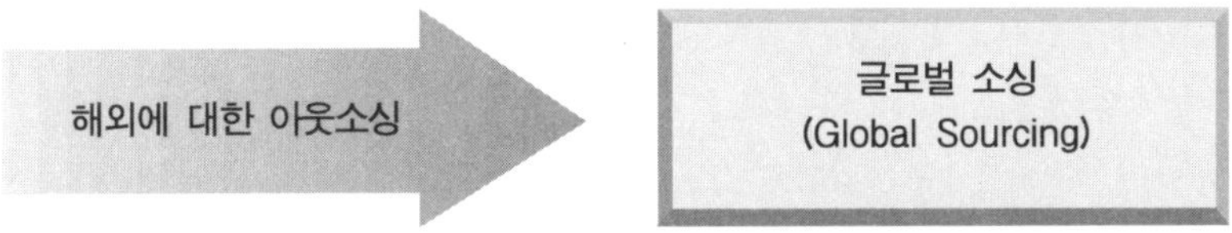

해외에 대한 아웃소싱 → 글로벌 소싱 (Global Sourcing)

원맨 컴퍼니(One-man Company)란 사원 한 사람(사장)만이 존재하는 회사로서, 모든 것을 외부에 위탁하고 의사결정만을 행하는 초우량 대기업을 말한다.

IF(이프)의 리스크란 만일의 경우의 경영 리스크를 뜻한다. 예를 들어 위탁 개발의 아이디어가 타사로 유출되거나 제품의 심장부라고 할 부품이 입수되지 않거나 할 때의 위험을 말한다.

제**6**장

경영전략의 패턴

6-1 경영전략 패턴

〈그림1〉 경영전략 패턴(대표적인 예)의 분류

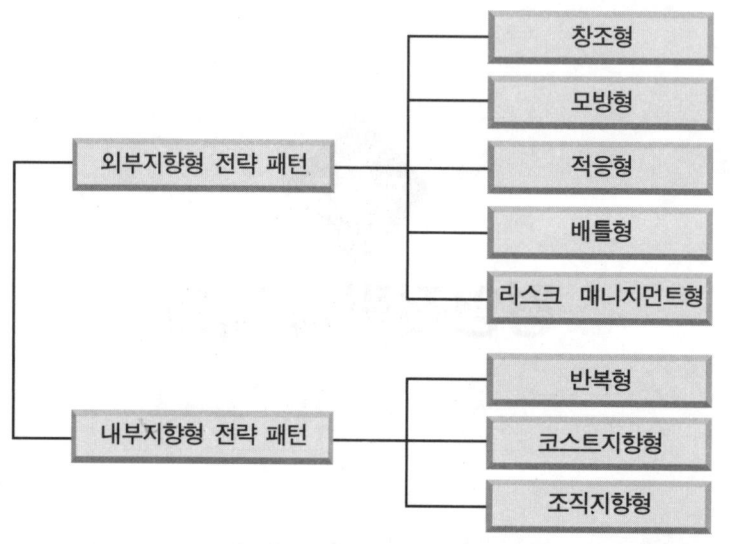

외부지향형 전략 패턴
- 창조형
- 모방형
- 적응형
- 배틀형
- 리스크 매니지먼트형

내부지향형 전략 패턴
- 반복형
- 코스트지향형
- 조직지향형

〈그림2〉 패턴 분석(전략을 패턴화하여 분석)의 메리트

- 정리할 수 있다
- 새로운 발상을 자극한다
- 발상이 새어나가는 것을 방지한다
- 이론화·체계화의 전제가 된다
- 패턴별로 대응책을 강구하기가 쉽다

경영전략 패턴(Pattern of Business Strategy)이란 경영전략의 유형을 말한다. 수많은 전략이 존재하는데 어느 정도 그 수효를 유형별로 나눌 수가 있다.

패턴 분석(Analysis by Pattern)이란 전략 등을 패턴화하여 분석하는 일이다. 패턴화하여 분석하는 메리트는 〈그림2〉와 같다.

〈그림3〉 패턴에 의한 분류는 수없이 많다

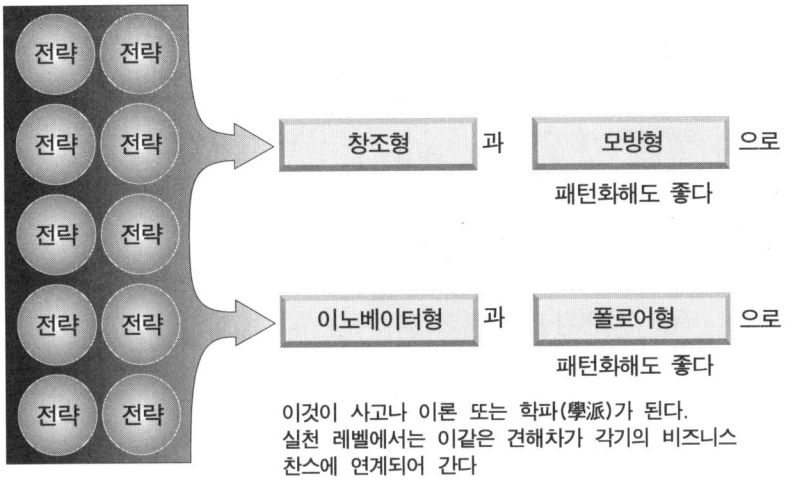

창조형 과 모방형 으로

패턴화해도 좋다

이노베이터형 과 폴로어형 으로

패턴화해도 좋다

이것이 사고나 이론 또는 학파(學派)가 된다.
실천 레벨에서는 이같은 견해차가 각기의 비즈니스
찬스에 연계되어 간다

〈그림4〉 경영전략 패턴의 영향 요인

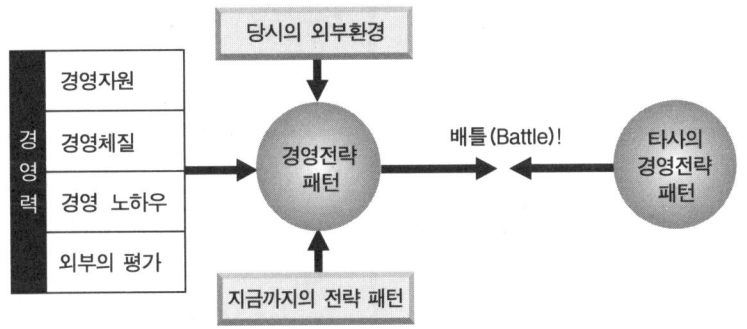

패턴화는 모든 학문의 첫걸음이
라고 하겠다. 거기에는 특징의
발견, 평가, 분류라는 프로세스
가 포함되며 특히 사회문제(경
영문제)를 학문적으로 다룰 때
에는 필요불가결하다.

배틀(Battle)이란 특정 지역에서
의 장기간에 걸친 조직적인 싸
움을 말한다.

6-2 창조형 전략 패턴

〈그림1〉 창조형 전략 패턴이란

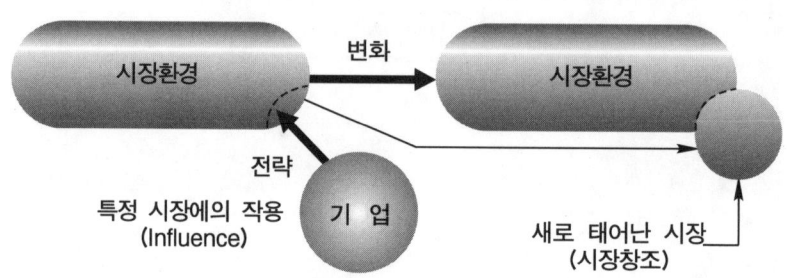

시장환경   변화 →   시장환경

전략

특정 시장에의 작용
(Influence)

기 업

새로 태어난 시장
(시장창조)

〈그림2〉 창조형 전략의 대표적인 예

신제품 도입에 의한
시장창조
● 맥도날드
● 캐논 칼라복사기
● 잡지 《소년점프》
● 가정용 컴퓨터
	서비스 도입에 의한
	시장창조
	● 세븐일레븐
	● 야마토 택배편
	● 크레디트 카드
	● 가라오케
		붐 메이킹에 의한
		시장창조
		● 윈도우즈95
		● 아사히 맥주의
		  슈퍼드라이
		● 쓰노가와 영화
		● J리그
			가격파괴에 의한
			시장확대
			● 아오야마 상사
			● 카시오 미니
			● 완구업체 '토이저러스'
			● 맥도날드의
			  '가격인하 캠페인'

조직전략에 의한
시장창조
● 체인스토어
● 프랜차이즈 체인
● 마쓰시다의
  '사업부제'
	재무전략에 의한
	시장창조
	● 소매점의 리스백
	  방식에 의한 출점
	● 슈퍼마켓의
	  '회전차 자금'
		정보전략에 의한
		시장창조
		● 마이크로소프트사
		● 닛케이의 데이터
		  뱅크의 정보활용
		  비즈니스
		● 세븐일레븐의
		  '정보시스템'
			생산전략에 의한
			시장창조
			● 베네통
			● 도요타의
			  '간판방식'
			● 외식산업의
			  '센트럴키친'

창조형(Creative)이란 시장환경에 기업측이 작용하여 새로운 시장을 만들어내는 전략 패턴을 말한다.

시장환경(Market Environment)이란 거래, 교환 등이 행해지는 장소(Field)를 말한다. 경쟁사, 거래처, 소비자, 나아가서는 해외시장과 무역까지도 포함된다.

〈그림3〉 시장창조의 고리

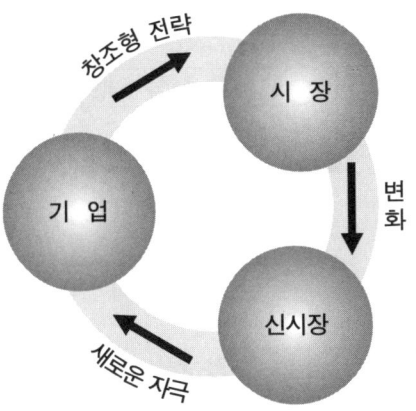

〈그림4〉 창조형 전략의 특징

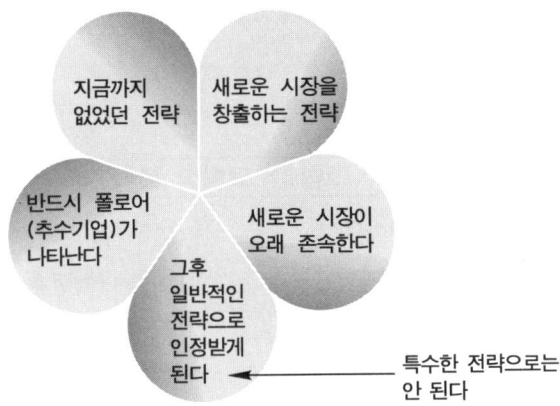

특수한 전략으로는
안 된다

시장창조의 고리(Wheel of Crea-ting Market)란 기업의 창조적 전략에 의해 새로운 시장이 창조되며 그 새로운 시장이 기업에게 새로운 자극을 주어 또다시 창조적인 전략을 만들어내도록 촉구하는 것을 말한다.

폴로어(Follower:追隨企業)란 타기업의 창조형 전략을 모방하여 똑같은 전략을 전개하는 기업을 말한다.

6-3 모방형 전략 패턴

〈그림1〉 모방형 전략 패턴이란

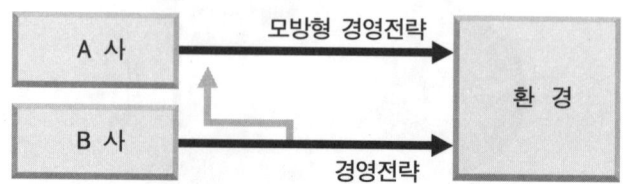

〈그림2〉 경영전략의 모방

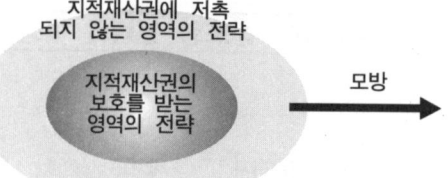

〈그림3〉 모방형 전략 패턴의 분류

모방 (Imitation)	‥‥‥‥ 모두를 모방하는 것
유사 (Similarity)	‥‥‥‥ 거의 대부분을 모방하는 것
소화 (Assimilation)	‥‥‥‥ 기본(Essence)만을 모방하는 것
참고 (Reference)	‥‥‥‥ 일부만을 모방하는 것
도입 (Introduction)	‥‥‥‥ 타업계로부터 도입하여 응용하는 것

모방형(Imitative)이란 타사의 전략을 모방하는 것이다. 대부분의 전략이 모방형 전략이므로 부끄러운 전략도 비겁한 전략도 아니다. 인간의 발상에 의해 기업활동을 하는 만큼 모든 것이 비슷한 것은 어쩌면 당연하다.

도입(Introduction)이란 다른 업계로부터 경영전략의 노하우를 도입하여 그것을 응용하는 일이다. 도입을 하여 성공하는 경우도 많지만 실패하는 경우도 많다.

〈그림4〉 사과맛 테스트 이론

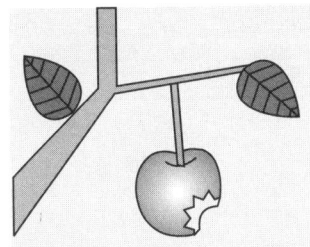

타사가 연구개발한 제품의 매출 동향을 유심히 관찰하다가 '꽤 팔릴 것 같다'는 판단이 서면 곧장 그같은 상품을 만들어 타사 이상으로 마켓셰어를 넓혀간다는 전략이다.
즉 사과맛을 테스트해 보고 '맛이 있다'는 생각이 들면 본격적으로 먹기 시작한다는 전략이다.

<사과맛 테스트 전략에서 성공하려면>

1. 반드시 개발기업 다음을 이어 제품을 만들어 시장을 공략할 것. 늦게 참여하면 챙길 것이 없다.
2. 처음 개발한 기업의 제품보다 뛰어난 세일즈 포인트가 존재해야 한다.
3. 막대한 광고 및 캠페인 등을 행해 단기간 내에 선발기업의 매출액을 능가하지 않으면 안 된다.
4. 선발기업이 개발한 제품이 계속 팔려 나갈 것인가 하는 평가능력이 타기업보다 뛰어나 있지 않으면 안 된다. 그렇지 못하면 타사에게 뒤지고 만다.
5. 사과맛 테스트 전략은 결코 부도덕한 전략이 아니라 멋진 전략이다.

〈그림5〉 모방의 시기

지적재산권이란 특허권, 실용신안권, 의장권, 노하우, 소프트웨어, 상표권, 저작권 등 인간이 창조한 비유체물(소유할 수 없는 것)의 권리를 말한다. 엄밀히 말한다면 '지적소유권'은 잘못된 말이다.

소화(Assimilation)는 일본 사람이 매우 좋아하는 방법이다. 외국 것을 소화시켜 그것을 일본식으로 뿌리를 내리게 하는 것이다. 컨비니언스 스토어는 미국이 창안한 것이지만 일본이 독자적으로 소화시켜 일본식 컨비니언스 스토어가 전 세계적으로 확산되고 있다.

6-4 적응형 전략 패턴

〈그림1〉 적응형 전략 패턴이란

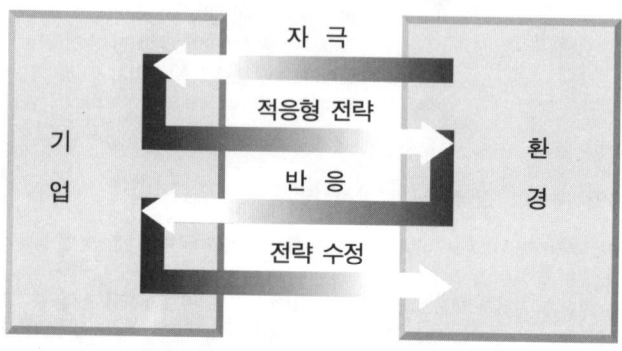

자 극

적응형 전략

기 업   반 응   환 경

전략 수정

〈그림2〉 적응의 유의어(類義語)

적 응	순 응
즉 응	
대 응	
적 합	조 화
영 합	임기응변

Adaptation	Adjustment
	Fitness
	Suitability
Harmony	Match
Ad hoc	

적응형(Adaptive)이란 환경에 영합되도록 경영전략을 수립해 가는 것을 말한다.

적합(Match: 때로는 조화라는 뜻으로도 해석)이란 환경에 기업이 잘 조화되도록 노력하는 것을 말한다. 그와 같은 활동을 매칭(Matching)이라고 부른다.

〈그림3〉 임기응변형 구조

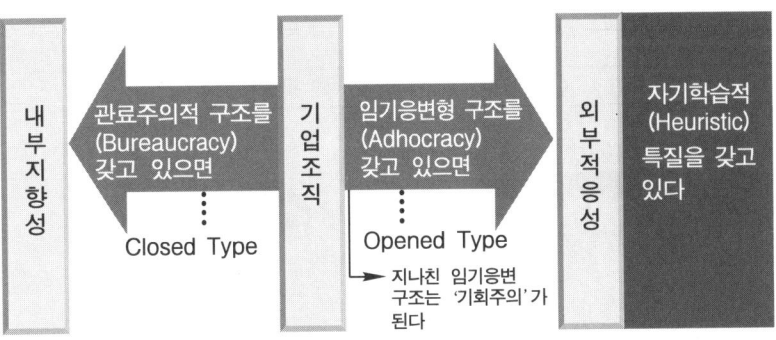

내부지향성

관료주의적 구조를
(Bureaucracy)
갖고 있으면

Closed Type

기업조직

임기응변형 구조를
(Adhocracy)
갖고 있으면

Opened Type

→ 지나친 임기응변
구조는 '기회주의'가
된다

외부적응성

자기학습적
(Heuristic)
특질을 갖고
있다

〈그림4〉 적응형 전략 패턴에서 가장 필요한 것은

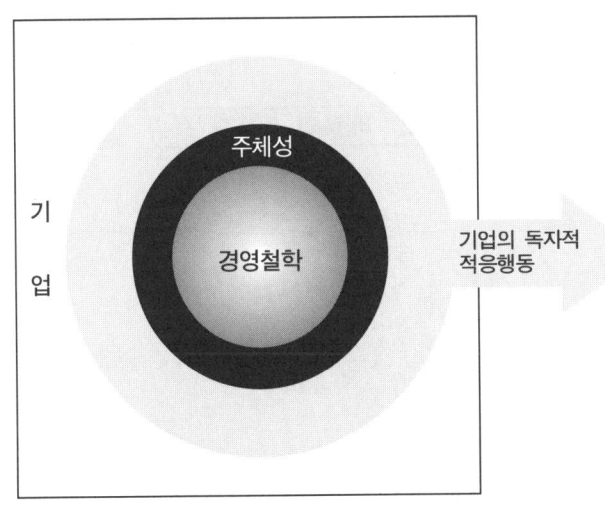

기업

주체성

경영철학

기업의 독자적
적응행동

임기응변형 구조(Adhocracy)란
그때그때의 상황이나 변화에 적
응하여 적절한 수단을 강구하
는 기업체제를 말한다.

자기학습적 (Heuristic)이란 스스
로의 연구와 노력으로 정답을
찾고자 하는 것을 말한다. 그와
같은 테크닉을 Heuristics (자기
학습법, 자기발견적 학습법)라
고 부른다.

〈그림1〉 배틀형 전략 패턴이란

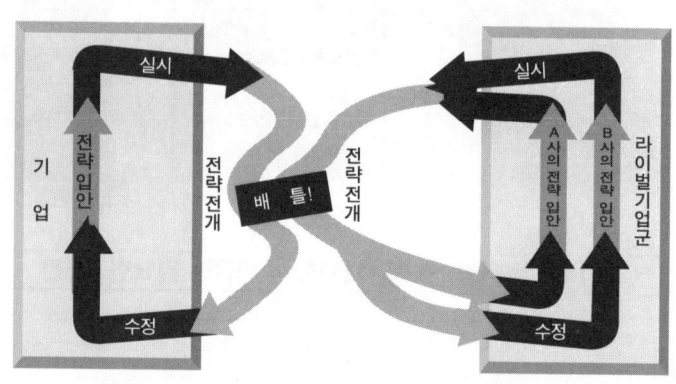

〈그림2〉 배틀의 5가지 종류

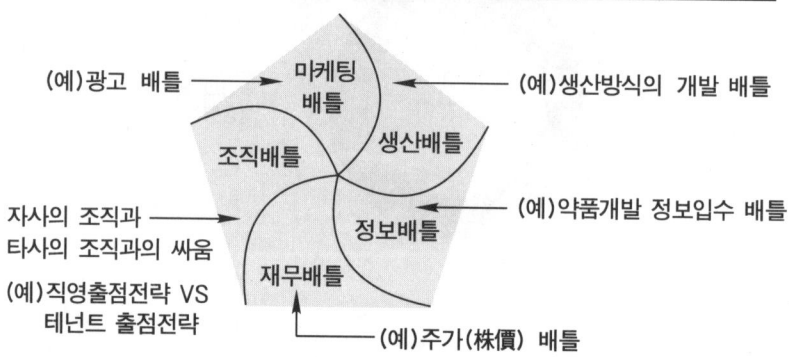

(예)광고 배틀 — 마케팅 배틀 ← (예)생산방식의 개발 배틀

조직배틀 생산배틀

자사의 조직과 — 타사의 조직과의 싸움

정보배틀 ← (예)약품개발 정보입수 배틀

(예)직영출점전략 VS 테넌트 출점전략

재무배틀

— (예)주가(株價) 배틀

배틀형 (Battle)이란 싸움을 통해 경영전략을 입안하는 것을 말한다.

경쟁구조가 그다지 다양하지 않던 양적(量的) 확대시대에서는 이 배틀형 전략을 전개한 기업이 톱이 되는 경우가 많았다.

〈그림3〉 배틀형 전략 패턴의 특징

배틀에 의해 이기는 것이 첫째 목표

그 때문에

기본적으로 격투기와 흡사함

타이밍과 시간을 중시한다

전략 전개의 방법을 중시한다
● 전개 순서 ● 파상공격 ● 핀포인트 공격

상대방의 대응법에 따라 전략을 변경한다

라이벌 각사의 전략을 철저하게 연구한다

인적(人的) 요소가 커다란 비중을 차지한다

정신력과 집중력, 결집력을 중시한다

〈그림4〉 배틀형 전략 패턴의 결점

배틀에 정신이 팔려 기본전략을 잊어버리기가 쉽다

배틀에 신경을 쓴 나머지 눈앞의 사소한 테크닉에 사로잡혀 전략 전개가 졸렬해진다

경험과 육감에만 의존하다가 전혀 새로운 형태의 배틀에 조우하면 손을 못 쓴다

연승도 많지만 연패도 많다

기본적인 승부의 흐름을 잘못 읽으면 도산이라는 패배를 당한다

라이벌 모두가 똑같으며, 서로의 내용을 너무나 잘 알고 있는 과점 상태에서는 질적으로 크게 달라진 배틀이 출현하지 않으며, 마켓셰어의 변동도 극히 미미하다. 각사 모두가 현재의 위치에 만족해하고 있다.

경험과 육감이 과학세계에서는 경시되기 쉽지만 과학이 아닌 경영과 같은 인간의 판단이 중심이 되어 전개되는 학문 분야에서는 매우 중요한 연구대상이 된다.

6-6 리스크 매니지먼트형 전략 패턴

〈그림1〉 리스크(Risk)란

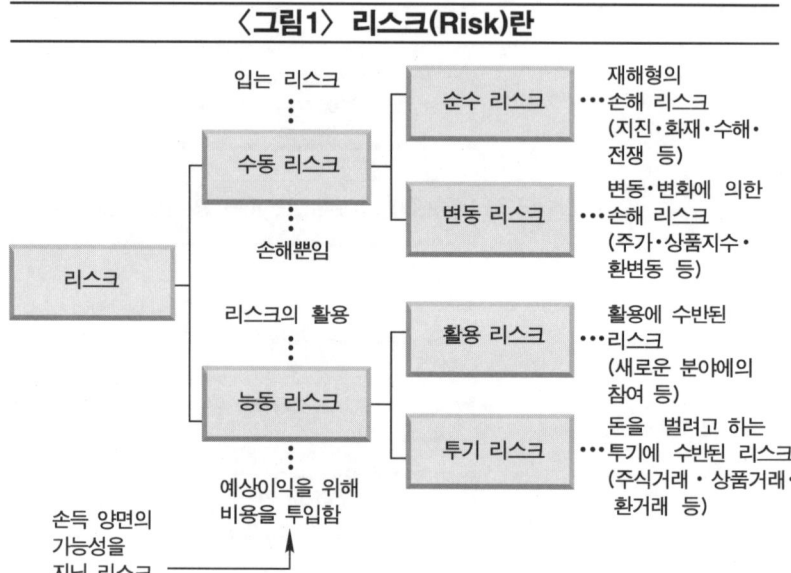

〈그림2〉 리스크 매니지먼트의 분류

리스크 매니지먼트(Risk Manangement:위기관리)란 경영에 관한 모든 리스크를 발췌 분석하여 이에 대한 대응책과 이용책을 미리 강구해두는 전략이다. 1950년대 미국의 보험이론에서 생겨났다.

리스크(위험 · 위기)란 위험한 사태로 발전할 가능성이 있는 것을 말한다. 즉 손실이나 피해가 발생할 우려가 있는 것이다. 경영자는 리스크를 피하도록, 또는 리스크를 입더라도 지장을 받지 않도록 경영계획을 세워야 한다.

〈그림3〉 리스크 컨트롤(Risk Control)의 분류

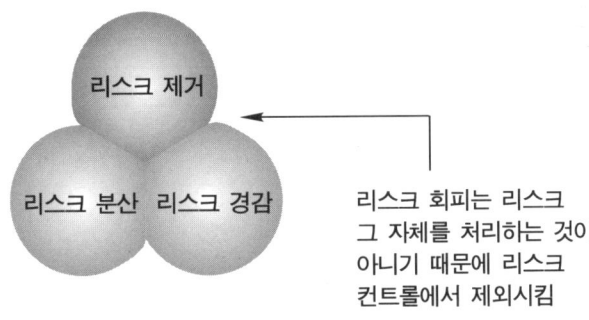

리스크 회피는 리스크 그 자체를 처리하는 것이 아니기 때문에 리스크 컨트롤에서 제외시킴

〈그림4〉 리스크 매니지먼트가 지향하는 것

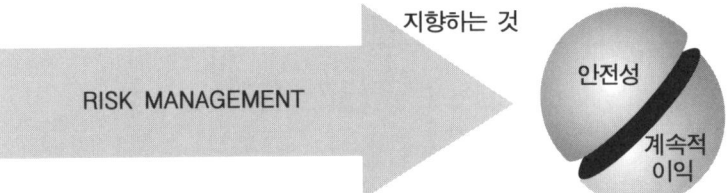

〈그림5〉 리스크 매니지먼트형 전략을 성공시키기 위한 키포인트

리스크 분석 능력의 소유	불확실한 리스크에 코스트를 투입하려는 톱의 결단성	리스크 매니지먼트를 오랫동안 계속해 나가는 전략의 중요성

리스크 컨트롤(Risk Control)이란 리스크를 기업에게 유리하도록 처리하는 것을 말한다. 가급적 근원적으로 제거해버리는 것이 바람직하지만 그것이 어려울 경우는 리스크를 가볍게 하거나 분산시키는 것이 좋다.

리스크 매니지먼트는 기본적으로 필수적인 기업경영 방법이라고 말할 수 있다. 그러나 위기관리의 필요성을 인식하고는 있지만 대체적으로 무시되기 쉬운 것이 현실이다.

내부지향형 전략 패턴

〈그림1〉 내부지향형 전략 패턴의 3가지 유형

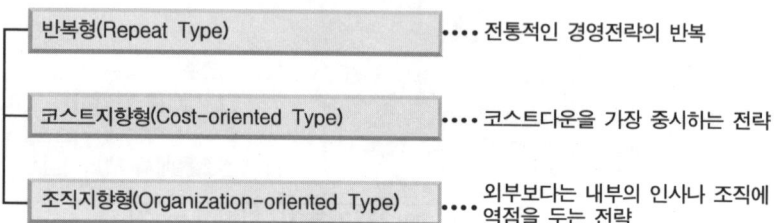

반복형(Repeat Type) •••• 전통적인 경영전략의 반복

코스트지향형(Cost-oriented Type) •••• 코스트다운을 가장 중시하는 전략

조직지향형(Organization-oriented Type) •••• 외부보다는 내부의 인사나 조직에 역점을 두는 전략

〈그림2〉 원래 전략은 외부지향형이 되어야 하는데 왜 내부지향이 되고 있는가

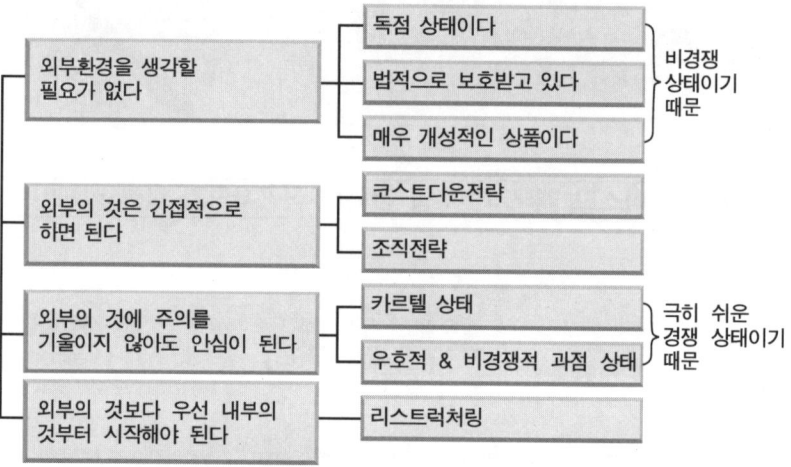

외부환경을 생각할 필요가 없다
- 독점 상태이다
- 법적으로 보호받고 있다 — 비경쟁 상태이기 때문
- 매우 개성적인 상품이다

외부의 것은 간접적으로 하면 된다
- 코스트다운전략
- 조직전략

외부의 것에 주의를 기울이지 않아도 안심이 된다
- 카르텔 상태
- 우호적 & 비경쟁적 과점 상태 — 극히 쉬운 경쟁 상태이기 때문

외부의 것보다 우선 내부의 것부터 시작해야 된다
- 리스트럭처링

내부지향형(Inner-oriented)이란 기업 내부를 가장 중요시하며 전략을 입안하는 것을 말한다. 외부환경의 변화가 적은 기업이나 국가의 보호를 받는 기업은 거의 이러한 유형의 전략을 세운다.

코스트지향형(Cost-oriented Type)이란 외부환경으로부터의 프레셔(Pressure)에 의하는 일이 많은데, 코스트지향을 오랫동안 계속하면 어느 사이엔가 코스트다운만 좋다는 인식이 되어버린다.

〈그림3〉 내부지향형 전략 패턴이 장기간 지속되면

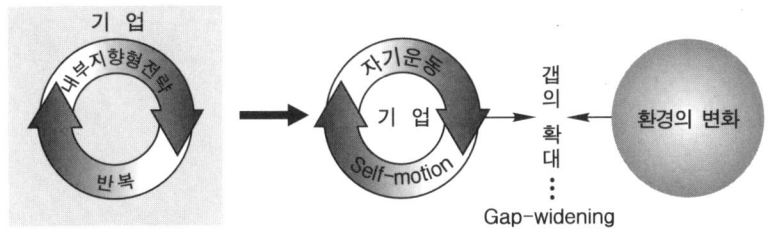

Gap-widening

〈그림4〉 내부지향형이 지나쳐 생기는 디메리트

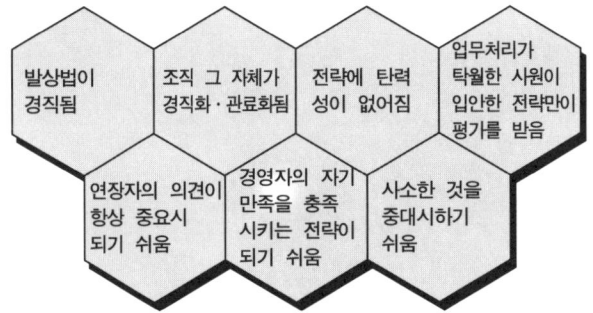

발상법이 경직됨

조직 그 자체가 경직화·관료화됨

전략에 탄력 성이 없어짐

업무처리가 탁월한 사원이 입안한 전략만이 평가를 받음

연장자의 의견이 항상 중요시 되기 쉬움

경영자의 자기 만족을 충족 시키는 전략이 되기 쉬움

사소한 것을 중대시하기 쉬움

〈그림5〉 내부지향형 전략 패턴의 메리트

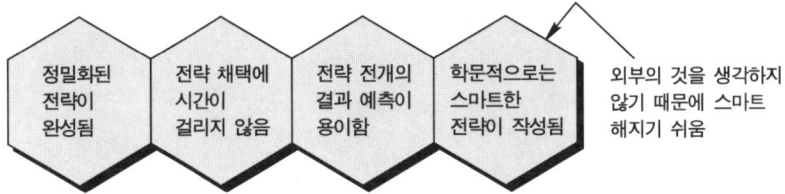

정밀화된 전략이 완성됨

전략 채택에 시간이 걸리지 않음

전략 전개의 결과 예측이 용이함

학문적으로는 스마트한 전략이 작성됨

외부의 것을 생각하지 않기 때문에 스마트 해지기 쉬움

자기운동(Self-motion)이란 기업이 내부의 가치관만으로 판단하여 행동을 결정하는 것을 말한다.

갭의 확대(Gap-widening)란 기업행동과 환경과의 갭(Discre-pancy:격차)이 커지게 되어 기업 존속이 위태롭게 된다는 것이다. 반대 개념으로는 갭의 축소(Gap-reducing)가 있다.

제**7**장

경영전략의 차원

7-1 경영전략의 차원

〈그림1〉 경영전략의 계층

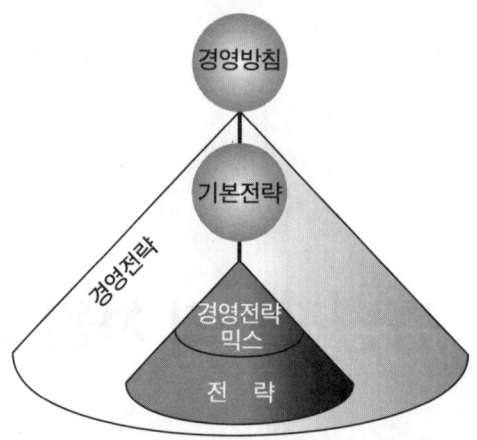

〈그림2〉 기본전략의 전개 차원이란(대표적인 예)

경영전략의 차원(Dimension of Business Strategy)이란 경영전략이 전개되는 곳(Field)의 넓이를 말한다. 즉 기본전략의 전개 차원을 지칭한다.

기본전략(Basic Strategy)이란 경영방침하에서 전개되는 사업의 방향을 제시하는 전략을 말한다.

〈그림3〉 중소기업의 경영전략 계층

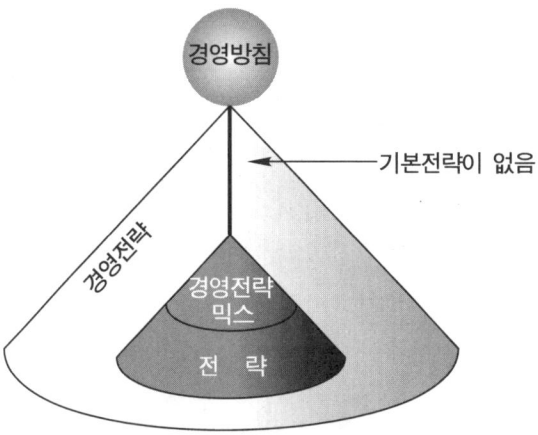

경영방침

기본전략이 없음

경영전략

경영전략
믹스

전 략

〈그림4〉 은행 비즈니스의 기본전략 전개 차원의 예

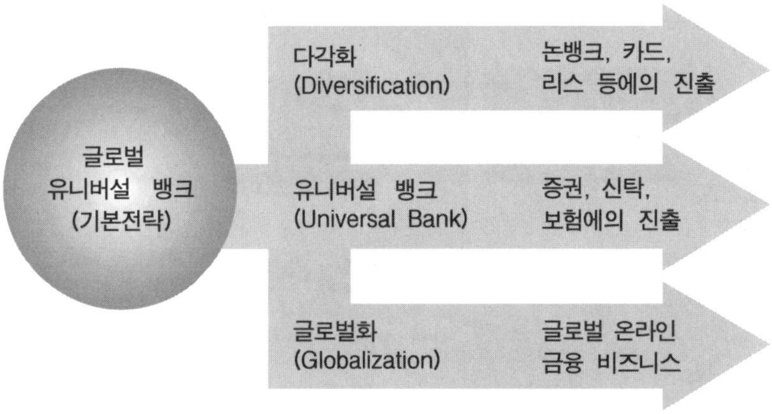

글로벌
유니버설 뱅크
(기본전략)

다각화
(Diversification)

논뱅크, 카드,
리스 등에의 진출

유니버설 뱅크
(Universal Bank)

증권, 신탁,
보험에의 진출

글로벌화
(Globalization)

글로벌 온라인
금융 비즈니스

경영방침 (Business Policy) 이란
기업의 경영 방향을 구체적으로
제시한 것이다. 추상적으로 제
시하면 여러 가지의 해석이 가
능하므로 잘못이 없도록 구체적
으로 표현되고 있다.

유니버설 뱅크(Universal Bank)
란 은행, 증권, 신탁, 보험 등
금융 업무 전부를 고객에게 제
공하는 금융기관을 말한다. 독
일에서 시작된 발상이다.

7-2 다각화

〈그림1〉 다각화 경영의 목적

〈그림2〉 다각화의 혼들림

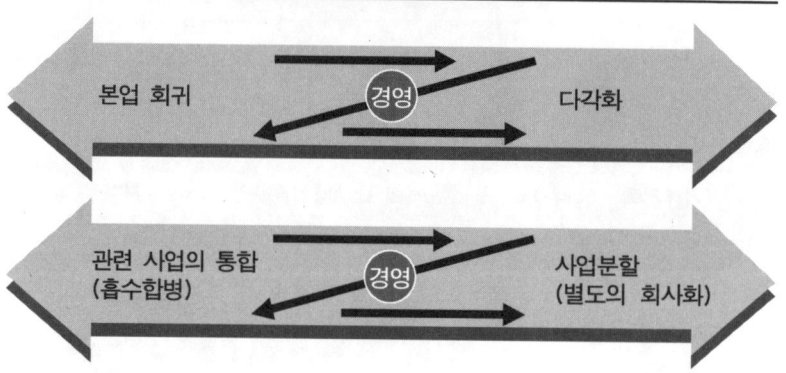

다각화(Diversification)란 관련이 있는 사업에 참여하여 복합사업을 경영하는 것을 말한다.

혼들림(Swing)이란 경영방침이 이리저리 혼들리는 것을 말하는데, 때에 따라서는 방향을 전환하는 일조차 있다. 경영방침이 항상 특정 방향을 향하는 일은 드물다.

〈그림3〉 다각화의 방향

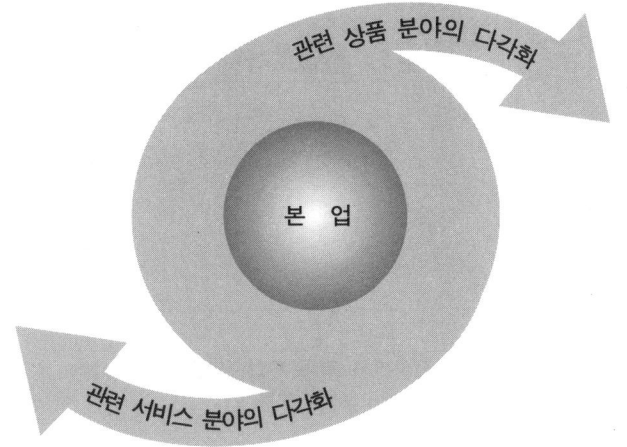

〈그림4〉 포트폴리오전략(사업믹스전략)

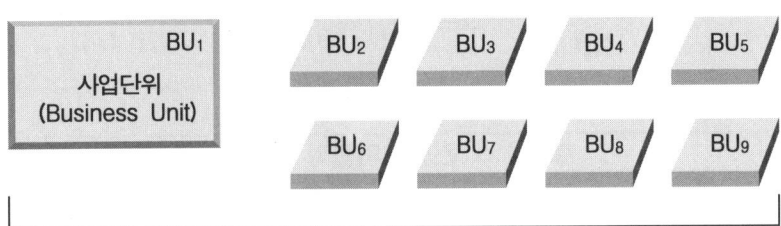

사업단위의 구색갖추기(Assortment) 전략을
포트폴리오전략이라고 부름

포트폴리오(Portfolio)란 사업단위의 구색갖추기(Assortment) 전략을 말한다. 불필요한 사업은 잘라버리고 (Dropping) 필요한 사업은 추가하여(Adding) 효과적인 통합적 경영전략을 전개한다.

사업단위(Business Unit)란 단일의 완성된 사업을 말하는데 그것만으로도 경영을 할 수가 있다. 단일사업이며 단품경영이다.

7-3 컨글로머릿화

〈그림1〉 컨글로머릿이란

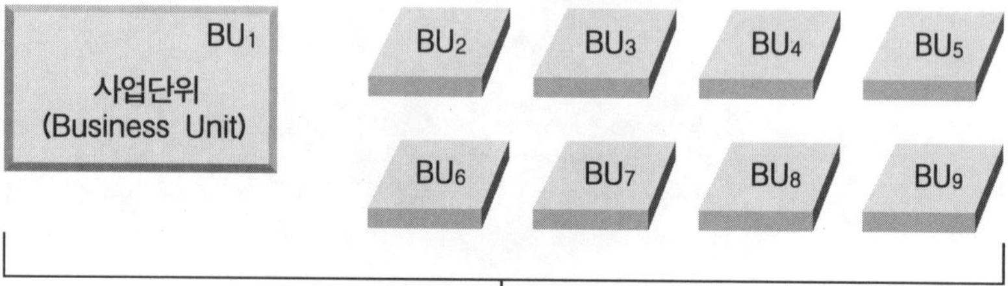

| BU₁ 사업단위 (Business Unit) | BU₂ | BU₃ | BU₄ | BU₅ |
| | BU₆ | BU₇ | BU₈ | BU₉ |

밸런스를 유지하면서 각종 사업단위를 경영해가는
기업을 컨글로머릿이라고 부름

〈그림2〉 컨글로머천트란

Conglomerate
+
Merchant (상인)

=

Conglomerchant
(컨글로머천트:복합형 소매업)

〈그림3〉 컨글로머릿의 메리트

| 리스크 분산 | 이질적 능력의 활용 | 전혀 새로운 비즈니스 개척 |

컨글로머릿(Conglomerate: 복합 기업)이란 아무 관련이 없는 이 질적 사업을 전개하는 기업을 말한다. 어원(語源)은 라틴어의 Conglomerare인데 지질학에서 는 집괴암(集塊岩)이라고 말한다.

컨글로머천트(Conglomerchant: 복합형 소매업)란 아무 관련이 없는 이질적인 사업을 전개하는 소매기업을 말한다.

〈그림4〉 컨글로머릿과 코어 비즈니스

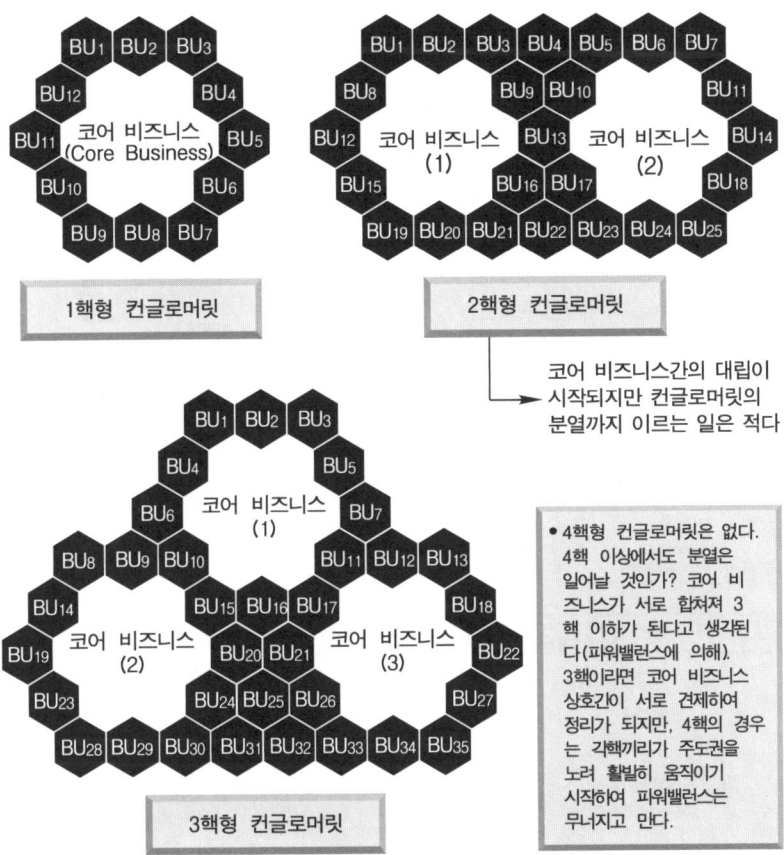

1핵형 컨글로머릿

2핵형 컨글로머릿

코어 비즈니스간의 대립이
시작되지만 컨글로머릿의
분열까지 이르는 일은 적다

3핵형 컨글로머릿

코어 비즈니스간의 대립은 격화되지만 3핵끼리의
견제에 의해 분열까지 이르지 않는 경우도 많다

• 4핵형 컨글로머릿은 없다.
4핵 이상에서도 분열은
일어날 것인가? 코어 비
즈니스가 서로 합쳐져 3
핵 이하가 된다고 생각된
다(파워밸런스에 의해).
3핵이라면 코어 비즈니스
상호간이 서로 견제하여
정리가 되지만, 4핵의 경우
는 각핵끼리가 주도권을
노려 활발히 움직이기
시작하여 파워밸런스는
무너지고 만다.

코어 비즈니스 (Core Business)란
컨글로머릿 등 기업그룹의 핵이 되
는 기업을 말한다. 보통 1개의 회
사 또는 2개의 회사가 존재하며
많아야 3개 정도이다. 4개 회사 이
상이 되면 파워밸런스가 무너진다.

파워밸런스(Balance of Power)란
힘의 균형을 말하는데 컨글로머릿
등의 이질적 기업집단의 경우는 매
우 복잡하게 된다. 보통 3핵까지는
파워밸런스를 유지하지만 4핵 이상
이 되면 분열하게 된다.

글로벌화

〈그림1〉 글로벌화(Globalization)

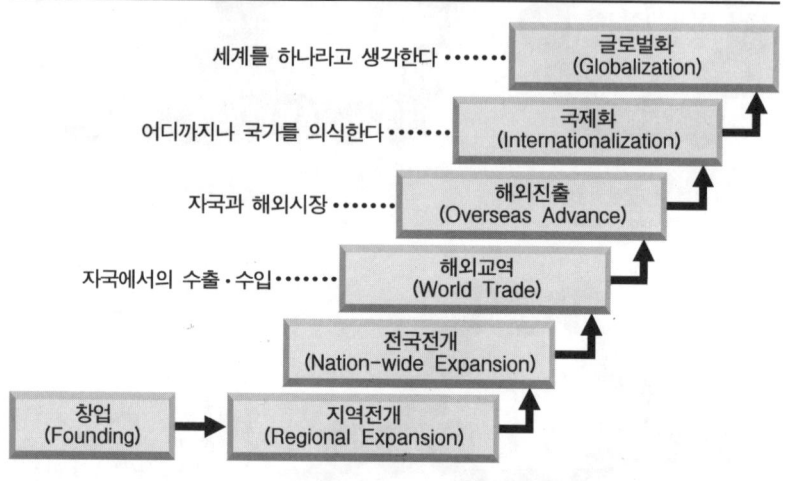

세계를 하나라고 생각한다 ······· 글로벌화 (Globalization)

어디까지나 국가를 의식한다 ······· 국제화 (Internationalization)

자국과 해외시장 ······· 해외진출 (Overseas Advance)

자국에서의 수출·수입 ······· 해외교역 (World Trade)

전국전개 (Nation-wide Expansion)

창업 (Founding) → 지역전개 (Regional Expansion)

〈그림2〉 글로벌리즘과 글로벌리제이션

▼ Global Business

글로벌 경영 (Global Management)

글로벌리제이션 (Globalization)

글로벌리즘 (Globalism)

글로벌 마케팅 (Global Marketing)

멀티도메스틱 마케팅 (Multidomestic Marketing)

글로벌화(Globalization)란 지구를 하나의 지역으로 생각하고 경영을 하는 것이다. 단순한 국제화나 해외교역이 아니다.

글로벌리즘(Globalism)이란 지구를 하나의 공동체로 보는 사고를 말한다. 지구를 하나의 시장으로 간주하고 국가라는 개념에 구애받지 않고 경영을 전개해 나간다는 것이다.

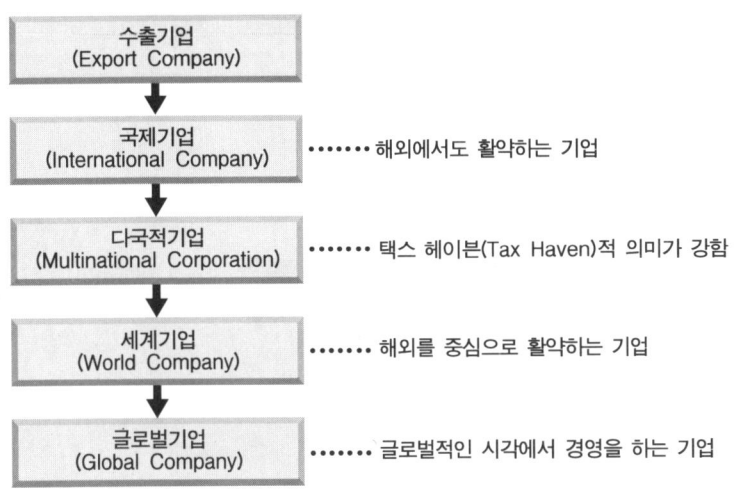

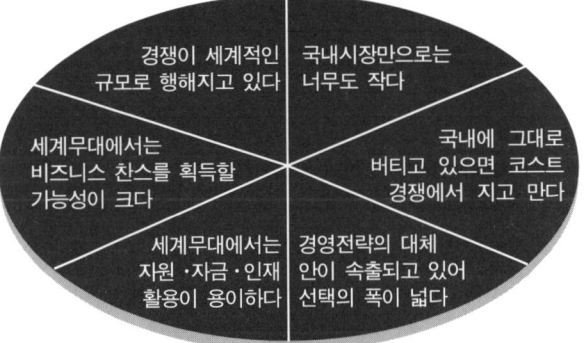

멀티도메스틱 마케팅(Multido-mestic Marketing)이란 국제시장은 이질적인 개개의 국내시장으로 구성되어 있다는 것이다. 글로벌 마케팅의 하나의 사고. 각국마다 마케팅의 필요성을 제안하고 있다.

택스 헤이븐(Tax Haven)이란 조세(租稅)를 피하기 위한 나라와 지역을 말한다. 세금 피난지라고도 부르는데, 다국적기업이 세금 부담의 경감 목적으로 이용하고 있다.

7-5 에콜러지컬화

〈그림1〉 이코시스템(Ecosystem)이란

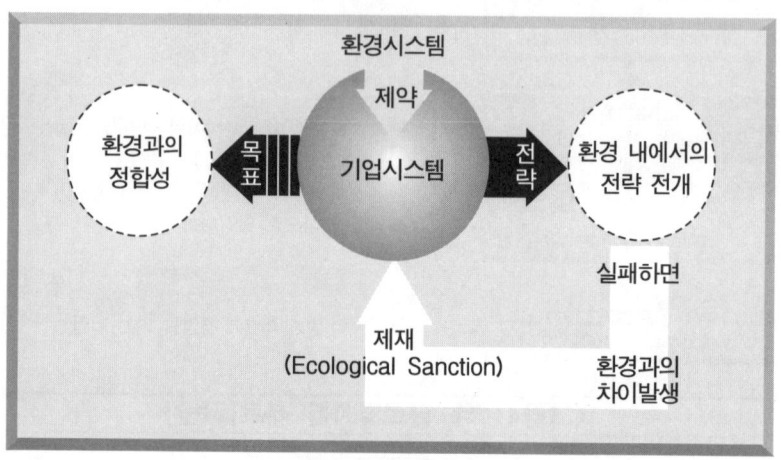

〈그림2〉 환경주의(Ecologicalism)란

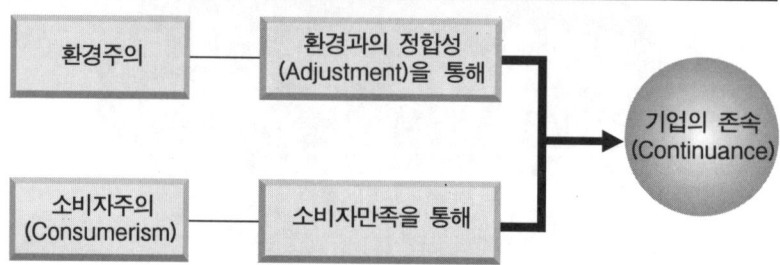

이코시스템(Ecosystem)이란 환경과 기업과의 관계를 시스템으로 파악하여 시스템 속에서 서로간의 관계를 생각해 간다는 것이다.

환경주의(Ecologicalism)란 기업과 환경과의 정합성(整合性)을 중시하는 사고를 말한다.

114

〈그림3〉 환경지향형 경영(Ecological Management, Green Management)이란

[목적]

기업과 환경과의 공존

[그러기 위해서는]

환경의 중요성을 인식한다 / 환경과 기업의 상호 관련성을 이해한다

[구체적으로]

환경을 지킨다 / 환경을 개선한다 / 환경을 파괴하지 않는다

Ecomanagement(환경관리)와 Ecological Management(환경지향형 경영)는 다르다. Ecomanagement는 자연환경을 지키기 위한 관리이다

〈그림4〉 환경지향과 환경문제와 공해문제의 위치

환경지향 (Eco-oriented) / 환경문제 / 공해문제

공해문제는 환경문제의 한부분이며, 환경문제는 환경지향의 한부분이다

〈그림5〉 환경지향 회사와 환경 비즈니스

환경지향 회사 (Eco-oriented Company) ←다르다→ 환경 비즈니스 (Eco-business)

환경을 중시하는 기업 / 환경에 관계되는 비즈니스

환경지향(Eco-oriented)이란 경영을 할 때 환경적 발상을 가장 중시한다는 것이다. Greening이라고도 말한다.

에콜러지컬 매니지먼트(Ecological Management)란 환경지향을 전면에 내세우고 비즈니스를 행하는 것을 말한다. Green Management라고도 부른다.

제8장

경영전략 믹스

8-1 경영전략 믹스

〈그림1〉 경영전략 믹스는 5가지의 기본전략으로 구성되어 있다

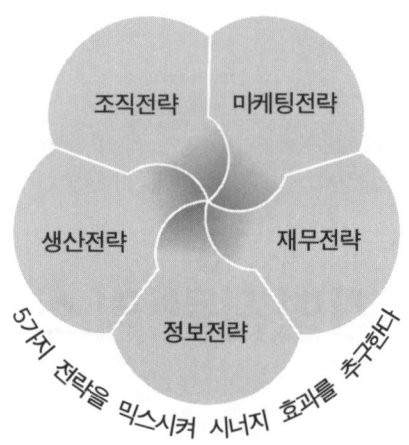

조직전략　마케팅전략

생산전략　재무전략

정보전략

5가지 전략을 믹스시켜 시너지 효과를 추구한다

〈그림2〉 경영전략과 경영전략 믹스

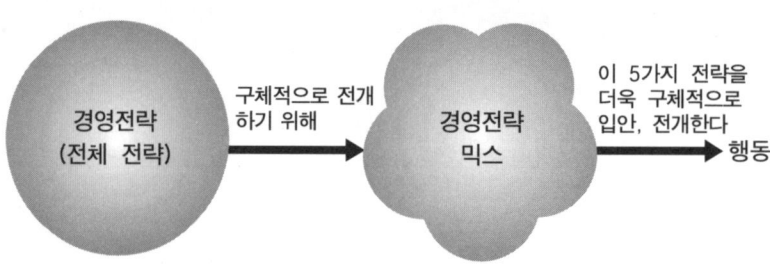

경영전략
(전체 전략)

구체적으로 전개
하기 위해

경영전략
믹스

이 5가지 전략을
더욱 구체적으로
입안, 전개한다

행동

경영전략 믹스(Business Strategy Mix)란 경영전략을 전개할 때 각종 전략을 종합하여 전체적으로 효율성 있게 실시하는 것을 말한다.

시너지 효과 (Synergy Effect: 상승효과)란 전략 구성요소를 통합적으로 전개함으로써 각기의 단독 효과를 합친 것보다도 더 큰 효과가 발휘된다. 다만, 각 구성요소간에 상호의존성이 없으면 안 된다.

〈그림3〉 시너지 효과를 높이기 위해서는

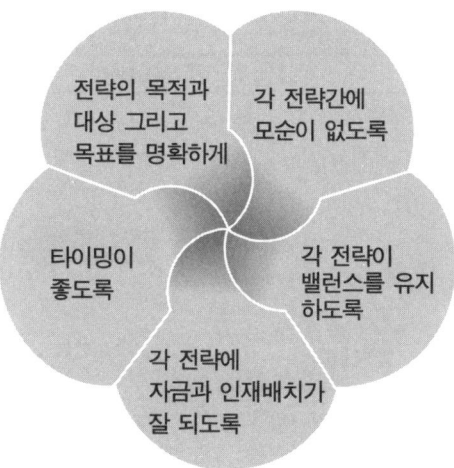

전략의 목적과
대상 그리고
목표를 명확하게

각 전략간에
모순이 없도록

타이밍이
좋도록

각 전략이
밸런스를 유지
하도록

각 전략에
자금과 인재배치가
잘 되도록

〈그림4〉 경영전략 믹스의 계층성(마케팅·판매촉진을 예로 할 경우)

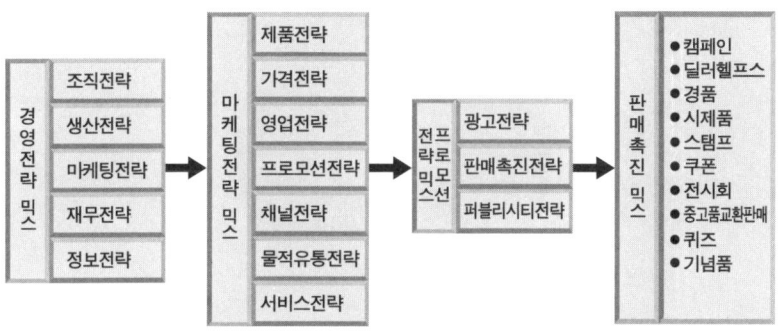

경영전략 믹스: 조직전략, 생산전략, 마케팅전략, 재무전략, 정보전략

마케팅전략 믹스: 제품전략, 가격전략, 영업전략, 프로모션전략, 채널전략, 물적유통전략, 서비스전략

전프로모스션략로션: 광고전략, 판매촉진전략, 퍼블리시티전략

판매촉진 믹스: 캠페인, 딜러헬프스, 경품, 시제품, 스탬프, 쿠폰, 전시회, 중고품교환판매, 퀴즈, 기념품

믹스(Mix)의 개념도 시너지 효과를 추구하는 의미를 함축하고 있다. 믹스에는 전략 믹스, 제품 믹스, 광고매체 믹스 등이 있다. 포트폴리오도 시너지 효과를 추구하는 성격을 띠고 있다.

시너지의 반대 개념은 지리멸렬(支離滅裂, Incoherency)이다. 경영전략에는 지리멸렬된 것이 많은데, 그런 것은 경영 효과를 크게 떨어뜨린다.

조직전략

〈그림1〉 조직이란

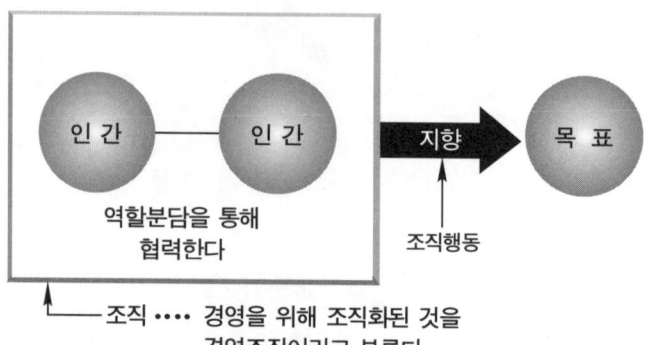

역할분담을 통해 협력한다

조직행동

조직 ···· 경영을 위해 조직화된 것을 경영조직이라고 부른다

〈그림2〉 경영조직의 기본(어느 것이 결여되어도 조직은 성립되지 못함)

조직(Organization)이란 목표달성을 위해 사람들이 모여 역할분담을 하면서 통일된 행동을 하는 집단을 말한다.

리더십(Leadership)이란 조직 속에서의 지도자의 적극적인 지도능력을 말한다.

〈그림3〉 조직전략이란

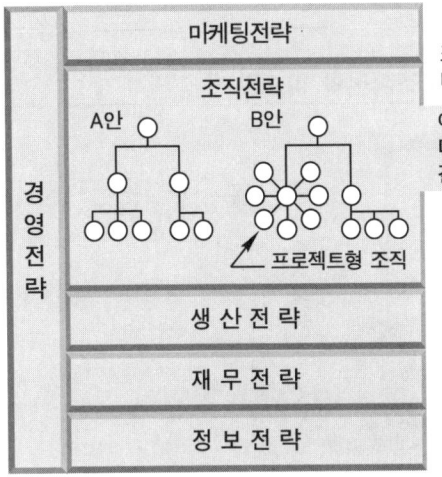

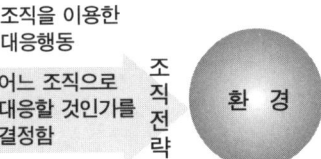

조직을 이용한
대응행동

어느 조직으로
대응할 것인가를
결정함

조직전략

환 경

경영전략

〈그림4〉 경영조직전략을 전개할 경우 명확히 해두어야 할 포인트

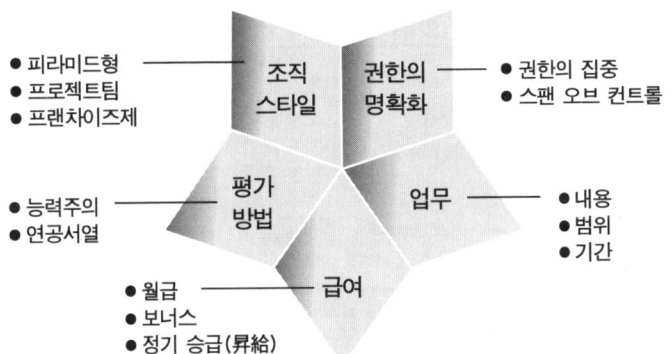

- 피라미드형
- 프로젝트팀
- 프랜차이즈제

조직
스타일

권한의
명확화

- 권한의 집중
- 스팬 오브 컨트롤

- 능력주의
- 연공서열

평가
방법

업무

- 내용
- 범위
- 기간

- 월급
- 보너스
- 정기 승급(昇給)

급여

조직전략(Organizational Strategy)이란 경영전략의 일환으로서 조직을 이용하여 환경에 대응하려고 하는 것을 말한다.

스팬 오브 컨트롤(Span of Control)이란 관리범위, 통제범위를 말한다.

8-3 조직전략 믹스

〈그림1〉 조직전략 믹스란

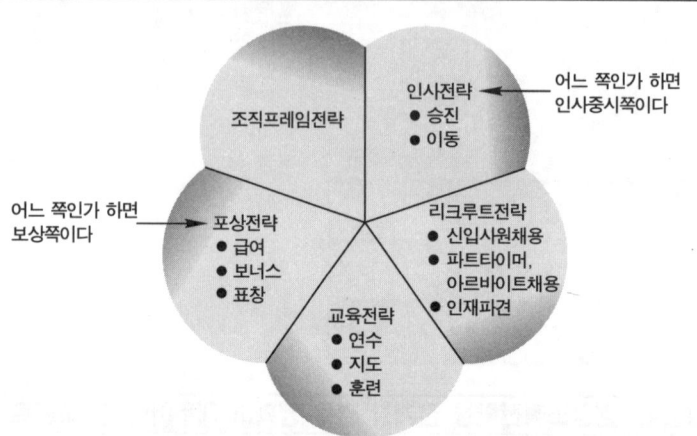

어느 쪽인가 하면
인사중시쪽이다

인사전략
● 승진
● 이동

조직프레임전략

어느 쪽인가 하면
보상쪽이다

포상전략
● 급여
● 보너스
● 표창

리크루트전략
● 신입사원채용
● 파트타이머,
아르바이트채용
● 인재파견

교육전략
● 연수
● 지도
● 훈련

〈그림2〉 동기부여전략(인사전략 + 포상전략 + 교육전략)

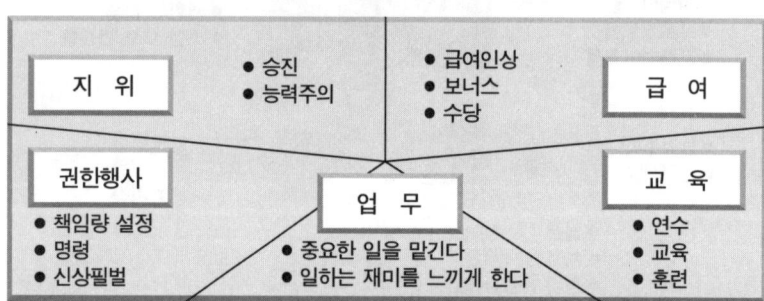

| 지 위 | ● 승진 ● 능력주의 | ● 급여인상 ● 보너스 ● 수당 | 급 여 |

업 무

권한행사
● 책임량 설정
● 명령
● 신상필벌

● 중요한 일을 맡긴다
● 일하는 재미를 느끼게 한다

교 육
● 연수
● 교육
● 훈련

조직프레임(Organizational Frame)이란 조직체제를 말한다. 어떠한 조직으로 경영할 것인지를 결정하는 것을 조직프레임전략이라고 한다.

동기부여(Motivation)란 종업원의 의욕을 분발시키는 계기를 만들어주는 것을 말한다. 목적을 명확히 하고 작업의 필요성을 자각시키는 데 이용되고 있다.

〈그림3〉 조직프레임전략의 예

[권한·명령상의 분류]

| 관료형 조직 | 군대형 조직 | 매트릭스형 조직 |

[정보 전달상의 분류]

| 피라미드형 조직 | 플랫형 조직 | 네트워크형 조직 |

[기능상의 분류]

| 기능별 조직 | 제품별 조직 | 브랜드별 조직 |

| 지역별 조직 | 루트별 조직 | 구입처별 조직 |

└─ 2개의 본사제 조직도 포함

[업무상의 분류]

| 사업부제 조직 | 프로젝트형 조직 | 컴퍼니제 조직 |

| 기업 내 벤처 조직 | 숍마스터제 조직 |

[기타]

| 개별회사 조직 | 지주(持株) 회사방식 | 그룹형 조직 |

| 프랜차이즈 조직 |

네트워크형 조직이란 전 사원이 정보를 공유하고, 네트워크를 통해 의사결정과 명령과 커뮤니케이션을 행하는 조직을 말한다.

컴퍼니제 조직이란 비록 개별회사방식을 채택하지 않았더라도 각 사업을 마치 개별회사가 경영하는 것처럼 운영하는 조직을 말한다. 즉 예산, 차입금, 자본금, 인사, 채용 등을 회사 내에서 행한다. 사업부제보다 개별회사적 성격이 강하다.

8-4 생산전략

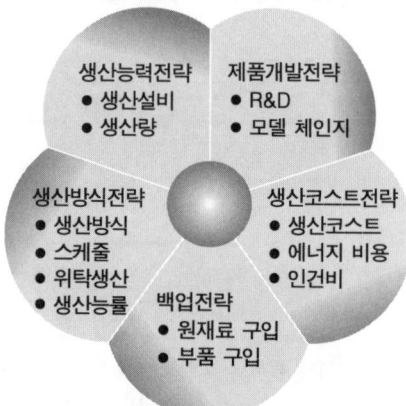

생산능력전략
● 생산설비
● 생산량

제품개발전략
● R&D
● 모델 체인지

생산방식전략
● 생산방식
● 스케줄
● 위탁생산
● 생산능률

생산코스트전략
● 생산코스트
● 에너지 비용
● 인건비

백업전략
● 원재료 구입
● 부품 구입

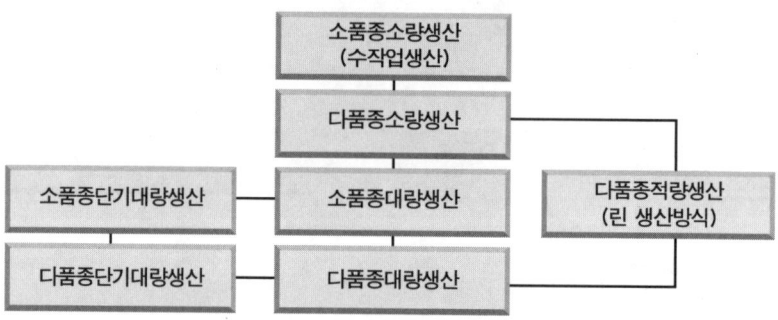

소품종소량생산
(수작업생산)

다품종소량생산

소품종단기대량생산

소품종대량생산

다품종적량생산
(린 생산방식)

다품종단기대량생산

다품종대량생산

생산전략(Production Strategy) 이란 생산에 관계되는 경영전략을 말한다. 공장건설, 연구개발, 생산, 생산 스케줄, 설비투자 등의 전략이 있다.

린 생산(Lean Production) 방식이란 대량생산의 장점과 수작업생산의 장점을 절충한 방식으로 재고량 제로, 결함 제로, 다품종생산, 적당량생산, 로봇과 인간의 결합 등을 목표로 하고 있다.

〈그림3〉 생산방식전략의 예

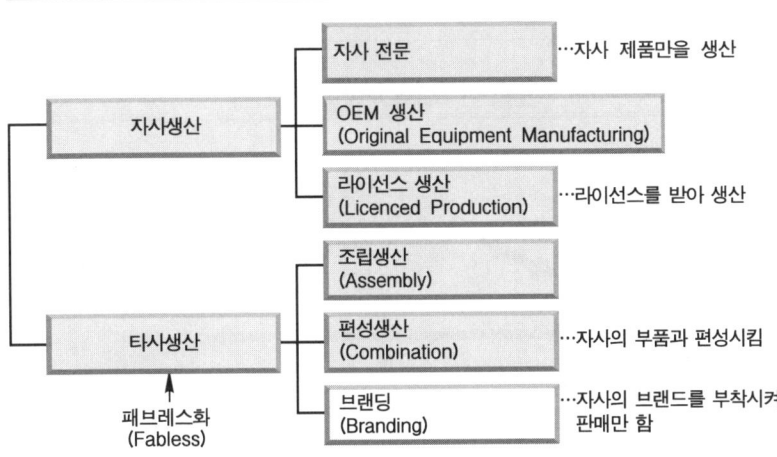

〈그림4〉 자재조달전략(백업전략)

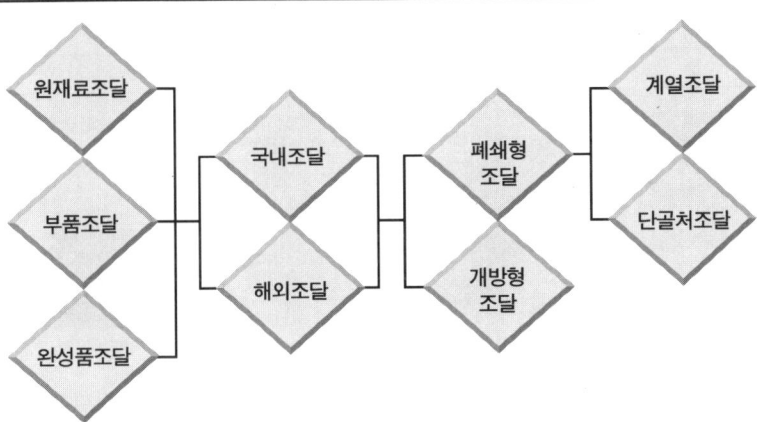

OEM 생산 (Original Equipment Manufacturing)이란 상대편의 브랜드 제품을 제조하는 것을 말한다. 가동률 향상을 위해 이 생산이 활용되고 있다.

브랜딩(Branding)이란 타사에게 생산을 의뢰한 제품에 자사의 브랜드를 부착시켜 출하하는 것을 말한다. 즉 상사(商社) 기능만을 가지고 있는 메이커이다. 패브레스화의 가장 발전된 형태이다.

제품개발전략

〈그림1〉 제품개발전략 믹스

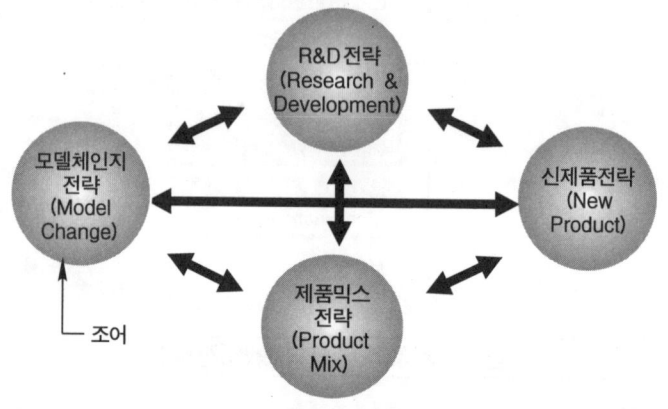

〈그림2〉 R&D 전략

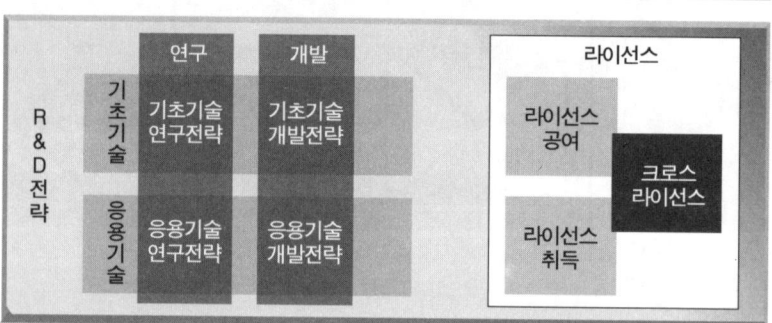

R&D(Research & Development: 연구개발)란 조사, 연구, 개발, 신제품 만들기 등의 프로세스의 총칭이다.

크로스 라이선스(Cross Licence: 상호 사용특허권)란 특허권을 가지고 있는 각 기업이 특허권자로서의 지위를 바꾸는 일 없이 서로가 그 실시권(實施權)만을 주고받는 것을 말한다.

126

〈그림3〉 제품믹스전략

		질적인 구색 (Depth) →	
캔디로 창업했을 경우 →	제품범주(Category)	제품클래스(Class) (제품라인이라고도 부름)	
	캔디	캔디, 캐러멜, 소프트캔디, 목캔디	
	초콜릿	판초코, 아몬드초코, 초콜릿바, 초코칩	
	스낵	포테이토칩, 콘플레이크, 초코플레이크	
	껌	껌, 풍선껌, 프루트껌	
	아이스크림	아이스크림, 아이스캔디, 프리미엄 아이스크림	
	주스	오렌지주스, 넥타사과주스	

제품의 다양화 ← 구색의 폭 (Width) ←

〈그림4〉 R&D전략과 신제품 성공의 고리

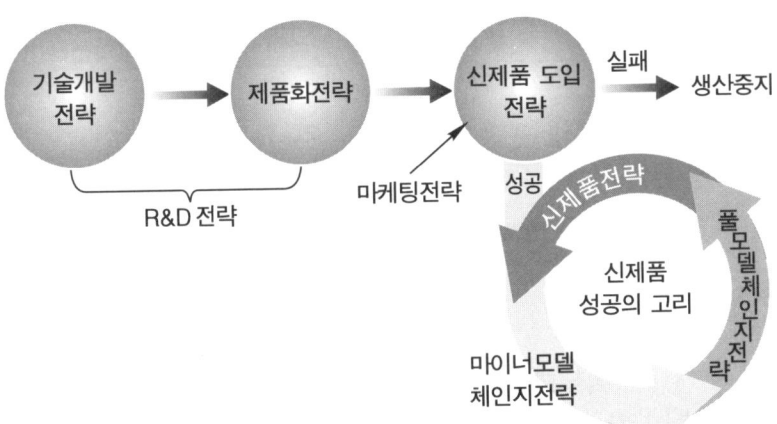

기술개발전략 → 제품화전략 → 신제품 도입전략 → 실패 → 생산중지

R&D 전략

마케팅전략

성공

신제품전략

풀모델체인지전략

신제품 성공의 고리

마이너모델 체인지전략

제품의 다양화(Product Variousness)란 제품 카테고리(群)의 종류를 늘리는 것을 말한다. 사업의 종류를 늘린다는 것은 사업의 다각화(Business Diversification)를 뜻하는 것이다.

신제품 성공의 고리란 신제품이 성공하면 우선 마이너모델체인지전략이 취해지며, 다음으로는 풀모델체인지전략이 도입되고, 다음에는 동일 제품의 신제품전략이 전개되는 한편 또다시 새로운 마이너모델체인지가 되풀이된다는 순환활동을 말한다.

8-6 마케팅전략

〈그림1〉 마케팅이란

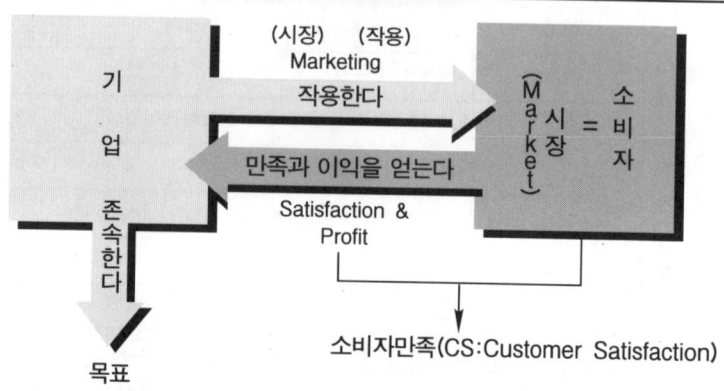

소비자만족(CS:Customer Satisfaction)

〈그림2〉 마케팅전략 중에서 가장 기본적인 전략은 차별화전략

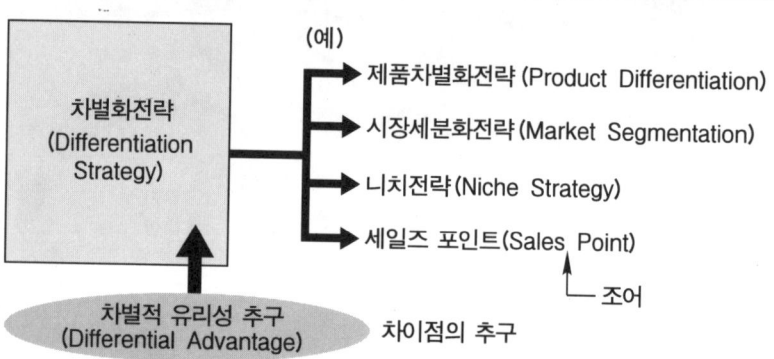

차별화전략
(Differentiation Strategy)

(예)
제품차별화전략 (Product Differentiation)
시장세분화전략 (Market Segmentation)
니치전략 (Niche Strategy)
세일즈 포인트 (Sales Point)
└─ 조어

차별적 유리성 추구
(Differential Advantage)

차이점의 추구

마케팅(Marketing)이란 소비자 만족을 얻기 위해 전개되는 비즈니스 활동을 말한다.	이익(Profit)이란 마케팅에서는 기업 노력의 결과인 수익을 뜻한다. 그러나 이와 같은 개념을 바꾸어 노력의 대가가 이익이라고 생각하는 것이 바람직하다.

〈그림3〉 마케팅전략이란

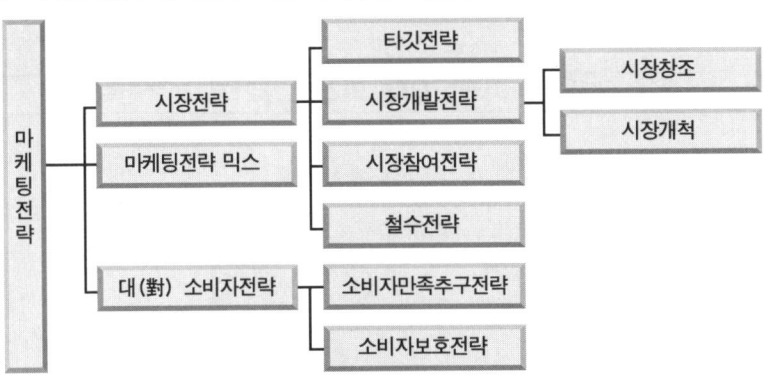

〈그림4〉 경영전략 믹스의 각각의 특징

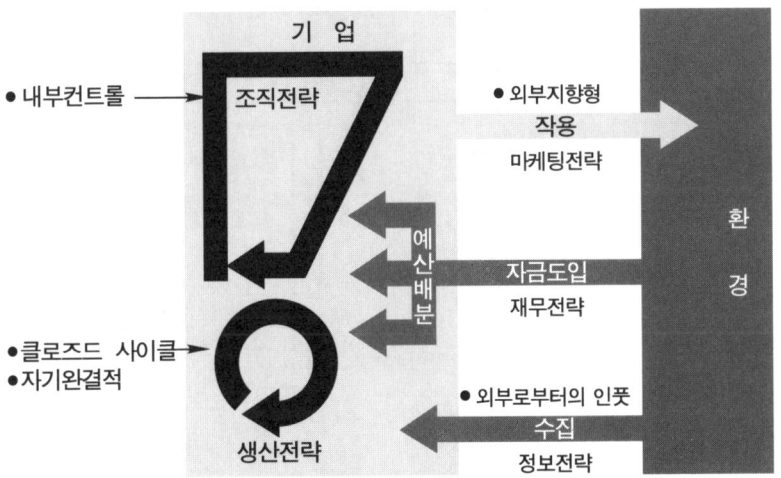

| 차별화(Differentiation)란 타사와의 차이를 명확히 하는 일이다. 그리고 그 차이를 자사에게 유리하도록 만드는 것을 차별적 유리성(Differential Advantage)이라고 한다. | 시장세분화(Market Segmentation) 란 시장을 기업 자체의 기준에 의해 세밀히 분류한다는 것이다. 그리고 각 시장마다 다른 마케팅을 실시하거나 하나의 작은 시장을 표적으로 하여 마케팅을 전개한다. |

〈그림1〉 마케팅전략 믹스의 7가지 기본전략

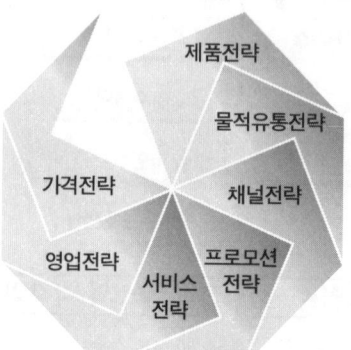

제품전략
물적유통전략
채널전략
가격전략
프로모션전략
영업전략
서비스전략

〈그림2〉 주된 제품전략

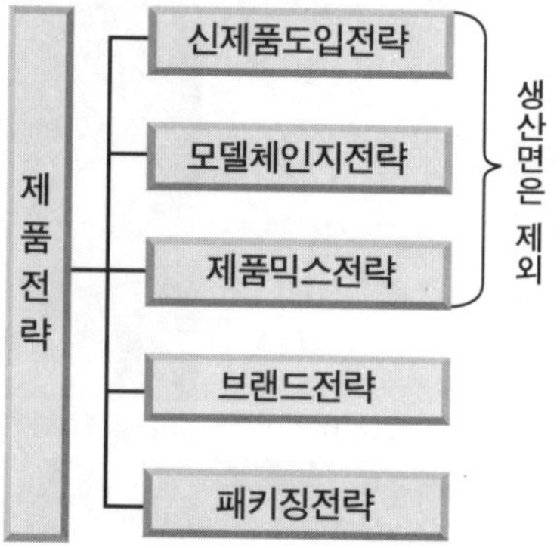

제품전략

신제품도입전략
모델체인지전략
제품믹스전략
브랜드전략
패키징전략

생산면은 제외

〈그림3〉 주된 물적유통전략

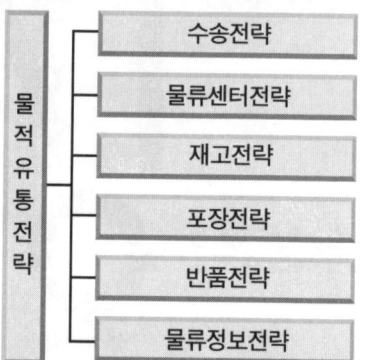

물적유통전략

수송전략
물류센터전략
재고전략
포장전략
반품전략
물류정보전략

프로모션(Promotion)이란 기업의 판매활동을 보다 유리하게 전개하기 위한 활동을 말하는데 영업(인적판매)을 제외한 모든 판매활동을 포함한다. 통상적인 넓은 의미에서의 판매촉진(Sales Promotion) 활동이다.

판사(販社)란 판매회사를 말하는데, 메이커가 채널을 컨트롤하기 위해 스스로 도매업을 하는 회사를 말한다. 지명도가 높은 유력한 기업만이 실시할 수 있는 방법이다.

〈그림4〉 주된 채널전략

채널전략
- 루트전략
- 판사(販社) 전략
- 딜러헬프스전략
- 대리점전략
- 프랜차이즈전략

〈그림6〉 주된 서비스전략

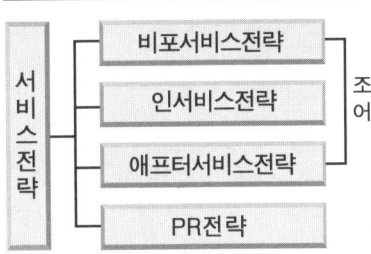

서비스전략
- 비포서비스전략
- 인서비스전략   조어
- 애프터서비스전략
- PR전략

〈그림5〉 주된 프로모션전략

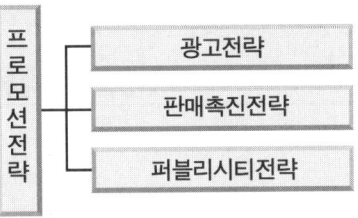

프로모션전략
- 광고전략
- 판매촉진전략
- 퍼블리시티전략

〈그림7〉 주된 영업전략

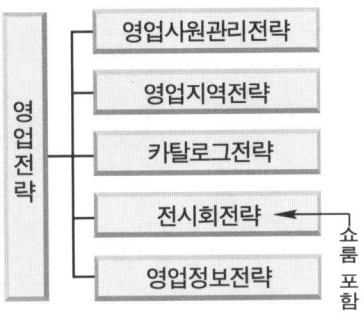

영업전략
- 영업사원관리전략
- 영업지역전략
- 카탈로그전략
- 전시회전략 ← 쇼룸 포함
- 영업정보전략

〈그림8〉 주된 가격전략

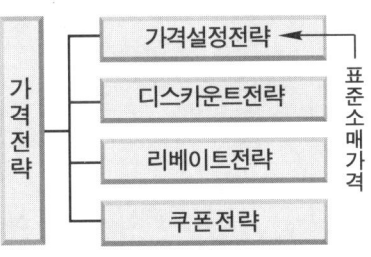

가격전략
- 가격설정전략 ← 표준 소매가격
- 디스카운트전략
- 리베이트전략
- 쿠폰전략

퍼블리시티(Publicity)란 매스컴을 통해 기사화(記事化)하여 기업활동을 일반인에게 널리 알리는 방법이다. 기업이 비용을 들이지 않고 지명도를 높일 수가 있다. 사회적 신뢰를 얻기 쉬운 프로모션이다.

PR(Public Relations)란 일반대중이나 사회와의 관계를 돈독히 하기 위해 하는 활동을 말한다. 사회봉사활동이나 메세나, 자선활동 등이 포함되며 현재 주목을 받고 있는 활동이다.

8-8 재무전략

〈그림1〉 재무전략의 기본 기능

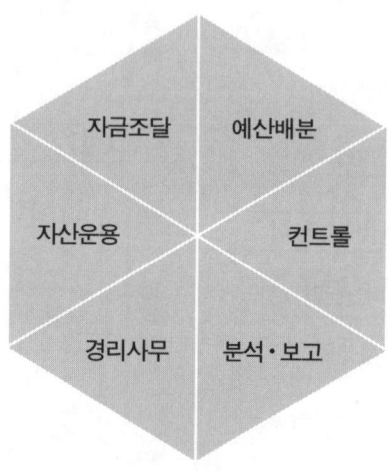

〈그림2〉 자금조달전략이란

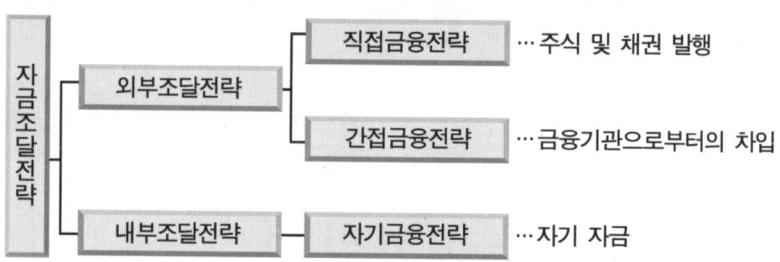

직접금융(Direct Financing)이란 주식이나 채권을 발행하여 개인투자가나 기관투자가로부터 자금을 조달하는 것을 말한다. 한편 투자가와 기업 사이에 금융기관이 개재(介在)하여 금융기관으로부터 차입하는 것이 간접금융(Indirect Financing)이다.

자기금융(Self-financing)이란 기업이 취득한 이익이나 감가상각, 준비금 등을 자금으로 하여 운용하는 것을 말한다. 무차금 경영을 하는 회사는 자기금융으로 조달한다.

〈그림3〉 예산배분의 중요성

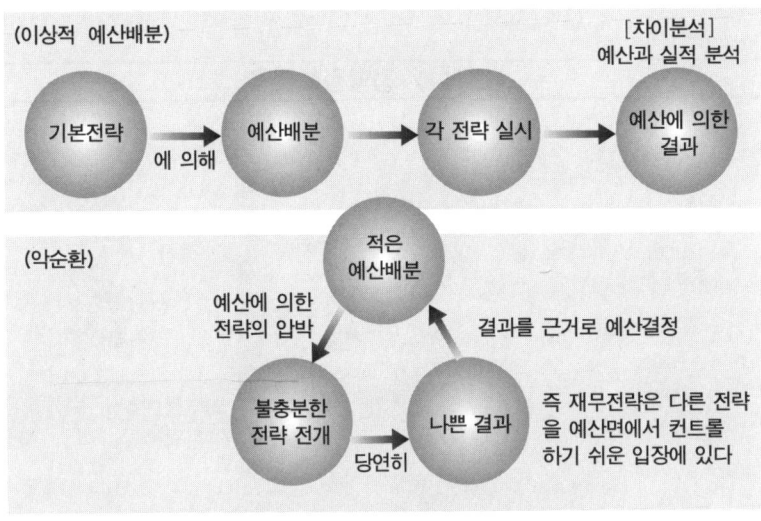

(이상적 예산배분)

[차이분석]
예산과 실적 분석

기본전략 →(에 의해) 예산배분 → 각 전략 실시 → 예산에 의한 결과

(악순환)

적은 예산배분

예산에 의한 전략의 압박

결과를 근거로 예산결정

불충분한 전략 전개 →(당연히) 나쁜 결과

즉 재무전략은 다른 전략을 예산면에서 컨트롤하기 쉬운 입장에 있다

〈그림4〉 버블 시절의 자산운용

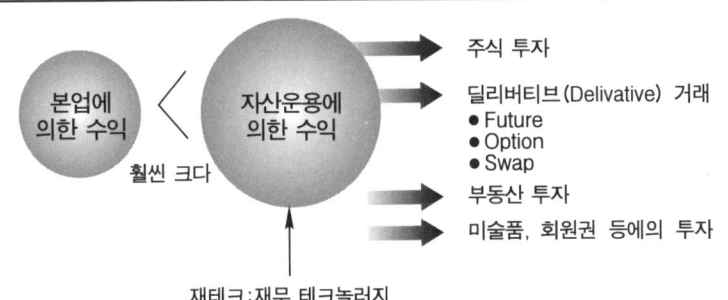

본업에 의한 수익 < 자산운용에 의한 수익

훨씬 크다

→ 주식 투자

→ 딜리버티브(Delivative) 거래
● Future
● Option
● Swap

→ 부동산 투자

→ 미술품, 회원권 등에의 투자

재테크:재무 테크놀러지

재테크란 재무 테크놀러지의 약어로서 기업 재무활동의 고도의 방법을 말한다. 금융의 국제화와 자유화에 의해 자금조달이나 자산운용이 다양해졌다. 전환사채 등을 발행하여 특정 금전신탁을 이용해 돈을 버는 경우가 많다.

딜리버티브(Delivative)란 금융파생상품을 말하는데 저코스트의 자금조달이나 높은 이회전 운용을 위해 개발된 거래이다. 환이나 금리 등에서 파생했기 때문에 그렇게 부르고 있다. 원래는 리스크 회피의 수단이었지만 지금은 투기 대상이 되고 있다.

8-9 경영정보전략

〈그림1〉 경영정보전략

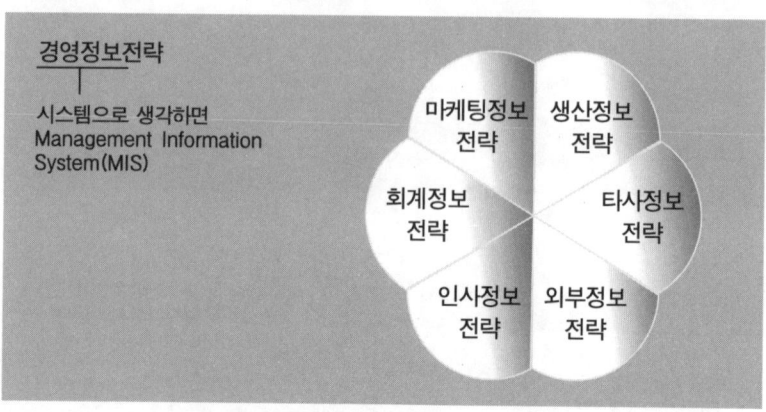

경영정보전략

시스템으로 생각하면
Management Information
System(MIS)

마케팅정보전략
생산정보전략
회계정보전략
타사정보전략
인사정보전략
외부정보전략

〈그림2〉 정보전략의 내용

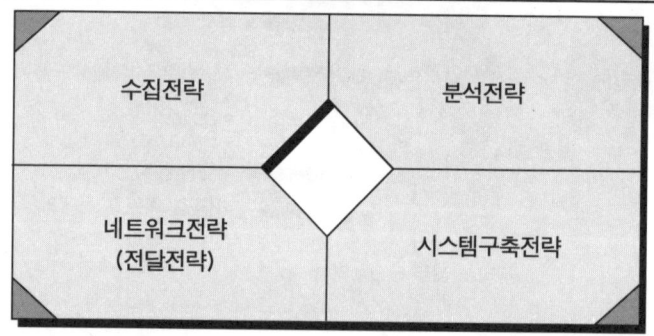

수집전략
분석전략
네트워크전략
(전달전략)
시스템구축전략

멀티미디어(Multimedia)란 영상, 음성, 문자 등을 결합한 매체를 말한다. 컴퓨터를 이용한 고도의 정보시스템으로 실현이 가능해졌으며, 이로 인해 급속히 보급하게 되었다. 지난날에는 뉴미디어라고 불리웠다.

LAN(Local Area Network:지역 내 통신망)이란 특정 지역이나 기업 내의 사무실, 공장, 창고 등을 연결하는 지역 내의 통신망을 말한다. 컴퓨터와 통신회선을 연결하여 정보의 공유화를 도모함으로써 경영시스템에 커다란 변혁을 가져왔다.

〈그림3〉 정보시스템과 전략

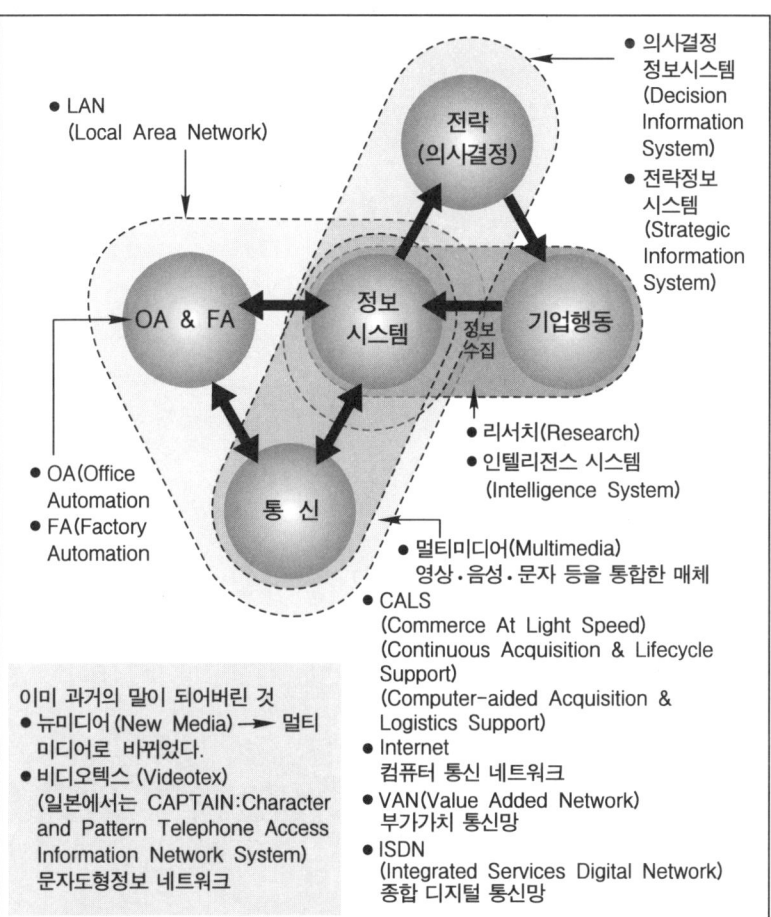

● 의사결정
정보시스템
(Decision
Information
System)
● 전략정보
시스템
(Strategic
Information
System)

● LAN
(Local Area Network)

전략
(의사결정)

정보
시스템

OA & FA

정보
수집

기업행동

통 신

● OA(Office
Automation
● FA(Factory
Automation

● 리서치(Research)
● 인텔리전스 시스템
(Intelligence System)

● 멀티미디어(Multimedia)
영상·음성·문자 등을 통합한 매체
● CALS
(Commerce At Light Speed)
(Continuous Acquisition & Lifecycle
Support)
(Computer-aided Acquisition &
Logistics Support)
● Internet
컴퓨터 통신 네트워크
● VAN(Value Added Network)
부가가치 통신망
● ISDN
(Integrated Services Digital Network)
종합 디지털 통신망

이미 과거의 말이 되어버린 것
● 뉴미디어(New Media) ➛ 멀티
미디어로 바뀌었다.
● 비디오텍스(Videotex)
(일본에서는 CAPTAIN:Character
and Pattern Telephone Access
Information Network System)
문자도형정보 네트워크

CALS란 정보의 주고받음을 전자화한다는 것이다(Paperless). 처음에는 조달과 후방부대의 컴퓨터 지원시스템의 의미를 담고 있었지만 현재는 생산, 조달, 운영, 지원통합 정보시스템이 되었으며 오늘날에는 광속(光速)의 상거래라는 뜻이 되고 있다.

VAN(Value Added Netwok:부가가치 통신망)이란 공중 전기 통신회선에 컴퓨터 등을 접속시켜 정보뱅크나 처리에 의해 부가가치를 붙여 통신 서비스를 제공하는 업무를 말한다.

제9장

경영전략의 배분과 전달

〈그림1〉 경영전략의 배분(Allocation of Business Strategy)

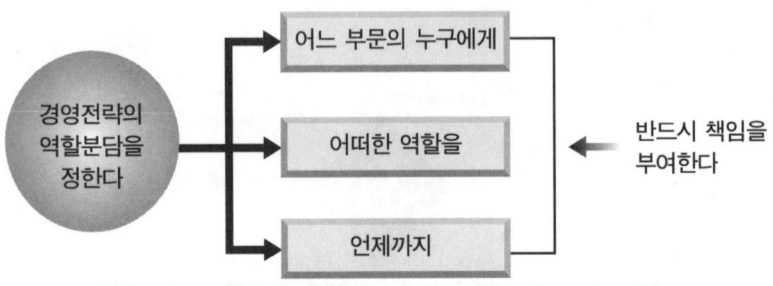

경영전략의 역할분담을 정한다
- 어느 부문의 누구에게
- 어떠한 역할을
- 언제까지

← 반드시 책임을 부여한다

〈그림2〉 역할분담(Allotment of Parts)의 방법

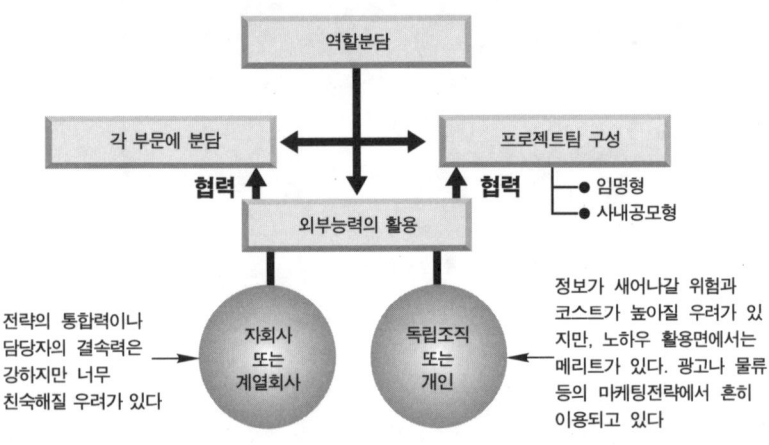

역할분담

각 부문에 분담 ←→ 프로젝트팀 구성
- 임명형
- 사내공모형

협력 ↑ 협력 ↑

외부능력의 활용

자회사 또는 계열회사

독립조직 또는 개인

전략의 통합력이나 담당자의 결속력은 강하지만 너무 친숙해질 우려가 있다

정보가 새어나갈 위험과 코스트가 높아질 우려가 있지만, 노하우 활용면에서는 메리트가 있다. 광고나 물류 등의 마케팅전략에서 흔히 이용되고 있다

책임(Responsibility)이란 조직이 맡긴 일, 하지 않으면 안 될 일을 말한다. 이것이 좀더 명령적이 되면 의무(Duty)가 된다.

조직 내 밸런스란 조직 내에서 각 부문간의 힘(Power)의 균형을 말한다.

138

〈그림3〉 경영전략의 배분을 각 부문에 분담시킬 경우

조직 내의 밸런스를 생각하여 배분한다	그러나	단순히 각 부문의 얼굴을 세워 주는 식의 배분이 된다면 무책임 하게 될 우려가 있다
종합적인 책임은 반드시 한부문에게 지운다	그러나	부분적인 책임은 담당 부문의 책임이다
부문간에 불일치가 생겼을 때에는 톱이 중재해야 한다	그 이유는	전략 결정이나 실시의 경우 톱이 리더십을 발휘하지 않으면 안 되기 때문이다

〈그림4〉 경영전략의 배분을 둘러싼 권한과 책임

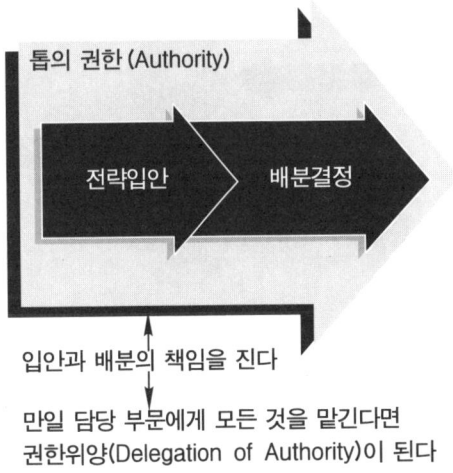

톱의 권한 (Authority)

전략입안　배분결정

담당 부문

전략 실시

입안과 배분의 책임을 진다

실시 책임을 진다

만일 담당 부문에게 모든 것을 맡긴다면
권한위양(Delegation of Authority)이 된다

컨플릭트(Conflict)란 갈등, 모순, 불일치, 분쟁 등을 말한다. 종류로는 조직 내 컨플릭트, 조직간의 컨플릭트, 외부 컨플릭트가 있다.	권한(Authority)이란 조직 내에서의 직권범위를 말한다. 톱의 권한은 종업원을 따르게 하는 탁월한 힘을 지닌 권위(Authority: 영어는 권한과 같음)이다.

경영전략의 전달

〈그림1〉 경영전략의 전달(Communication of Business Strategy)

커뮤니케이션의 송신자　　　　　　　　커뮤니케이션의 수신자

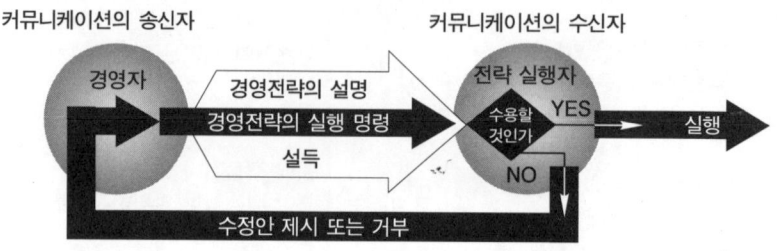

〈그림2〉 경영전략의 전달 패턴

(1) 명령형(Command Type)

(2) 수용형(Acceptance Type)

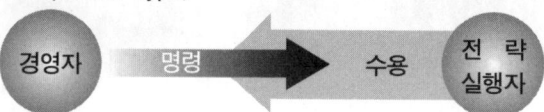

(3) 절충형(Negotiation Type)

수용(Acceptance)이란 조직 내에서 상사의 명령(Command: 강제적 명령, Order: 보통의 명령)을 받아들인다는 것이다. 조직은 명령을 수용할 부하가 없으면 성립되지 못한다.

설득(Persuation)이란 조직의 명령을 부하가 따르도록 설명하여 납득시키는 것을 말한다. 조직에서는 설득이 특히 중요시되고 있다.

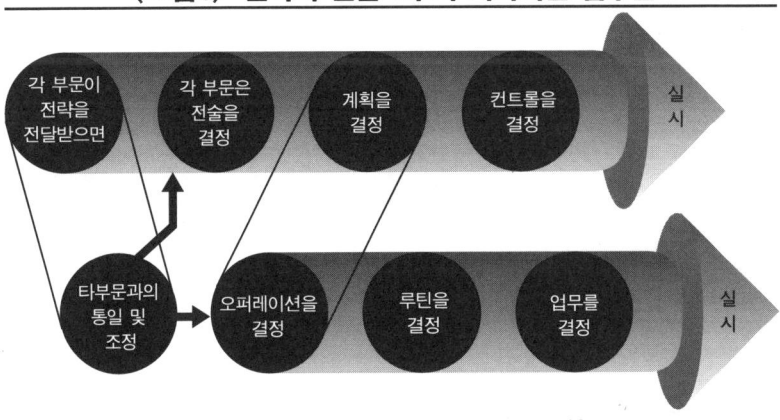

각 부문이
전략을
전달받으면

각 부문은
전술을
결정

계획을
결정

컨트롤을
결정

실
시

타부문과의
통일 및
조정

오퍼레이션을
결정

루틴을
결정

업무를
결정

실
시

〈그림4〉 경영전략의 전달 기본

기본 컨셉트를 납득시킨다	목표를 명시한다	명문화한다 (도표화)
전략을 입안한 이유를 명시한다		전 사원에게 전달한다
전략이 성공했을 때의 결과를 나타낸다	예산을 명시한다	책임과 역할을 명확히 한다

절충(Negotiation)이란 문제를 해결하기 위해 협의하는 것을 말한다. 우리나라 조직의 경우는 형식상으로는 절충형이지만 실질적으로는 명령형이나 다름 없는 경우가 많다.

명문화(Stipulation)란 문장으로서 전략의 전체와 세부사항이 구체적으로 기술된 것을 말한다. 도표 중심일 경우는 내용이 도표로 표시된다. 우리나라에서는 명문화되지 않는 전략이 많다. 그것은 전략의 아이디어라고 말한다.

9-3 전달의 표현방법

〈그림1〉 전달의 표현방법

		표 현 방 법				
전달매체	대면(對面)에 의한 전달 (다른 매체를 쓰지 않는다)	소리	실상 (實像)			수치
	음성에 의한 전달	소리				수치
	서류에 의한 전달			문자	도표	수치
	영상에 의한 전달	소리	실상 (實像)	문자	도표	수치
	전자표시에 의한 전달	소리	실상 (實像)	문자	도표	수치

〈그림2〉 전달의 효율

		정확성	정보량	기록성	기억	인상도
전달매체	대면(對面)에 의한 전달 (다른 매체를 쓰지 않는다)	×	×	×	○	◎
	음성에 의한 전달	×	×	×	×	×
	서류에 의한 전달	◎	○	◎	○	○
	영상에 의한 전달	○	◎	◎	○	○
	전자표시에 의한 전달	◎	◎	◎	○	×

전자표시(Electronic Display)란 디스플레이 장치를 매체로 한 컴퓨터 처리의 표현방법을 말한다. 최근에는 영상처리도 가능하며, 영상에 의한 전달까지도 가능하게 되었다.

통신성(Networking)이 최근 전달의 중요한 요소로 부각되고 있다. 기업활동이 글로벌화하거나 복잡해짐에 따라 많은 사람들이 전략에 터치하지 않을 수가 없게 되었기 때문이다.

〈그림3〉 효과적인 전달이란(경영전략 전달의 경우)

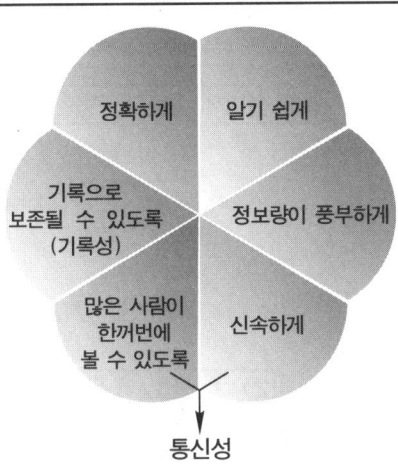

정확하게

알기 쉽게

기록으로
보존될 수 있도록
(기록성)

정보량이 풍부하게

많은 사람이
한꺼번에
볼 수 있도록

신속하게

통신성

〈그림4〉 경영전략 전달의 최근 경향

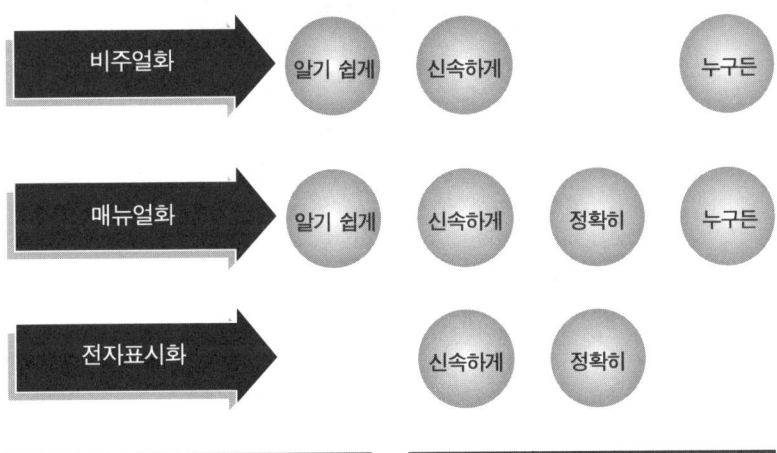

비주얼화 → 알기 쉽게　신속하게　　　　누구든

매뉴얼화 → 알기 쉽게　신속하게　정확히　누구든

전자표시화 → 　　　　신속하게　정확히

비주얼화(Visualization)란 시각을 통한 전달방법을 말한다. 여기에는 도표나 영상 등이 있다.

매뉴얼화(Manualization)란 활동이나 작업을 정형화, 방법화하여 편람, 영상, 화상 등을 통해 업무를 수행해가는 것을 말한다.

9-4 통신과 경영전략

〈그림1〉 경영전략의 전달도 통신시대로

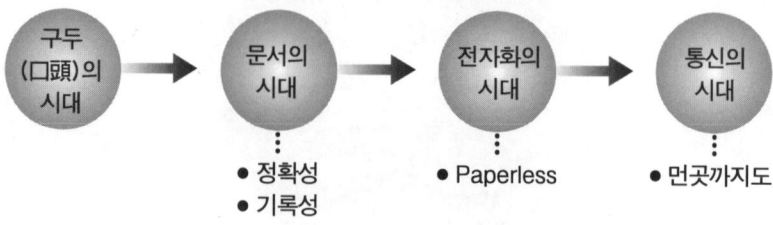

구두
(口頭)의
시대
→
문서의
시대

● 정확성
● 기록성

전자화의
시대

● Paperless

통신의
시대

● 먼곳까지도

〈그림2〉 통신의 특징

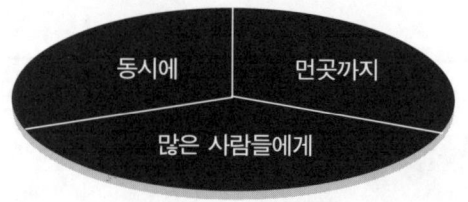

동시에 먼곳까지

많은 사람들에게

〈그림3〉 통신이 중요한 전달방법이 된 이유

글로벌화의 진전 (Globalization)	보다 많은 사람이 전략에 참여

백업

● 통신매체의 발달(정보통신의 기반 발달)
● 컴퓨터화(Computerization)
● 비즈니스가 보다 다이내믹하게(변화+속도)

통신(Network)은 컴퓨터의 저가격화와 통신기술의 발달에 의해 비즈니스 활동의 중핵을 차지하게 되었다. 통신을 축으로 비즈니스가 형성되며 여기에서 새로운 비즈니스 찬스가 생겨나고 있다.

페이퍼리스(Paperless)란 문서가 아닌 통신에 의해 비즈니스 활동을 한다는 것이다. 금융계에서는 페이퍼리스 트레이딩(Paperless Trading)이 생각보다 빠르게 진행되고 있다. 전자메일, 전자게시판, 워크플로도 페이퍼리스이다.

〈그림4〉 그룹웨어(Groupware)의 흐름

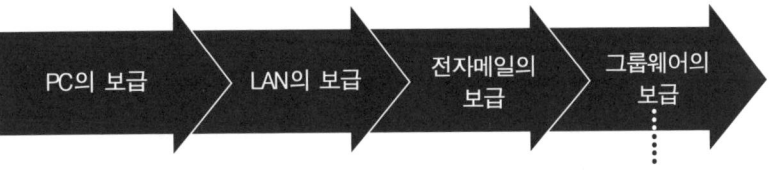

| PC의 보급 | LAN의 보급 | 전자메일의 보급 | 그룹웨어의 보급 |

- 전자회의
- 전자메일
- 전자게시판
- 워크플로 (Workflow: 사무처리 프로세스의 페이퍼리스화)
- 전자그룹디스커션

〈그림5〉 공유화시대

| 컴퓨터에 의한 정보의 공유화 (Groupware) | 컴퓨터의 공유화 | 컴퓨터에 의한 소프트웨어의 공유화 |

※ 데이터의 공유화에서는
- EDI(Electronic Data Interchange)

※ 데이터의 축적에서는
- 데이터 뱅크(Data Bank)
- 데이터 웨어하우스(Data Warehouse)
- 데이터 베이스(Data Base)

※ 소프트의 축적에서는
- 모델 뱅크(Model Bank)
- 소프트웨어 뱅크 (Software Bank)

※ 노하우의 공유화에서는
- 사내 노하우의 공유화

그룹웨어(Groupware)란 사원들이 네트워크를 통해 정보를 공유화하고 문제를 해결하거나 업무를 처리하는 것을 말한다. 업무처리 방법의 혁명이라고 하겠다. 컴퓨터를 사용하되 그룹을 베이스로 하고 있다.

공유화 중에서도 정보나 노하우 등 소프트웨어의 공유화는 기업 내의 전사원에게 학습 효과를 가져오게 하는 동시에 경영전략의 입안이나 실시면에서 보다 많은 성과가 기대된다.

9-5 사 풍

〈그림1〉 사풍(社風)의 동의어

| 사풍
(Company Tradition) | = | 기업문화
(Corporate Culture) |

동의어 : 기업칼라(Corporate Color) ···· 기업색이라고도 함
기업체질 (Corporate Constitution)

〈그림2〉 사풍의 결정 요인

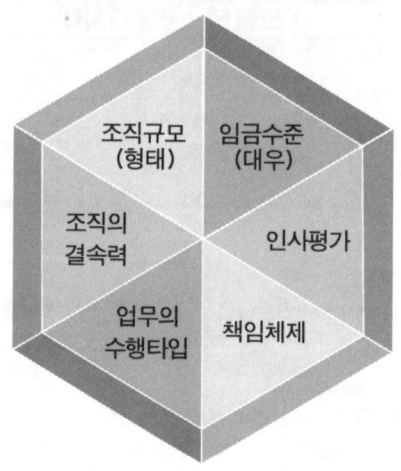

조직규모
(형태) 임금수준
(대우)

조직의
결속력 인사평가

업무의
수행타입 책임체제

사풍(Company Tradition) 이란 회사의 전통적인 기풍을 말한다. 최근에는 기업문화 (Corporate Culture)라고 부르는데 똑같은 뜻이다.

일그러짐 (Distortion) 이란 전달 내용이 무의식적으로 엇갈리거나 특수한 해석으로 이해되거나 하여 다른 내용으로 전달되는 것을 말한다.

〈그림3〉 사풍과 경영전략의 전달

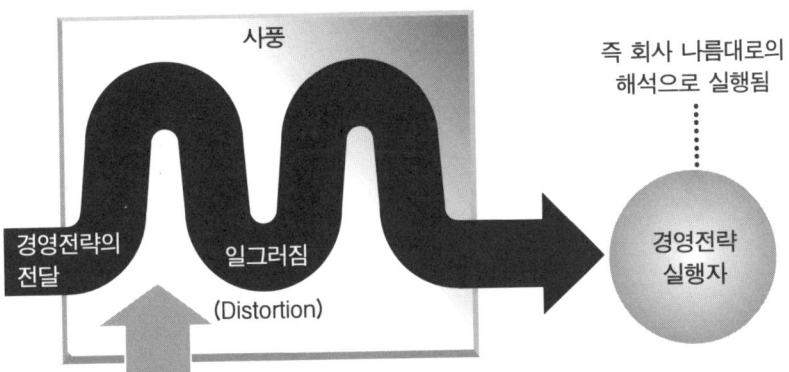

〈그림4〉 전달방법의 변화

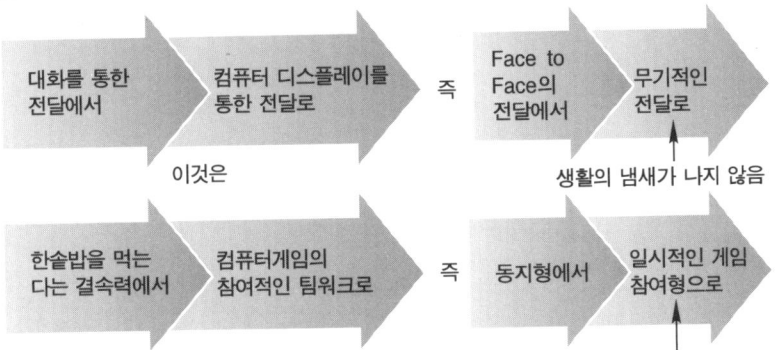

무기적(無機的) 커뮤니케니션(Inorga-
nic Communication)이란 냉정하며
생활의 따뜻한 맛이 없는 전달방법을
말한다. 반대말은 페이스 투 페이스
커뮤니케이션 (Face to Face Com-
munication) 이다.

게임 참여형 팀워크란 게임을 할 때
에는 관심을 가지고 결속하지만 게임
이 끝나면 뿔뿔이 흩어져 전혀 낯 모
르는 관계가 된다는 것이다. 이에 대
한 반대형으로 동지형 팀워크가 있는
데, 일이 끝나더라도 변함없이 결속을
이룬다.

제10장

경영전략의 실시

10-1 경영전략의 실시

〈그림1〉 경영전략 실시까지의 활동

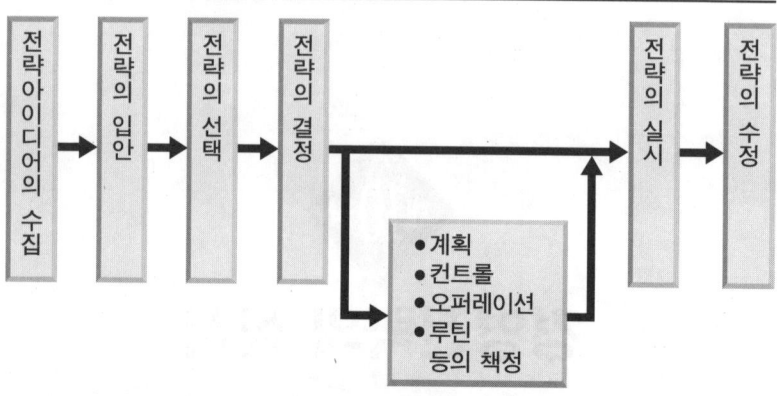

전략아이디어의 수집 → 전략의 입안 → 전략의 선택 → 전략의 결정 → 전략의 실시 → 전략의 수정

- 계획
- 컨트롤
- 오퍼레이션
- 루틴
  등의 책정

〈그림2〉 경영전략을 실시하기 전에 미리 정해두어야 할 것

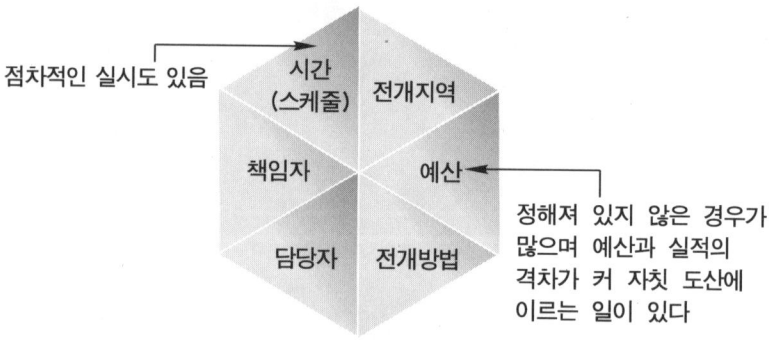

점차적인 실시도 있음

시간(스케줄) · 전개지역 · 예산 · 전개방법 · 담당자 · 책임자

정해져 있지 않은 경우가 많으며 예산과 실적의 격차가 커 자칫 도산에 이르는 일이 있다

실시(Action, Operation이라고도 함)란 경영전략이 실지로 전개되는 것을 말한다. 실시 날짜는 명확히 정해져 있지만 경영전략의 종료 시기가 애매모호한 일이 많다. 이는 경영전략 분석이 충분히 이루어지지 않았기 때문이다.

점차적 실시(Gradual Operation)란 조금씩 조금씩 실시하는 것을 말한다. 반대로 한꺼번에 실시하는 것을 '일제실시'(一齊實施, Simultaneous Operation)라고 말한다.

〈그림3〉 경영전략의 실시 프로세스

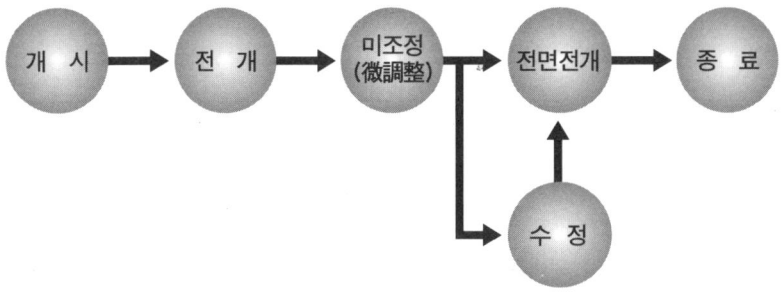

개 시 → 전 개 → 미조정(微調整) → 전면전개 → 종 료

수 정

〈그림4〉 경영전략의 성공조건 중 잊어서는 안 될 포인트

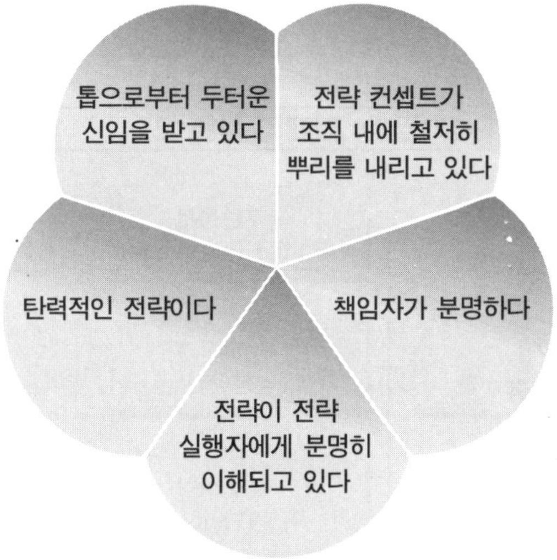

톱으로부터 두터운 신임을 받고 있다

전략 컨셉트가 조직 내에 철저히 뿌리를 내리고 있다

탄력적인 전략이다

책임자가 분명하다

전략이 전략 실행자에게 분명히 이해되고 있다

지지(Support, Backing, Backup)란 경영자의 강력한 후원을 말하는데, 전략의 성공 여부는 대부분 톱의 지지 여부에 달려 있다.

탄력적인 전략(Flexible Strategy)이란 비즈니스의 상황에 따라 자유롭게 변화할 수 있는 전략을 말한다. 이에 대한 반대 개념은 경직적인 전략(Rigid Strategy)이다.

10-2 경영전략의 전개

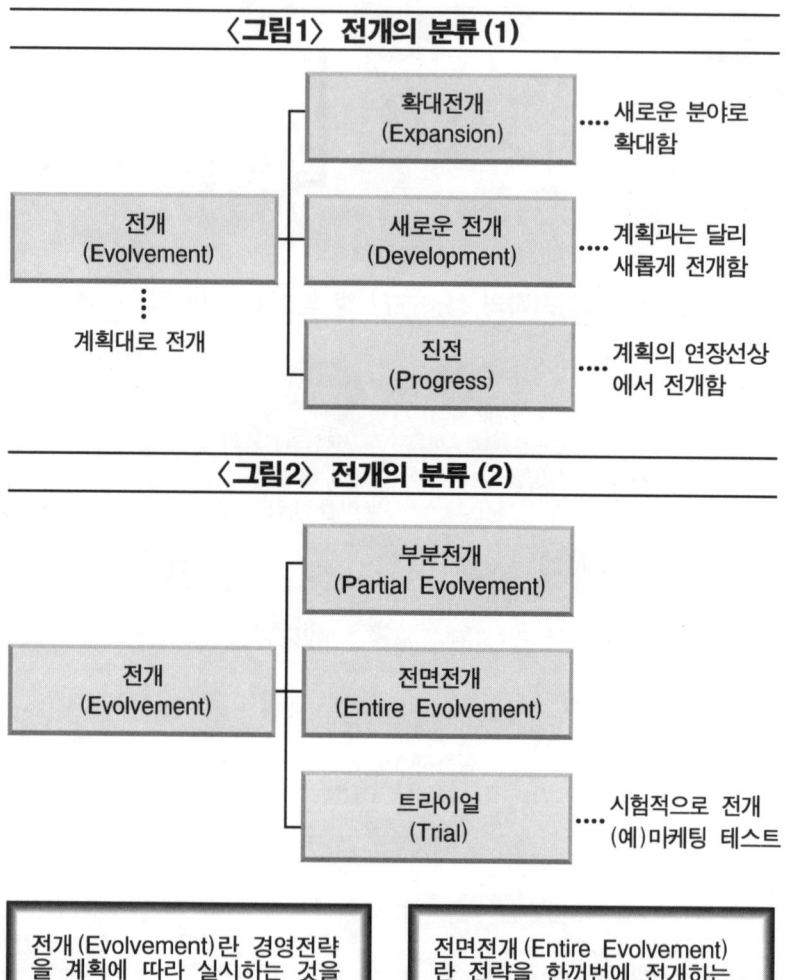

〈그림1〉 전개의 분류(1)

확대전개 (Expansion)	.... 새로운 분야로 확대함
새로운 전개 (Development)	.... 계획과는 달리 새롭게 전개함
진전 (Progress)	.... 계획의 연장선상 에서 전개함

전개 (Evolvement)
⋮
계획대로 전개

〈그림2〉 전개의 분류(2)

전개 (Evolvement)

부분전개 (Partial Evolvement)
전면전개 (Entire Evolvement)
트라이얼 (Trial) .... 시험적으로 전개 (예)마케팅 테스트

전개(Evolvement)란 경영전략을 계획에 따라 실시하는 것을 말한다.

전면전개(Entire Evolvement)란 전략을 한꺼번에 전개하는 것이고, 부분전개(Partial Evolvement)란 계획의 일부분만을 전개하고 그후 나머지 부분을 전개해간다는 것이다.

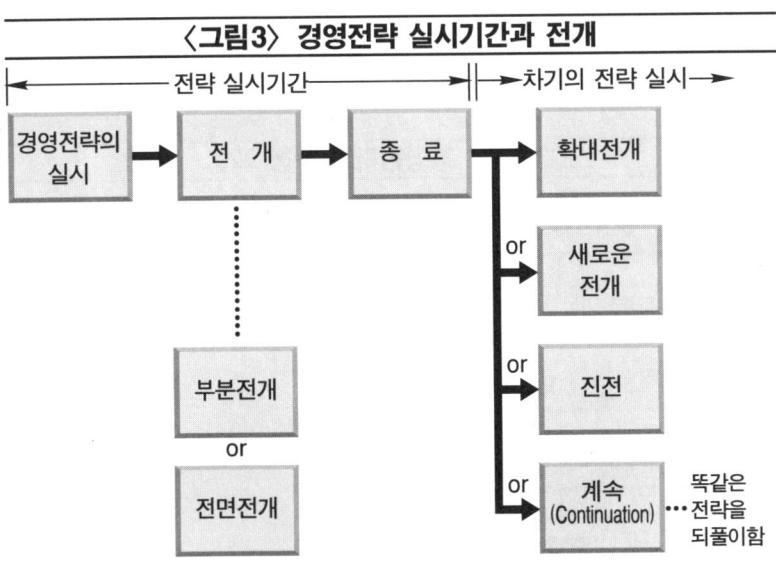

〈그림3〉 경영전략 실시기간과 전개

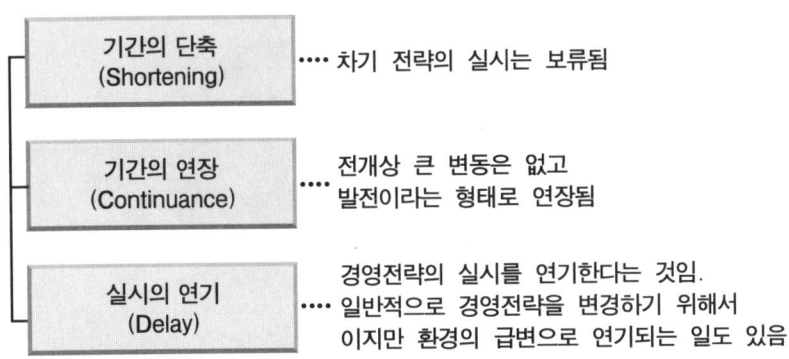

〈그림4〉 경영전략의 실시기간

기간의 단축 (Shortening)	···· 차기 전략의 실시는 보류됨
기간의 연장 (Continuance)	···· 전개상 큰 변동은 없고 발전이라는 형태로 연장됨
실시의 연기 (Delay)	···· 경영전략의 실시를 연기한다는 것임. 일반적으로 경영전략을 변경하기 위해서 이지만 환경의 급변으로 연기되는 일도 있음

트라이얼(Trial)이란 경영전략을 실험적으로 전개한다는 것이다. 그 결과 예측한 대로 순조롭게 진행되면 본격적으로 전개하고, 만일 예측이 크게 빗나가면 전략을 수정하거나 중지한다.

계속(Continuation)과 기간연장(Continuance)과의 차이는, 계속은 전략이 종료된 후에도 다시 똑같은 전략을 전개하는 것이고, 기간연장은 전략의 종료시기를 연기하는 것을 말한다.

10-3 경영전략의 수정과 컨트롤

〈그림1〉 경영전략의 수정 레벨

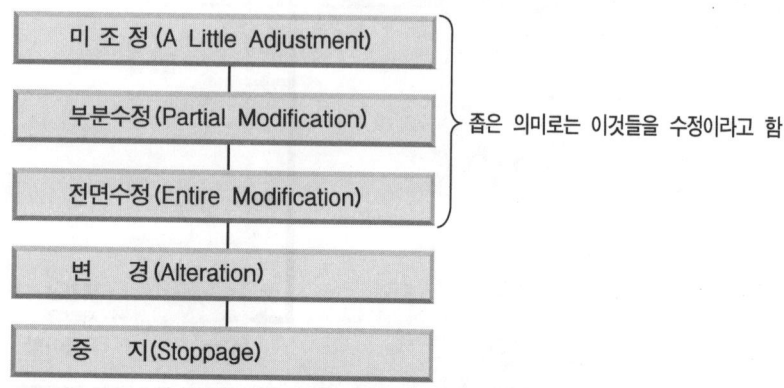

미조정(A Little Adjustment)

부분수정(Partial Modification)

전면수정(Entire Modification)

} 좁은 의미로는 이것들을 수정이라고 함

변   경(Alteration)

중   지(Stoppage)

〈그림2〉 수정과 컨트롤

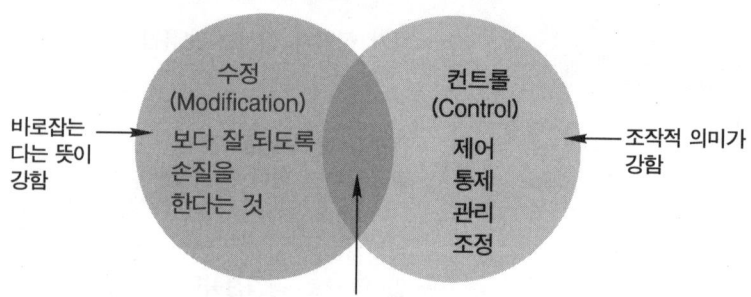

수정
(Modification)
보다 잘 되도록
손질을
한다는 것

컨트롤
(Control)
제어
통제
관리
조정

바로잡는 ─→
다는 뜻이
강함

←─ 조작적 의미가
강함

궤도수정 ••••코스에서 이탈하면 바로잡아 준다는 것
(Course Correction)

수정(Modification)이란 계획된
전략의 결과를 관찰하면서 보다
효과적이며 능률적이 되도록 손
질하는 것을 말한다.

궤도수정(Course Correction)
이란 계획대로 전략이 실시되도
록 바로잡아 주는 것을 말한다.
수정한다는 것이지만 컨트롤한
다는 뜻도 아울러 지니고 있다.

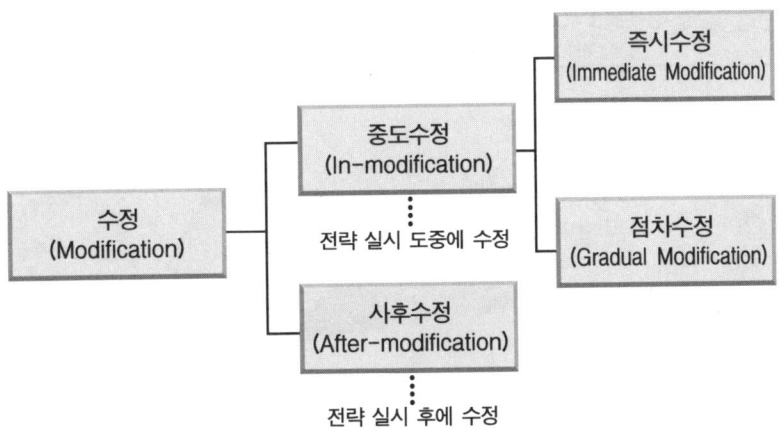

〈그림3〉 시간상으로 수정행동을 분류한다면

```
                                          즉시수정
                                      (Immediate Modification)
                       중도수정
                   (In-modification)
    수정                                     점차수정
(Modification)       전략 실시 도중에 수정   (Gradual Modification)

                       사후수정
                   (After-modification)

                      전략 실시 후에 수정
```

〈그림4〉 만일의 경우를 생각하여 미리 계획을 세워두는 수정행동

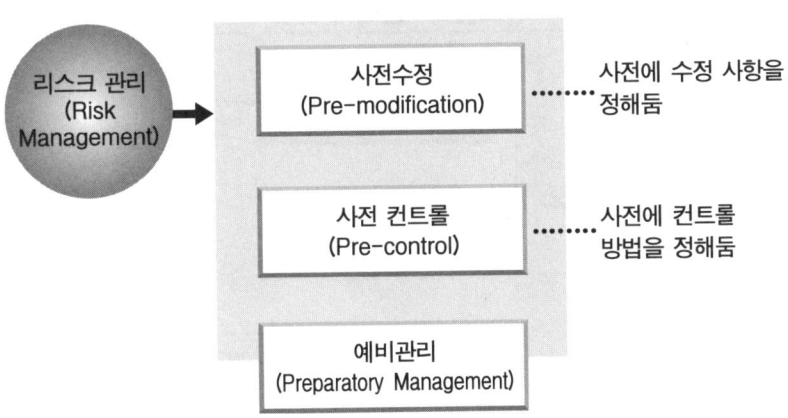

```
리스크 관리          사전수정              사전에 수정 사항을
(Risk           (Pre-modification)      정해둠
Management)

                  사전 컨트롤            사전에 컨트롤
                 (Pre-control)          방법을 정해둠

                   예비관리
              (Preparatory Management)
```

컨트롤(Control)이란 전략이 원활하게 진행되도록 전략 내용을 자유자재로 수정하는 프로그램을 말한다.

예비관리(Preparatory Management)란 만일의 경우를 대비하여 기업경영안을 예비적으로 준비해둔다는 것이다. 이것은 리스크 관리의 한 방편이 된다고 하겠다.

10-4 변혁 프로세스

〈그림1〉 변경과 변혁

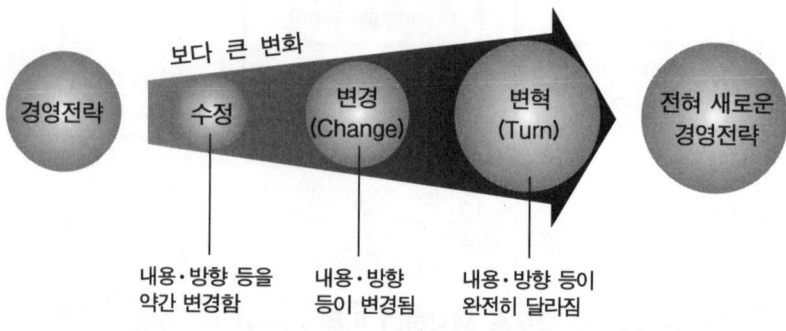

보다 큰 변화

경영전략

수정
내용·방향 등을 약간 변경함

변경 (Change)
내용·방향 등이 변경됨

변혁 (Turn)
내용·방향 등이 완전히 달라짐

전혀 새로운 경영전략

〈그림2〉 변혁의 분류

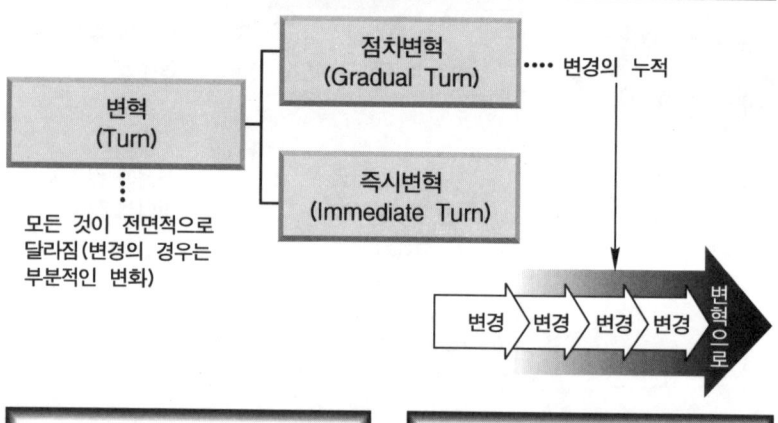

변혁 (Turn)

점차변혁 (Gradual Turn) ···· 변경의 누적

즉시변혁 (Immediate Turn)

모든 것이 전면적으로 달라짐(변경의 경우는 부분적인 변화)

변경 〉변경 〉변경 〉변경 ⟩ 변혁으로

변혁 프로세스(Process of Turn) 란 경영전략 그 자체를 완전히 바꾸는 것을 뜻한다.

변경(Change)이란 경영전략을 일부 바꾸는 것을 말하며, 변혁 (Turn)이란 경영전략을 전면적으로 바꾸는 것을 의미한다.

〈그림3〉 변혁의 내용

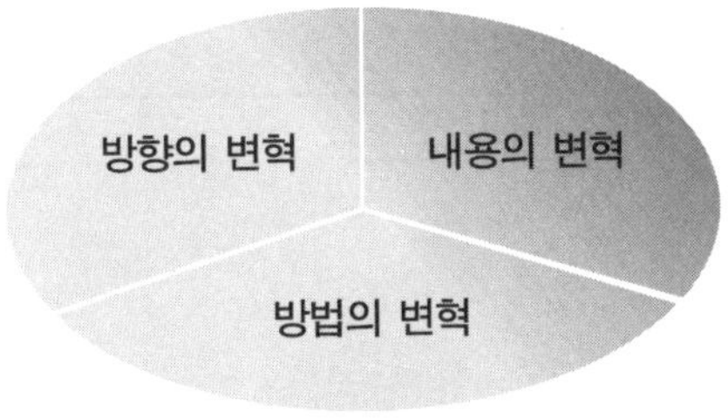

방향의 변혁

내용의 변혁

방법의 변혁

● 담당자와 시간을 바꾸는 것은 '변경'

〈그림4〉 변혁을 해야 하는 이유

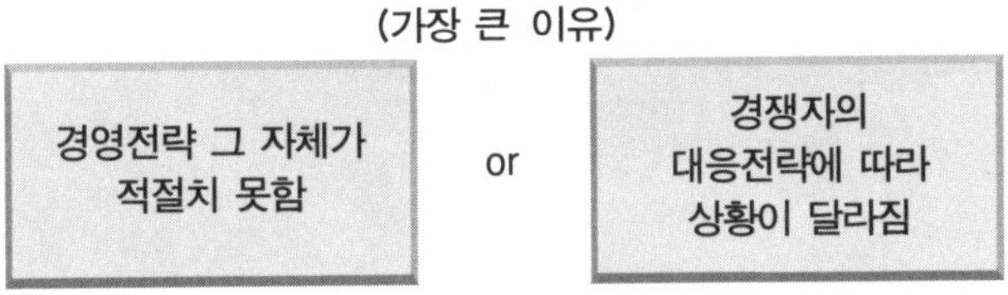

(가장 큰 이유)

| 경영전략 그 자체가
적절치 못함 | or | 경쟁자의
대응전략에 따라
상황이 달라짐 |

〈그림5〉 변혁을 해도 개선되지 못할 경우

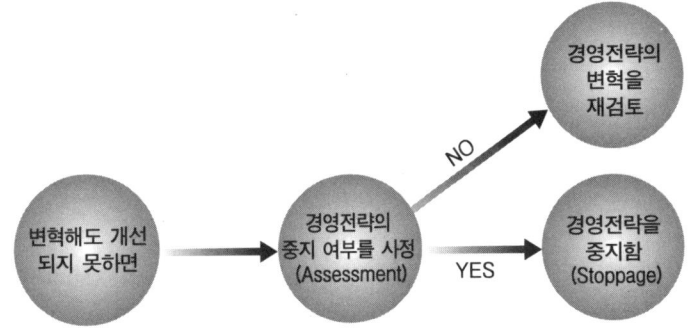

변혁해도 개선
되지 못하면

→ 경영전략의
중지 여부를 사정
(Assessment)

NO → 경영전략의
변혁을
재검토

YES → 경영전략을
중지함
(Stoppage)

개선(Improvement)이란 경영전략을 더욱 효과적으로 만들어 목표와 현실의 갭을 메우려고 하는 것이다.

사정(査定, Assessment)이란 경영전략의 실상과 장래의 성과(유효성과 효율)를 비교검토 하여 결론을 도출한다는 것이다. 최근에는 어세스먼트라고 흔히 부른다.

10-5 경영전략의 중지

〈그림1〉 중지란

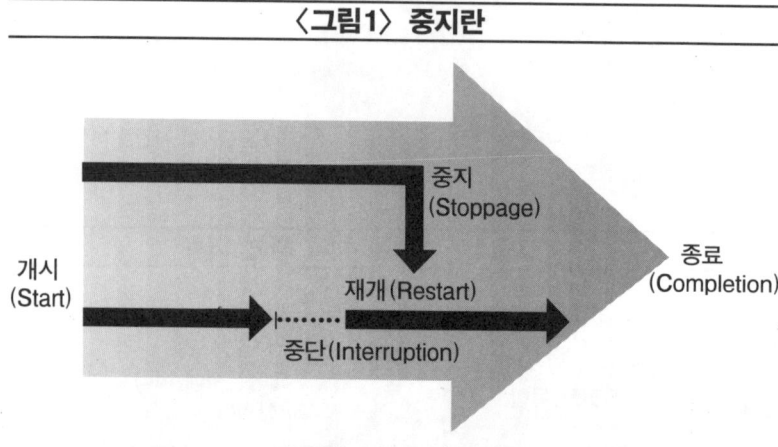

〈그림2〉 중지의 원인

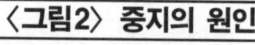

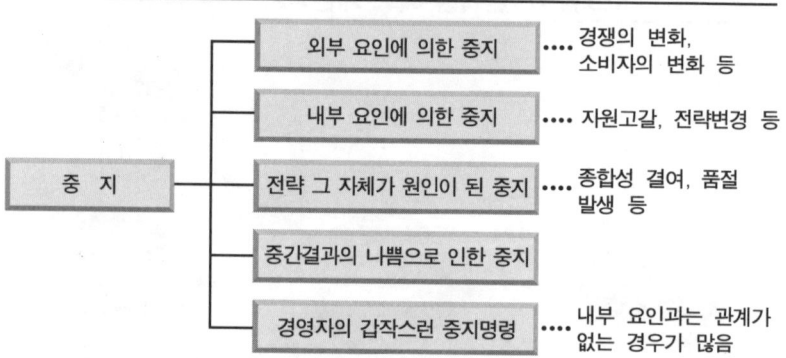

중지(Stoppage)란 경영전략 실시기간중 전략 전개의 중지를 말한다. 기업의 경우 매우 중요한 의사결정인데, 이로 인해 많은 손실을 초래하게 된다.

중단(Interruption)이란 경영전략 전개 기간중 일시적으로 실시를 중단하는 것인데, 그후 상황을 보아 예정대로 전략을 계속하는 것이다.

〈그림3〉 경영전략 중지의 어세스먼트

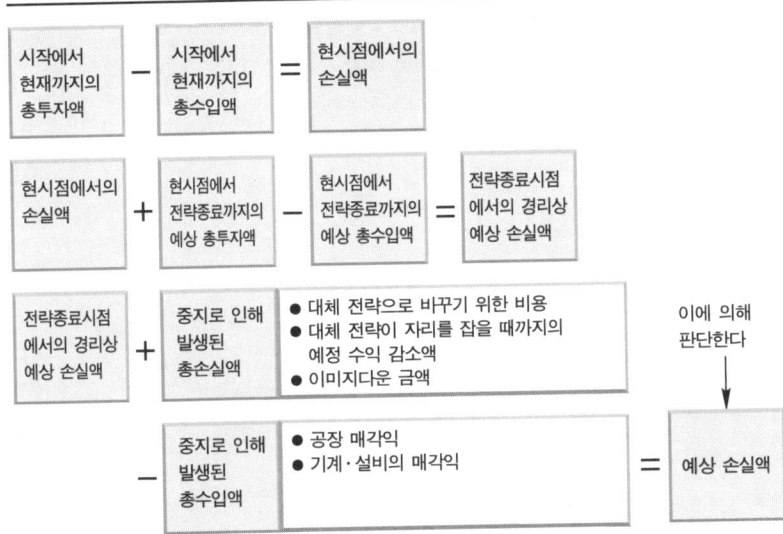

| 시작에서 현재까지의 총투자액 | − | 시작에서 현재까지의 총수입액 | = | 현시점에서의 손실액 |

현시점에서의 손실액 + 현시점에서 전략종료까지의 예상 총투자액 − 현시점에서 전략종료까지의 예상 총수입액 = 전략종료시점에서의 경리상 예상 손실액

전략종료시점에서의 경리상 예상 손실액 + 중지로 인해 발생된 총손실액
● 대체 전략으로 바꾸기 위한 비용
● 대체 전략이 자리를 잡을 때까지의 예정 수익 감소액
● 이미지다운 금액

이에 의해 판단한다

− 중지로 인해 발생된 총수입액
● 공장 매각익
● 기계·설비의 매각익
= 예상 손실액

〈그림4〉 경영전략 중지의 파문

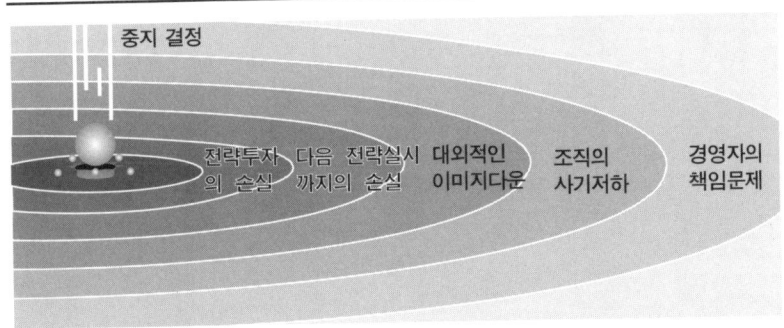

중지 결정

전략투자의 손실 다음 전략실시까지의 손실 대외적인 이미지다운 조직의 사기저하 경영자의 책임문제

파문(Stir)이란 조직 내의 의사결정이 조직 안팎에 영향을 미친다는 것이다.Good Stir와 Bad Stir가 있다. 이 경우는 나쁜 파문이 일어난다.

모랄(Morale)이란 조직에 귀속하고 있는 참여의식을 말한다. 결속력이나 조직인으로서의 윤리관 등이 있다.

제11장

경영전략의 분석

11-1 경영전략의 분석

〈그림1〉 경영전략분석의 분류

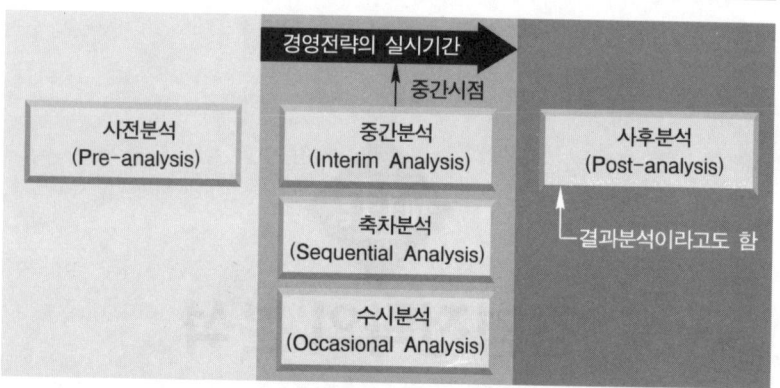

경영전략의 실시기간

중간시점

사전분석
(Pre-analysis)

중간분석
(Interim Analysis)

축차분석
(Sequential Analysis)

수시분석
(Occasional Analysis)

사후분석
(Post-analysis)

결과분석이라고도 함

〈그림2〉 경영전략의 분석이란

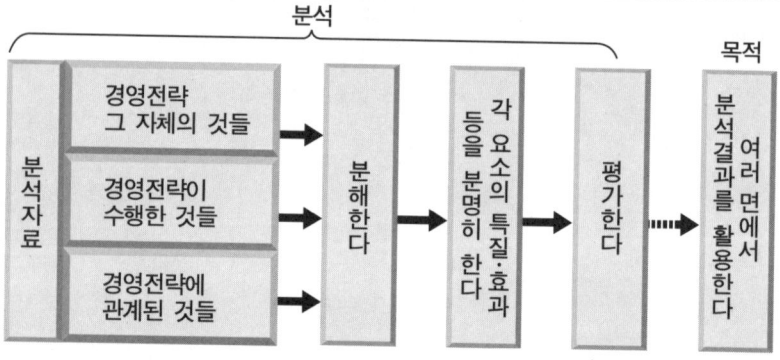

분석

목적

분석자료

경영전략
그 자체의 것들

경영전략이
수행한 것들

경영전략에
관계된 것들

분해한다

각 요소의 특질·효과 등을 분명히 한다

평가한다

분석결과를 여러 면에서 활용한다

분석(Analysis)이란 복잡한 경영전략문제를 각종 요소별로 나누어 그 성질을 분명히 하는 것을 말한다.

축차분석(逐次分析, Sequential Analysis)이란 경영전략의 진행에 따라 순차적으로 분석하는 것을 말한다.

〈그림3〉 경영전략의 기본 분석이란

유효성분석 (목표는 달성되었는가)	효과분석 (실시한 전략의 효과는)
효율분석 (합리적이며, 능률적이었는가)	차이분석 (목표와의 차이는)

〈그림4〉 분석의 담당

┌── 사내에서의 분석

사내분석	or	외부위탁분석

- 정보가 외부에 새어나가지 않는다
- 값싸다
- 빠르다

- 객관적이다
- 책임의 소재가 분명하다
- 전략에 투입된 코스트에 대한 평가가 엄격하다

〈그림5〉 기업의 분석력을 높이는 데 필요한 요건

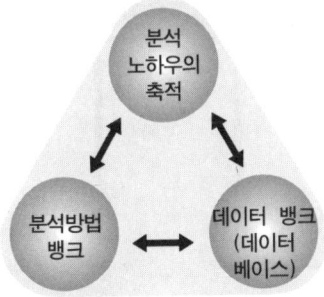

분석 노하우의 축적

분석방법 뱅크

데이터 뱅크 (데이터 베이스)

수시분석(Occasional Analysis)이란 경영전략의 진행 상황에 따라 그때그때 분석하는 것을 말한다.

데이터 뱅크(Data Bank)란 자료나 정보를 기록해두는 장소를 말한다. 데이터 뱅크를 컴퓨터화하여 데이터의 입출(入出) 또는 경신을 효율화한 것이 데이터 베이스(Data Base)이다.

11-2 선택적 인지와 분석

〈그림1〉선택적 인지(Selective Acknowledgment)와 주관적 선택(Subjective Selection)

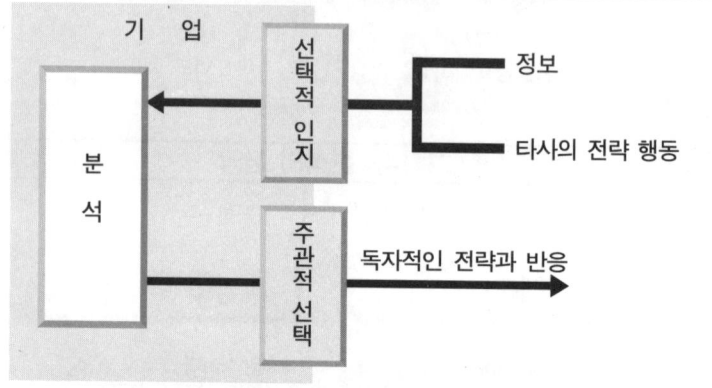

〈그림2〉선택적 인지와 주관적 선택에 대한 영향 요인

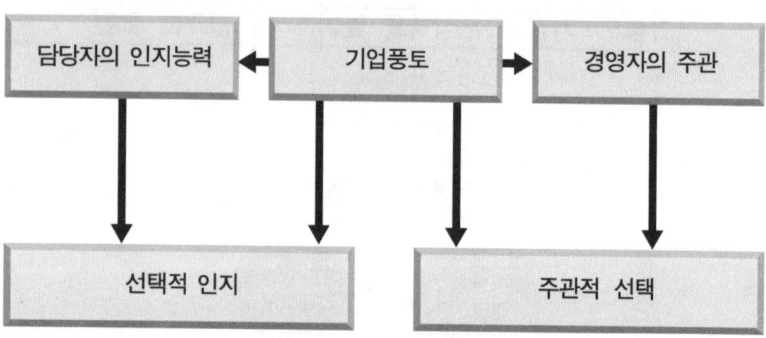

주관적 선택(Subjective Selection) 이란 경영자의 주관에 의해 경영전 략안 중에서 실시전략을 선택한다는 것이다. 많은 객관적 데이터가 활용 되고 있지만, 결국 최종적으로는 주 관에 의해 선택되는 것이다.

인지능력(認知能力, Acknowledge Ability)이란 사물을 확실히 인지하 는 능력을 말한다. 기업풍토나 담당 자의 주관 또는 지위에 따라 인지 정도는 크게 달라진다. 객관적인 데 이터라도 그것을 채택하느냐의 여부 는 주관에 의해 판단된다.

〈그림3〉 분석에 대한 주요 영향 요인

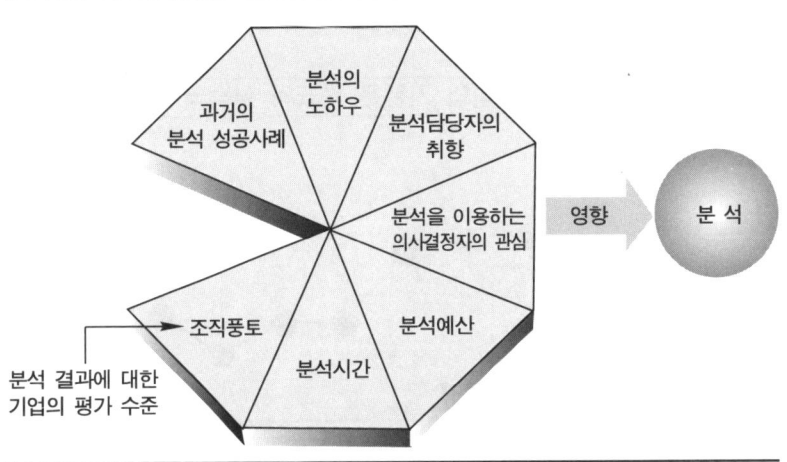

〈그림4〉 선택적 인지의 3가지 기능

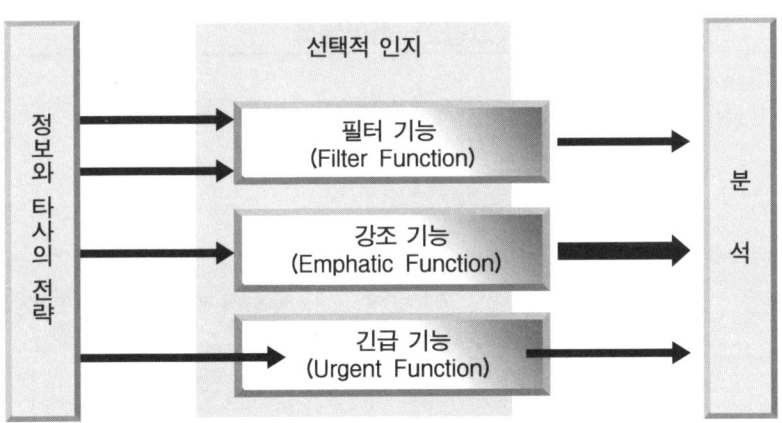

| 필터 기능(Filter Function)이란 정보 등을 의식 또는 무의식적으로 선택하거나 여과하는 것을 뜻한다. | 긴급 기능(Urgent Function)이란 정보에 긴급성이 있다고 판단하여 재빨리 처리하는 것을 말한다. |

11-3 차이분석

〈그림1〉 경영전략분석의 기본은 목표와 실적의 차이분석

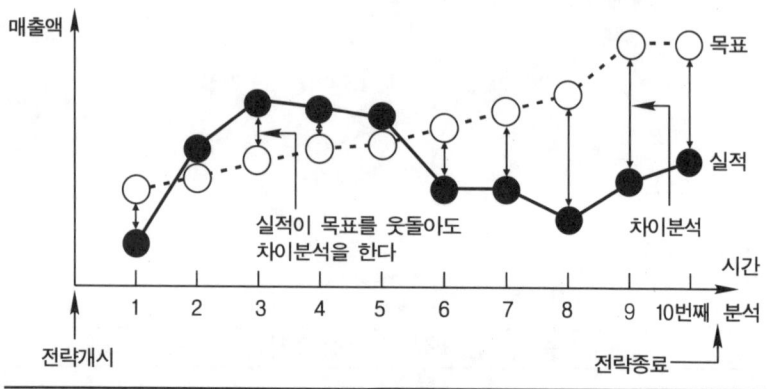

〈그림2〉 차이분석

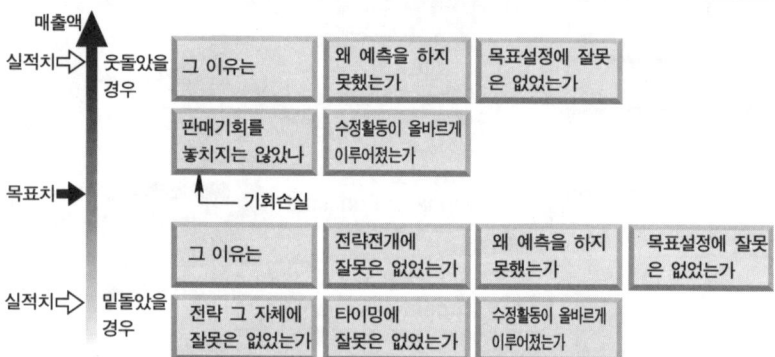

차이분석(Analysis of Difference)이란 목표치와 실적치의 차이에 의해 경영전략에 대한 질적 분석 및 효율분석 등을 행한다는 것이다.

기회손실(Opportunity Cost)이란 잡을 수 있는 기회였음에도 불구하고 놓쳐버리고 만 이익을 말한다.

〈그림3〉 전략 그 자체의 차이분석의 예

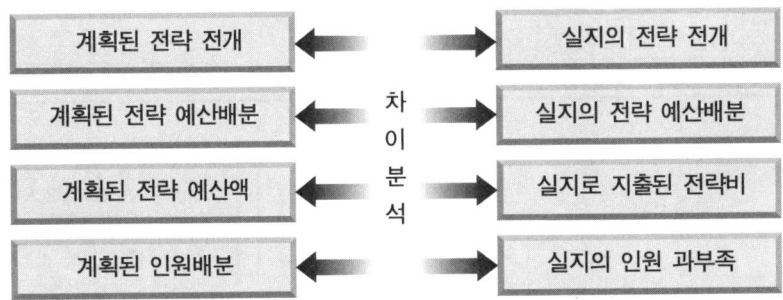

계획된 전략 전개	← 차	→	실지의 전략 전개
계획된 전략 예산배분	이		실지의 전략 예산배분
계획된 전략 예산액	분		실지로 지출된 전략비
계획된 인원배분	석		실지의 인원 과부족

〈그림4〉 목표와 실적이 일치된 경우

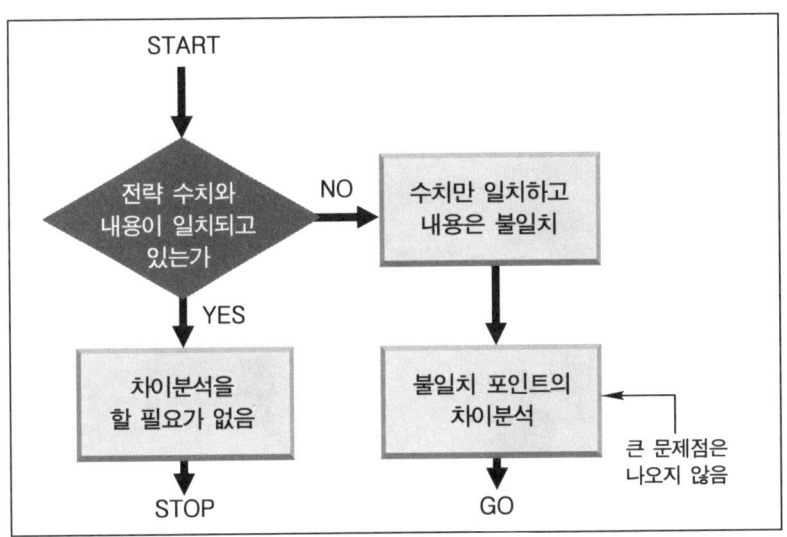

차이분석에서는 전략의 실패 책임을 추궁하지 않는다. 잘못된 점은 분명하게 지적하지만 책임자의 평가나 책임문제에 대해서는 관여하지 않는다.

현실적으로 기업들은 인사문제까지도 연계시키기 때문에 실적치의 조작(Manipulation)이 흔히 행해진다. 이 조작의 분석도 차이분석의 작업범위에 속한다.

11-4 타사의 반응

〈그림1〉 반응의 분류

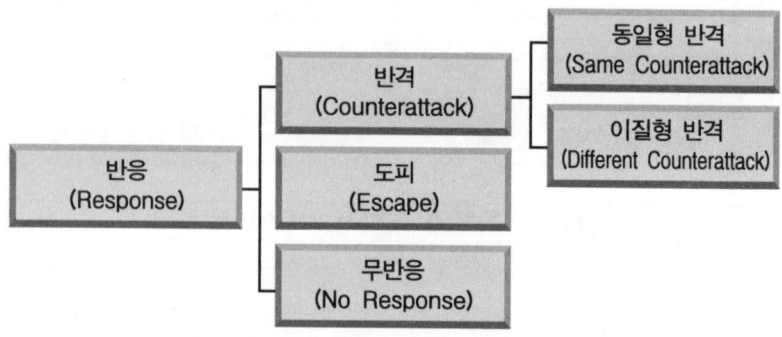

〈그림2〉 반응의 고리(Wheel of Response)

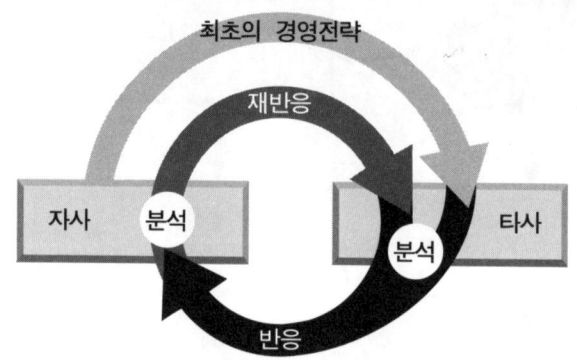

반응(Response)이란 자사가 전개한 전략에 대해 발생하는 타사의 움직임을 말한다.

반격(Counterattack)이란 타사의 전략 전개에 대응하여 공격하는 것을 말한다.

〈그림3〉 상계(相計)란

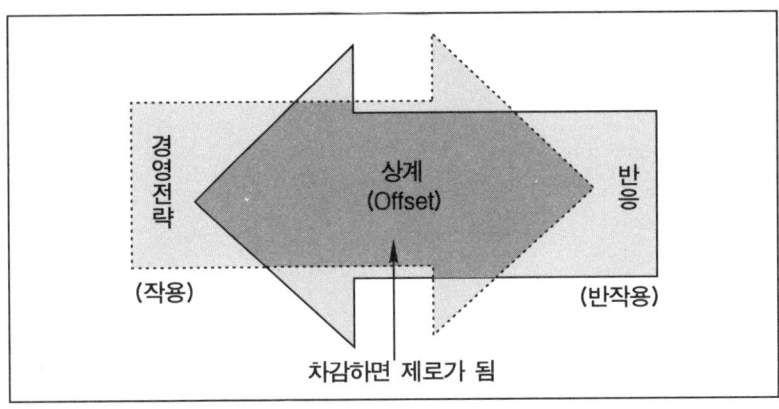

〈그림4〉 반응력(Response Ability)이란

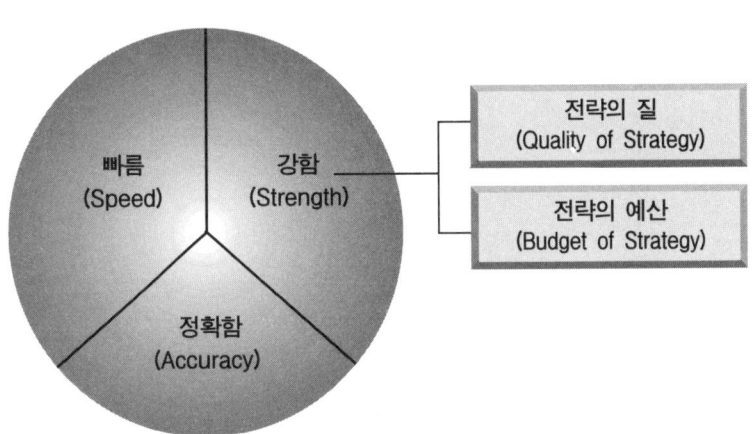

상계(Offset)란 경영전략을 전개했지만 타사의 반응 전략에 의해 전략 성과가 제로가 된 상태를 말한다.

반응력(Response Ability)이란 타사의 전략에 대응하는 움직임을 말한다.

경영전략의 테크닉

제12장

각종 전략

란체스터전략
(란체스터 법칙이라고도 함)

〈그림1〉 란체스터전략이란

제1법칙 1대1의 법칙(1대1의 공중전 유형)

약자의 전략
이라고 부름
● 국지전에서 이김
● 1대1의 싸움에서 이김
● 분산이라는 속임수의
   양동작전에서 이김

(전투기의 공중전이라면)

전투기의 숫자가 많은 쪽이 이김 ··· 원칙

그러므로 전투기의 숫자가 적은 쪽은 무기의 효율을 높여야 한다

제2법칙 집중 효과의 법칙(적군이 보이지 않는 광역전에서는 현대무기를 사용하는 확률전의 유형)

(지상전이라면)

강자의 전략
이라고 부름
● 광역전에서
   이김
● 확률전에서
   이김
● 적을 분산시킴

병력수가 많은 쪽이 이김 ··· 원칙

내용에 있어서 공격력은 병력수의 제곱비(比)가 됨

따라서 병력수가 적으면 싸우지 마라. 병력수가 많으면 공격하라

〈그림2〉 란체스터전략을 마케팅전략에 응용

한곳을 집중적으로 노림	약체기업 공격	작은 영역에서 NO.1
● 지역, 제품, 단골처를 세분화한 뒤 세분된 곳에 기업자원을 집중시킨다	● 약체기업을 공격하여 이긴다	● 세분화된 분야에서 넘버 원이 된다
Concentrate전략	Guppy전략	Money Making Area전략

란체스터전략(Lanchester Strategy) 이란 영국인 F.W. 란체스터가 고안해 낸 전투기 수와 손해량에 대한 법칙 을 말한다. 제2차세계대전에서 이 법 칙이 진가를 발휘했으며, 1960년경부 터는 경영에도 도입되어 Operations Research의 발전 계기가 되었다.

거피(Guppy) 전략이란 자사보 다 약한 기업을 공략하여 유리 한 지위를 차지하는 전략이다. 즉 송사리처럼 작고 약한 기업 을 무력화시키는 작전이다.

12-2 제품믹스전략

〈그림1〉 BCG 매트릭스(Boston Consulting Group Matrix)

		자사의 상대적 마켓셰어	
		높음	낮음
시장성장률	높음	인기상품 (Star)	미심쩍은 상품 (?)
	낮음	돈벌이가 되는 상품 (Cash Cow)	한물간 상품

→ 상품마다 생각해본다

→ 철수해야 할 상품

〈그림2〉 ABC 분석(경제학에서는 파레토의 법칙이라고 함)

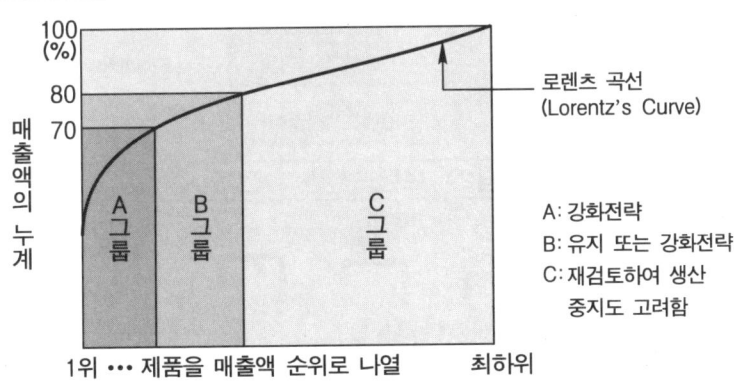

로렌츠 곡선
(Lorentz's Curve)

A: 강화전략
B: 유지 또는 강화전략
C: 재검토하여 생산
   중지도 고려함

1위 ··· 제품을 매출액 순위로 나열   최하위

BCG매트릭스(Boston Consul-
ting Group Matrix)란 제품의
포트폴리오전략으로부터 제품의
위치부여를 생각하려고 하는
방법이다.

ABC분석(ABC Analysis)이란 일부
극소수의 것이 결과의 대부분을 좌
우한다는 파레토의 법칙(Pareto's
Law)을 경영에 응용한 것이다. 제
품믹스전략의 예이지만 영업사원관
리나 재고관리 등에도 이용된다.

12-3 브랜드전략

〈그림1〉 브랜드전략의 분류

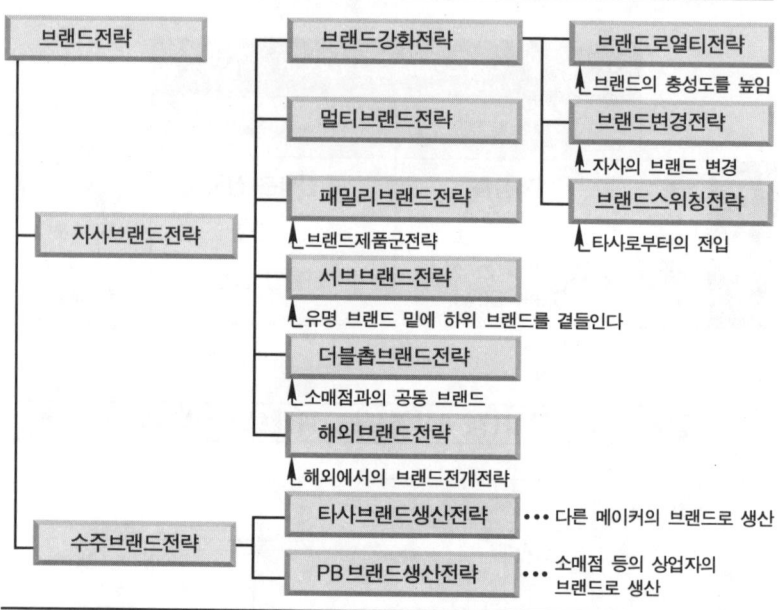

브랜드전략

자사브랜드전략
- 브랜드강화전략
  - 브랜드로열티전략
    - ↑ 브랜드의 충성도를 높임
  - 브랜드변경전략
    - ↑ 자사의 브랜드 변경
  - 브랜드스위칭전략
    - ↑ 타사로부터의 전입
- 멀티브랜드전략
- 패밀리브랜드전략
  - ↑ 브랜드제품군전략
- 서브브랜드전략
  - ↑ 유명 브랜드 밑에 하위 브랜드를 곁들인다
- 더블촙브랜드전략
  - ↑ 소매점과의 공동 브랜드
- 해외브랜드전략
  - ↑ 해외에서의 브랜드전개전략

수주브랜드전략
- 타사브랜드생산전략 ··· 다른 메이커의 브랜드로 생산
- PB브랜드생산전략 ··· 소매점 등의 상업자의 브랜드로 생산

〈그림2〉 브랜드전략의 전개

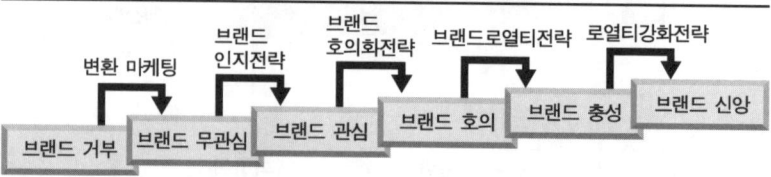

변환 마케팅 / 브랜드 인지전략 / 브랜드 호의화전략 / 브랜드로열티전략 / 로열티강화전략

브랜드 거부 → 브랜드 무관심 → 브랜드 관심 → 브랜드 호의 → 브랜드 충성 → 브랜드 신앙

브랜드 로열티(Brand Loyalty: 브랜드 충성도)란 특정 브랜드에 강한 호감을 느껴 다른 브랜드에는 눈길도 주지 않는 상태를 말한다. 기업은 브랜드 로열티를 획득하기 위해 노력을 기울인다.

멀티브랜드전략(Multi-brand Strategy)이란 동일 상품군(라인)에 복수의 브랜드를 부가시키는 전략을 말한다. 합성세제나 화장품 등에서 흔히 활용된다.

12-4 모델체인지전략

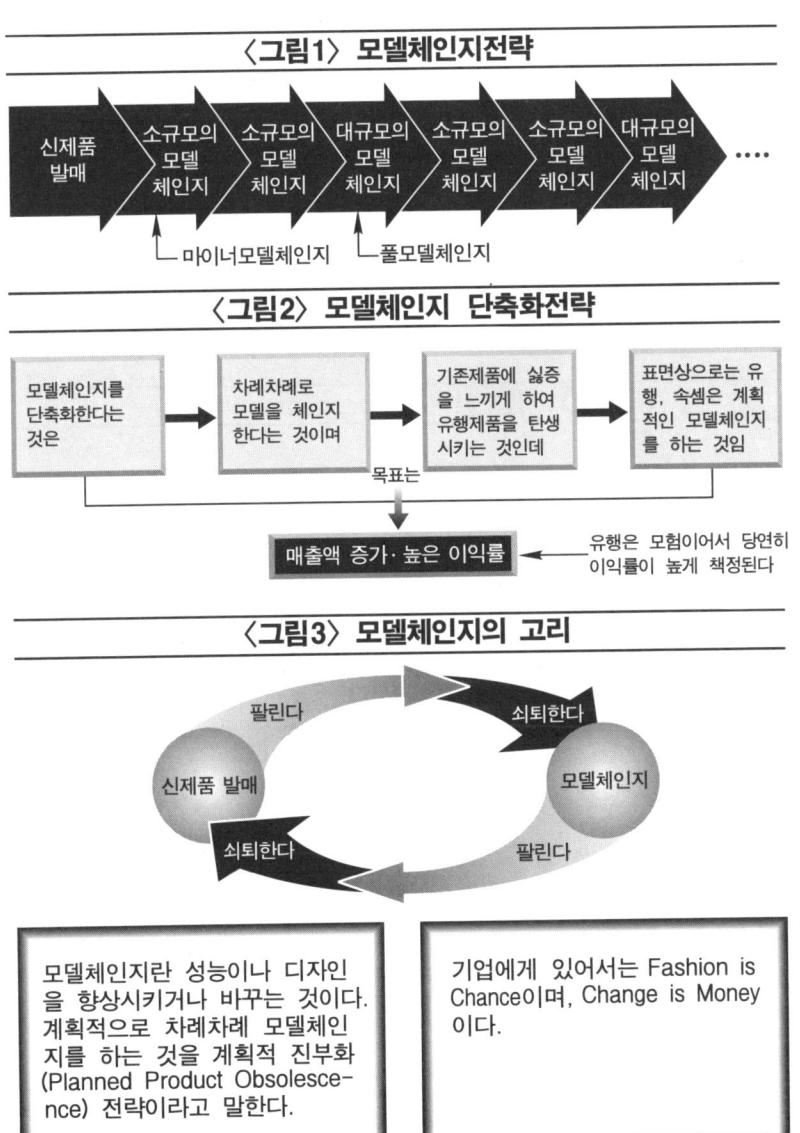

〈그림1〉 모델체인지전략

| 신제품 발매 | 소규모의 모델 체인지 | 소규모의 모델 체인지 | 대규모의 모델 체인지 | 소규모의 모델 체인지 | 소규모의 모델 체인지 | 대규모의 모델 체인지 | ···· |

└ 마이너모델체인지   └ 풀모델체인지

〈그림2〉 모델체인지 단축화전략

| 모델체인지를 단축화한다는 것은 | → | 차례차례로 모델을 체인지 한다는 것이며 | → | 기존제품에 싫증을 느끼게 하여 유행제품을 탄생 시키는 것인데 | → | 표면상으로는 유행, 속셈은 계획적인 모델체인지를 하는 것임 |

목표는

매출액 증가·높은 이익률 ← 유행은 모험이어서 당연히 이익률이 높게 책정된다

〈그림3〉 모델체인지의 고리

팔린다 → 쇠퇴한다

신제품 발매   모델체인지

쇠퇴한다 ← 팔린다

모델체인지란 성능이나 디자인을 향상시키거나 바꾸는 것이다. 계획적으로 차례차례 모델체인지를 하는 것을 계획적 진부화(Planned Product Obsolescence) 전략이라고 말한다.

기업에게 있어서는 Fashion is Chance이며, Change is Money 이다.

12-5 이미지전략

〈그림1〉 이미지란

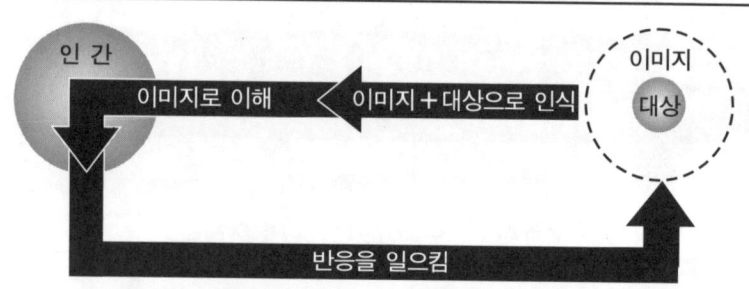

〈그림2〉 기업 이미지(Corporate Image)

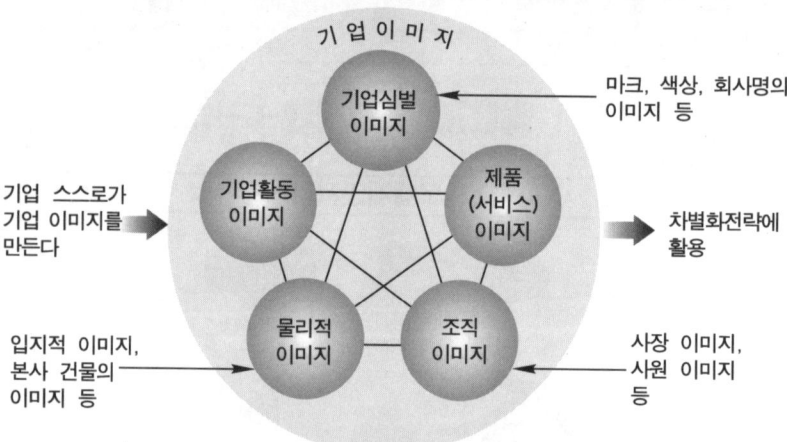

이미지(Image)란 대상을 인식할 때 인간이 마음에 갖는 심적 영상을 말한다. 특히 우리나라 사람들은 이미지로 이해하는 경향이 있어 기업이 이미지로 전략을 전개하는 일이 많다.

이미지(Image 또는 Profile) 전략이란 기업(Corporate)이나 제품을 판매할 때 이미지에 의해 구매결정이 이루어지도록 만드는 전략을 말한다.

패션화전략

〈그림1〉 패션의 파급 프로세스 – 트리클 다운형(Trickle Down Type)

〈그림2〉 패션의 파급 프로세스

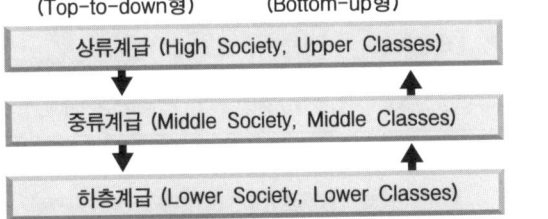

〈그림3〉 패션화 경향

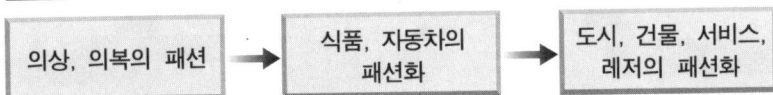

패션(Fashion)이란 사회에 일시적으로 널리 유행되는 것이나 물건을 말한다. 비즈니스의 경우 제품이 잘 팔려나가며 이익률도 높아 메리트가 크다.

오피니언 리더(Opinion Leader)란 유행을 제일 먼저 받아들이는 사람을 말하는데, 이 사람들은 다른 사람에게 유행을 전달하는 데 큰 위력을 갖고 있다.

12-7 붐 메이킹 전략

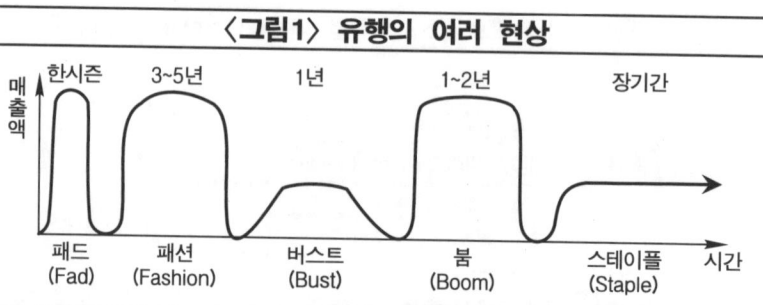

〈그림1〉 유행의 여러 현상

매출액 (세로축), 시간 (가로축)

한시즌 / 3~5년 / 1년 / 1~2년 / 장기간

패드 (Fad) / 패션 (Fashion) / 버스트 (Bust) / 붐 (Boom) / 스테이플 (Staple)

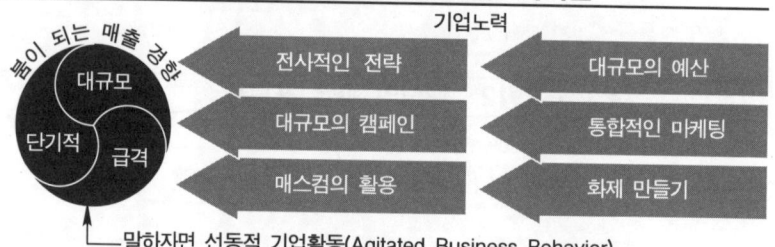

〈그림2〉 붐 메이킹을 일으키려면

붐이 되는 매출경향

대규모 / 단기적 / 급격

기업노력

전시적인 전략 / 대규모의 예산
대규모의 캠페인 / 통합적인 마케팅
매스컴의 활용 / 화제 만들기

말하자면 선동적 기업활동(Agitated Business Behavior)

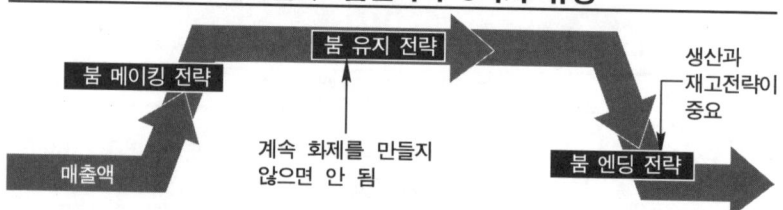

〈그림3〉 붐전략의 3가지 유형

붐 유지 전략

붐 메이킹 전략

생산과 재고전략이 중요

붐 엔딩 전략

계속 화제를 만들지 않으면 안 됨

매출액

붐 메이킹(Boom-making)이란 급격하게 유행이 확산되는 것을 말한다. 말하자면 선동적 기업활동(Agitated Business Behavior)이다.

붐전략에는 붐 유지(Boom-keeping) 전략과 붐 엔딩(Boom-ending) 전략이 있다.

12-8 PR전략

〈그림1〉 PR의 분류

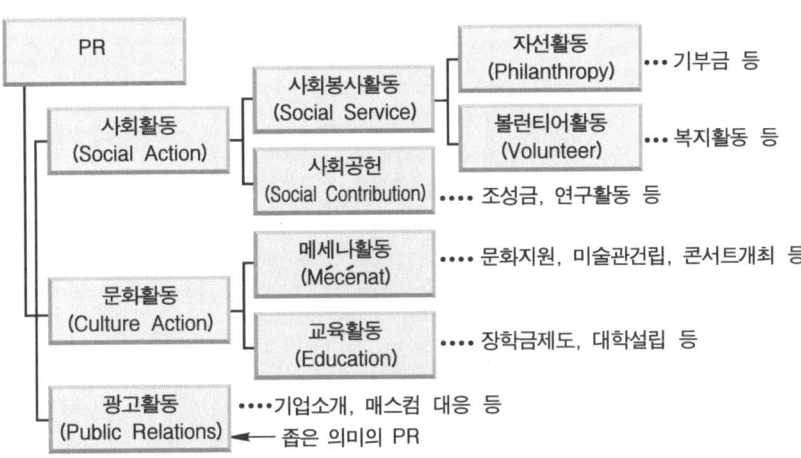

〈그림2〉 기업과 사회와의 연계

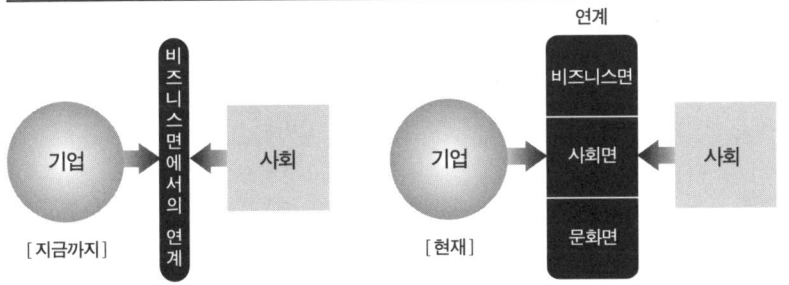

퍼블릭 릴레이션즈 (PR:Public Relations)란 사회와의 관계를 적극적으로 강화해 가려고 하는 활동을 말한다. 좁은 의미로는 기업의 홍보활동을 뜻한다.

연계(Relation)의 중요성은 기업이 비즈니스만으로는 결코 존속할 수 없다는 것을 말해주고 있다. 기업생체론적 발상이 중요하다고 하겠다.

12-9 콤플렉스전략

〈그림1〉 미디어 콤플렉스(Media Complex) 전략의 예

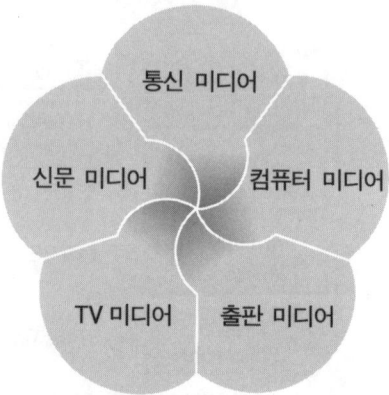

〈그림2〉 어뮤즈먼트 콤플렉스(Amusement Complex) 전략의 예

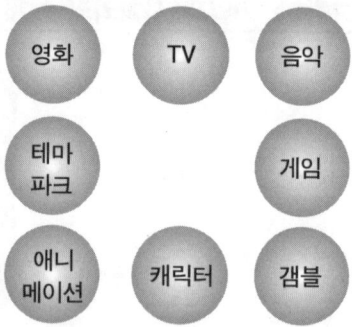

콤플렉스전략(Complex Strate-gy)이란 특정 목표를 지향하기 위해 다방면의 비즈니스를 통합하여 보다 큰 스케일로 비즈니스를 전개해 나가는 전략을 말한다.

콤플렉스전략은 합병이나 그룹화에 의해 실현되는 일이 많다. 단독 전략으로는 한계에 부딪히는 경우가 많기 때문이다.

12-10 코스트 리더십 전략

〈그림1〉 코스트 리더십 전략이란

코스트면에서 업계의 리더십을 장악함 ➡ 저코스트 전략 + 코스트면에서의 차별화 전략

〈그림2〉 코스트 리더십 전략은 강한 경쟁력을 낳게 한다

경쟁력(Competitive Edge)
Lowest Cost Strategy

마켓셰어를 넘버원으로

업계의 리더십 장악

- 현대의 풍조라고 할 '디스카운트 혁명'과 합치되고 있음
- 최저의 코스트 전략은 고품질의 전략보다도 강함
- 코스트 경쟁은 '경쟁의 원점'임
- 코스트 리더십은 마케팅 셰어 넘버원에의 왕도(王道)이며, 업계 리더십의 패스포트임
- 코스트 리더십을 지니고 있는 한 가격경쟁을 하더라도 마지막까지 흑자경영을 유지할 수가 있음
- 코스트 리더십을 지니고 있다는 것은 가격결정권을 갖고 있다는 것임

코스트 리더십(Cost Leader-ship) 전략이란 코스트를 낮추어 업계에서 넘버원을 차지함으로써 업계의 리더십을 거머쥔다는 전략을 말한다. M. 포터가 제안한 사고방식이다.

경쟁력(Competitive Edge) 중에서도 코스트 경쟁력이 가장 큰 힘을 발휘한다. 코스트가 낮다고 하는 것은 기업의 체력이 튼튼하다는 증거이다.

12-11 매뉴얼화전략

〈그림1〉 매뉴얼화는 혁명이다

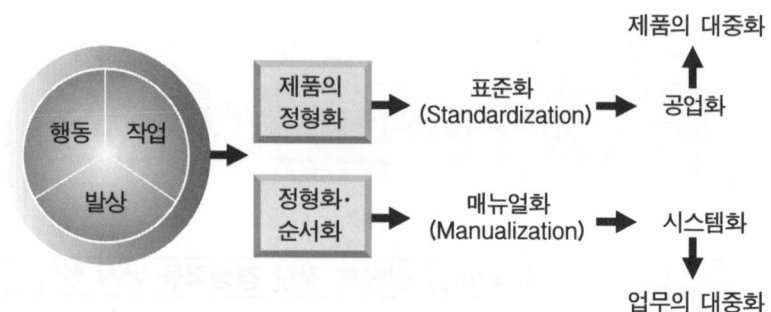

〈그림2〉 매뉴얼화의 메리트

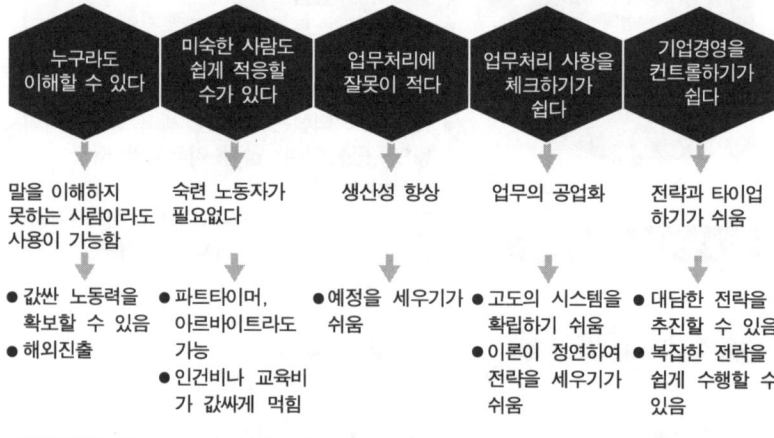

매뉴얼화(Manualization)를 절차나 작업문제로 생각하는 경향이 많은데, 이것은 대단히 중요한 전략과 연계되어 있다. 공업에서 표준화나 규격화에 의해 혁명이 일어났듯이 업무나 소프트의 혁명이 바로 매뉴얼화이다.

업무의 대중화(Generalization of Work)란 누구나가 완벽하게 업무를 다룰 수 있다는 데 있다. 이와 같은 구조를 생각하는 것이 매뉴얼화이다.

184

프랜차이즈전략

〈그림1〉 프랜차이즈란

| 주재자
(프랜차이저 :
Franchiser) | 사업권리
기업명, 노하우,
제품, 독점판매권 등 →
← 가맹료, 수수료 등 | 가맹자
(프랜차이지 :
Franchisee) | 지시대로
사업활동 전개 → |

〈그림2〉 프랜차이즈의 메리트

주재자의 메리트	**가맹자의 메리트**
● 가맹점의 자산 활용이 가능함 ● 급속한 사업 전개가 가능함 ● 가맹점의 컨트롤이 용이함 ● 가맹점의 노하우 및 하드의 활용이 가능함	● 경영의 노하우를 이용할 수 있음 ● 브랜드력을 활용할 수 있음 ● 지역독점판매권 등을 이용할 수가 있음 ● 주재자의 조직력이나 자금력 등을 활용할 수가 있음

〈그림3〉 프랜차이즈는 혁명이다

외부 사람을 실질적으로
조직 내에 끌어들인다

특히 유통 분야에서의
활용 메리트는 크고
유통의 근본을 완전히
변화시켰다

조직혁명   유통혁명

**프랜차이즈
혁명**

경영관리혁명   재무혁명

권리를 최대한 활용
하여 자사의 확대를
실현시킨다

가맹자의 자산을
활용하여 경영활동의
일부를 부담시킨다

| 프랜차이즈 (Franchise)란 자사의 상표 등 영업상의 상징이 되는 표지나 경영방법 또는 제품 등을 제공하되 그것들을 받아들이는 가맹점이 자사의 지시대로 기업활동을 행하는 사업권리를 말한다. | 프랜차이즈 체인(Franchise Chain)이란 프랜차이즈를 전개하는 본부가 많은 가맹점을 조직화하여 소매업무의 판매활동만을 하도록 하는 경영 형태를 말한다. |

특허전략(1)

〈그림1〉 지적재산권과 특허권과 특허전략

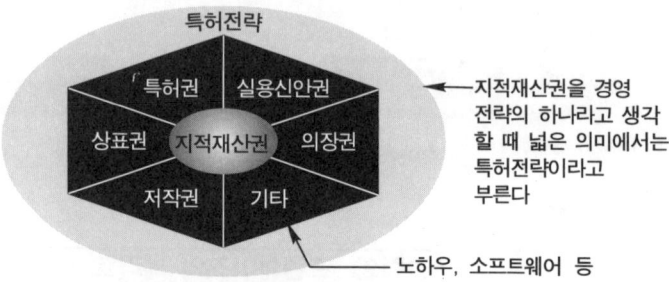

지적재산권을 경영 전략의 하나라고 생각할 때 넓은 의미에서는 특허전략이라고 부른다

노하우, 소프트웨어 등

〈그림2〉 특허전략의 분류

특허전략

특허취득전략 (Patent Acquisition Strategy) ···· 특허를 취득하기 위한 전략

특허활용전략 (Patent Application Strategy) ···· 특허를 기업전략에 활용하여 타사와의 차별화를 도모하는 전략

독점화전략 (Monopolization Strategy) ···· 특허에 의해 시장의 독점을 노리는 전략

방어전략 (Defensive Strategy) ···· 특허에 의해 타사의 공격으로 부터 수비하는 전략

공개전략 (Open Strategy) ···· 특허공개나 크로스 라이선스의 전략

특허비공개전략 (Patent Closed Strategy) ···· 굳이 특허를 공개하지 않는 전략

지적재산권이란 발명, 신안, 의장, 상표 등을 독점하여 사용할 수 있는 권리를 말한다. 기업은 지적재산권을 가짐으로써 독점적 이익이나 특허사용료를 취득할 수가 있다.

특허전략(Patent Strategy)은 어떤 방향의 특허전략을 채택하느냐에 따라서 결과가 크게 달라진다. 최근에는 공개나 크로스 라이선스를 채택하는 일이 많다.

특허전략(2)

〈그림1〉 권리의 여러 가지

		(보호되어야 할 것)	(유효기간)
공업소유권	특허권	···· 발명	···· 출원일에서 20년간
	실용신안권	형태·구조·편성 등의 연구 및 사고	···· 출원일에서 6년간
	의장권	···· 형태·모양·색채 등의 장식 고안	···· 등록일에서 15년간
	상표권	상업을 할 때 자신이 취급했다는 것을 나타내기 위해 글자·그림(도형)·기호 등으로 나타낸 것	···· 등록일에서 10년간
	저작권	···· 저작물	···· 창작에서부터 작자 사후 50년간
	기타		

〈그림2〉 특허(넓은 의미에서)의 메리트와 특허공개의 메리트

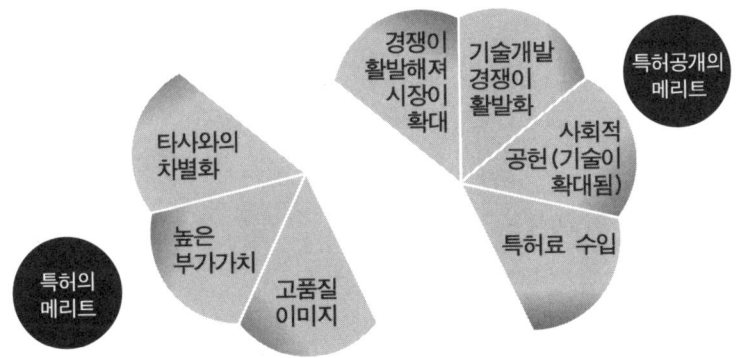

특허공여전략 (Patent Licencing Strategy)이란 특허를 공개함으로써 특허에서 얻어지는 이익을 보다 크게 하는 전략이다. 이익의 대부분을 특허료로 충당하는 기업도 많다.

특허분쟁(Patent Dispute)이 최근 부쩍 늘고 있으며 거액의 특허료 청구 시비가 잇따르고 있다. 특히 하이테크 분야에서 자주 발생한다. 미국의 선발명주의와 일본의 선원(先願)주의의 차이가 미국과의 특허분쟁의 원인이 되고 있다.

12-15 규격전략

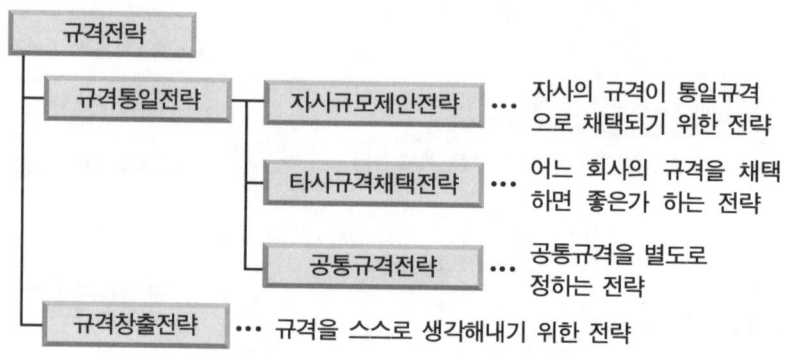

〈그림1〉 규격전략(Standard Strategy)

규격전략

규격통일전략

자사규모제안전략 … 자사의 규격이 통일규격
으로 채택되기 위한 전략

타사규격채택전략 … 어느 회사의 규격을 채택
하면 좋은가 하는 전략

공통규격전략 … 공통규격을 별도로
정하는 전략

규격창출전략 … 규격을 스스로 생각해내기 위한 전략

〈그림2〉 규격의 여러 가지

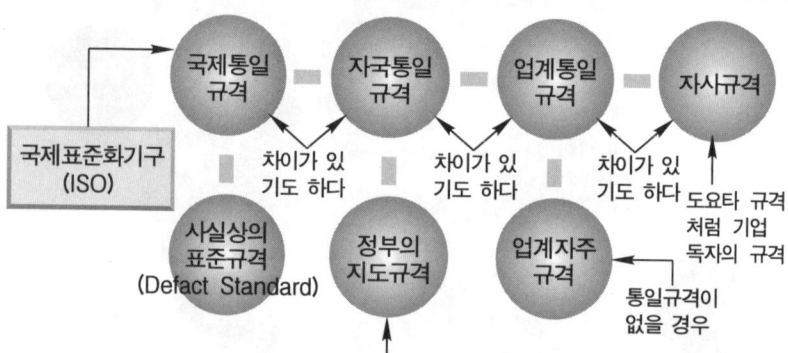

국제통일
규격

자국통일
규격

업계통일
규격

자사규격

국제표준화기구
(ISO)

차이가 있
기도 하다

차이가 있
기도 하다

차이가 있
기도 하다

도요타 규격
처럼 기업
독자의 규격

사실상의
표준규격
(Defact Standard)

정부의
지도규격

업계자주
규격

통일규격이
없을 경우

부처 간에도 차이가 나는 규격이 있다

규격전략 (Standard Strategy) 이란
규격을 전략의 중심 위치에 두고 규
격에 의해 타사보다 우위에 서려고
하는 전략이다. 제품의 품질이 뛰어
나더라도 규격전략에서 패배하면 모
든 것이 수포로 돌아간다. 소니의
베타방식의 VTR이 그 좋은 예이다.

타사규격채택전략도 중요한 전략
으로서 승산이 있는 규격을 채택
하면 성공의 기회가 오지만 승산
이 없는 규격을 채택하면 실패한
다. 규격 채택 여부는 사운이 걸
려 있는 중대한 문제이다.

12-16 ISO 9000 전략

〈그림1〉 ISO 9000(1987년에 발표)이란

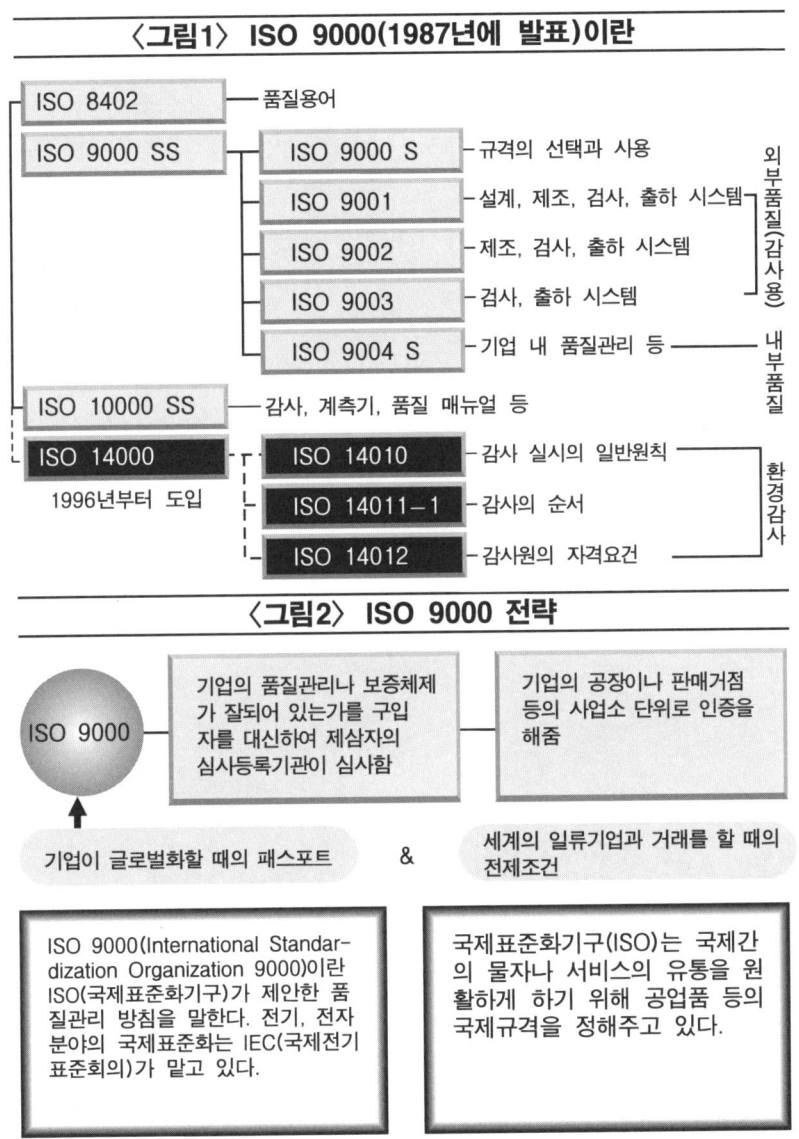

ISO 8402	─ 품질용어
ISO 9000 SS	

ISO 9000 S ─ 규격의 선택과 사용
ISO 9001 ─ 설계, 제조, 검사, 출하 시스템
ISO 9002 ─ 제조, 검사, 출하 시스템
ISO 9003 ─ 검사, 출하 시스템
ISO 9004 S ─ 기업 내 품질관리 등

외부품질(감사용)

내부품질

ISO 10000 SS ─ 감사, 계측기, 품질 매뉴얼 등

ISO 14000
1996년부터 도입

ISO 14010 ─ 감사 실시의 일반원칙
ISO 14011-1 ─ 감사의 순서
ISO 14012 ─ 감사원의 자격요건

환경감사

〈그림2〉 ISO 9000 전략

ISO 9000

기업의 품질관리나 보증체제가 잘되어 있는가를 구입자를 대신하여 제삼자의 심사등록기관이 심사함

기업의 공장이나 판매거점 등의 사업소 단위로 인증을 해줌

기업이 글로벌화할 때의 패스포트 & 세계의 일류기업과 거래를 할 때의 전제조건

ISO 9000(International Standardization Organization 9000)이란 ISO(국제표준화기구)가 제안한 품질관리 방침을 말한다. 전기, 전자 분야의 국제표준화는 IEC(국제전기표준회의)가 맡고 있다.

국제표준화기구(ISO)는 국제간의 물자나 서비스의 유통을 원활하게 하기 위해 공업품 등의 국제규격을 정해주고 있다.

기타 키워드 및 참고문헌

가격파괴(Terrible Discount)

단순한 저가(低價) 전략이 아니라 대폭적인 저가전략을 말함.
구조적, 시스템적으로 저가격을 실현하지 않으면 안 됨.

게임감각 의사결정(Gamesome Decision Making)

경영의 의사결정을 게임감각으로 한다는 것. 비즈니스 시뮬레이션
(Business Simulation)에 물든 비즈니스 스쿨(Business School)
출신들이 빠지기 쉬운 행동임. 이들은 비즈니스를 머니게임(Money
Game)이라고 생각함.

경박단소(輕薄短小)

제품은 가볍고 짧고 얇은 것이 좋다는 사고방식. 이의 반대개념은
중후장대(重厚長大)이며, 1980년대 말에 경박단소가 유행했음.

구매력(Buying Power)

구입량이 증가하면 구입교섭력도 자연히 강해짐. 특히 대기업
또는 구매 그룹의 대량 구매력은 거래처에 큰 위협이 됨. 심지어
공정거래문제까지로 발전하는 일이 있음.

그랜드 디자인(Grand Design)

장기간에 걸친 대규모의 계획이나 구상을 말함.

기업 내 벤처(Venture in Business)

위험이 예상되지만 창조적이며 이익률이 높은 사업을 전개하려는
전략을 말함. 유능한 인재가 스핀아웃(Spinout)되지 않도록 기업
내에서 벤처 비즈니스를 시켜보는 전략임.

네트워크형 조직(Interconnected Organization)

독립된 기업끼리 제휴나 공동개발 등을 통해 수직 또는 수평적
으로 연합하는 조직을 말함. 주식의 지분이나 임원들의 파견도
행해지고 있음.

다운사이징(Downsizing)

규모가 작으며 콤팩트형이 된다는 것. 본래 컴퓨터 용어였는데,
현재는 모든 비즈니스 분야에서 크기나 규모 등의 축소화 경향에
이 용어가 사용되고 있음.

다이렉트 마케팅(Direct Marketing)

메이커가 소비자에게 직접 제품을 판매하거나 판매활동을 하는 것을 말함. 통신판매나 직판장 경영, 다이렉트 메일, 방문판매 등이 있음.

데드 히트(Dead Heat)

치열한 톱 쟁탈 상태를 말함.

델파법(Delphi Technique)

기술 예측 등에 쓰이는 방법. 장래에 대한 기술 예측을 다수의 전문가와 개인에게 앙케트 조사를 하여 그 결과를 회답자에게 피드백하여 다시 회답을 받는 방법임. 이것을 여러 번 되풀이 함으로써 정확한 의견을 집약할 수가 있음.

디시전 룸(Decision Room)

다수의 사원들이 모여 의사결정(Decision Making)을 하기 위해 제공된 방을 말함. 현재는 컴퓨터 디스플레이 장치나 각종 디스 플레이 기기가 설치되어 있으며, 특히 TV회의 등 통신 네트워크가 도입되어 신속하고도 알기 쉽게 의사결정자에게 설명할 수 있게 되었음. 프리젠테이션 룸(Presentation Room)이라고도 함.

디자인 인(Design-in)

설계나 개발 단계에서 메이커와 유저 양측의 기술자가 협력하여 제품을 생산하는 것을 말함. 부품 메이커와 완성품 메이커 사이 에서 흔히 볼 수 있음.

라이선스 생산(Licenced Production)

타기업의 기술 지도를 받아 주어진 사양대로 생산하는 것을 말함. 라이선스 생산을 하는 측은 특허사용료나 생산허가료 등을 지불 함. 라이선스 계약에 의거한 사업을 라이선스 비즈니스(Licenced Business)라고 함.

라이프 사이클 어세스먼트(Life Cycle Assessment:LCA)

제품의 제조에서 폐기까지의 제품 사이클(Life Cycle)을 통해 발생 하는 환경에 대한 종합 영향을 정량적으로 측정, 분석, 평가하여 개선을 제안하는 것임. 환경보호라는 관점에서 행해지는 어세스 먼트임.

레버리즈드 바이아웃(Leveraged Buyout:LBO)

기업을 매수하려는 기업이 매수 대상 기업의 자산이나 영업력 등을 담보로 매수자금을 조달하여 기업을 매입하는 것을 말함.
Leverage는 '지렛대'를 의미함. 적은 돈으로 큰 것을 사려고 하기
때문에 이것을 '지렛대의 원리'에 비유한 것임.

로지스틱스(Logistics)

로지스틱스는 군사용어로서 병참학(兵站學)을 말함. 물류에만
국한하지 않고 원재료, 생산, 인재, 자금, 판매까지를 종합적인
전략개념으로 생각함.

로크리머틱스(Rhochrematics)

기업 전체의 물자 흐름을 종합 관리해 나가는 것을 말함. 로지스
틱스보다 큰 개념임.

로테크(Low Technology의 줄임말)

낮은 수준의 공업기술을 말함. 반대말은 하이테크(High Techno-
logy)인데, 이는 컴퓨터 등의 고도의 첨단기술을 말할 때에
사용됨.

리버스 엔지니어링(Reverse Engineering)

제품이나 소프트를 분해, 분석하여 그 구조나 내용의 아이디어를
끌어내려고 하는 기술을 말함. 이것을 이용하여 신제품을 만들어
내려고 하는 것임. 그러나 특허법 위반에 아슬아슬하게 근접하는
테크닉이어서 문제를 일으키기 쉬움.

리엔지니어링(Reengineering)

업무를 근본적으로 혁신한다는 것임. 리스트럭처링(Restructuring)
보다 대담하고 근본적인 개혁임. 제로에서 시작한다는 발상으로서,
경우에 따라서는 본업까지도 버림.

매니지먼트 사이클(Management Cycle)

계획 ─→ 조직 형성 ─→ 조정 ─→ 종업원의 동기부여 ─→ 컨트롤
이라는 일련의 경영관리 행동을 말함.

메이저(Major)

국제시장을 지배하는 거대 기업을 말함. 복수형의 Majors가 되면
국제석유자본을 뜻함.

면(面) 전략, 점(點) 전략

지역적으로 전략을 전개할 때 사용되는 전략을 말함. 진지(陣地)를
빼앗듯이 인접한 지역을 차례차례로 손에 넣는 전략이 면(面) 전략
이며, 거점지역을 뛰어넘으며 손에 넣는 전략이 점(點) 전략임.
점 전략을 낙하산 전략이라고도 부름.

모듈(Module)

단체(單體)로서 독립된 기능을 소유하고 전체가 모여 큰 시스템을 구성하는 유니트(Unit:단위)를 말함. 즉 표준화된 기본단위가 되는 것.

미디어 믹스(Media Mix)

TV, 전화, 라디오, 출판, 신문, 우편, PC통신 등의 매체를 효과적으로 편성시키는 것을 말함. 광고매체전략에서 생겨난 말인데, 최근에 와서는 큰 의미로 사용되기도 함.

분사경영(分社經營)

거대한 기업이 활성화, 효율화를 위해 기업을 분할하여 경영하는 것을 말함. 좋고 나쁨의 평가는 시대와 더불어 크게 변화함.

블록버스터(Blockbuster)

TV, 출판, 영화, 광고대리점 등이 각기의 블록(Block)을 깨뜨리고 공동으로 붐을 만들어내는 전략을 말함. 붐 메이킹 마케팅(Boom-making Marketing)의 일종임.

비주얼 머천다이징(Visual Merchandising)

시각에 호소하는 상품전략을 말함. 상품의 기획, 생산, 유통, 판매, 디스플레이 등 전반에 걸쳐 상품 연출에 스토리를 지니게 하여 시각호소에 중점을 두는 전략임. 소매업을 중심으로 행해지는 전략임.

비즈니스 빌더(Business Builder)

경영을 재건시키는 사람, 또는 사업을 담당하는 업자.

비즈니스 서베이(Business Survey)

산업 및 업종별 경기 동향에 대한 조사.

비즈니스 콘피던스(Business Confidence)

자신이 몸담고 있는 기업의 장래를 신뢰하거나, 또는 자신이 하고 있는 일에 대해 자신감을 갖고 있다는 것임.

빅 비즈니스(Big Business)

거대 기업.

사이버스페이스(Cyberspace:電腦空間)

전 세계가 컴퓨터 네트워크로 형성된 공간을 말함. 정보를 세계 속에서 주고받으며, 기획이나 설계 또는 정보가공 등을 네트워크로 행함. 이와같이 사업을 편성하는 기업을 가상기업(Virtual Corporation)이라고 하며, 이와 같은 움직임을 사이버스페이스 혁명이라고 함.

산업의 공동화(空洞化)(Hollowing-out of Industry)

메이커의 해외 현지생산이 활발해짐에 따라 국내에서의 생산이나
고용이 감소하는 것을 말함. 일본은 1990년대에 들어서면서 엔고의
영향으로 국내 산업의 공동화가 현실적인 문제로 대두되었음.

생명공학(Biotechnology)

생물이 행하는 반응을 공업적으로 이용하는 기술을 말함. 의약품
비즈니스, 농업 관련 비즈니스, 발효 비즈니스에서 활용되고 있을
유전자의 재편성이나 인터페론 등에서 최근 주목을 받고 있음.

소프트노믹스(Softnomics)

지식집약형 산업이나 서비스 산업 등 소프트 중심의 경제 상태를
말함. Soft와 Economics의 합성어임.

쇄신(Renovation)

새롭게 활기를 부여한다는 것. 좀더 크고 새로운 변화라면
이노베이션(Innovation:혁신). 재생이나 개장(改裝)이라면
리뉴얼(Renewal)이며, 새롭게 보이거나 원기를 회복시키는
것이라면 리프레시(Refresh)가 됨.

수입총대리점(General Import Agency, General Import Agent)

외국 기업의 국내판매권을 인수하여 외국 기업을 대신하여 판매
하는 기업을 말함.

수직적 통합(Vertical Integration)

메이커 → 도매업 → 소매업으로 이어지는 유통채널을 세로축이
라고 생각했을 때 메이커가 도매업이나 소매업을 합병 또는 계열
화하거나, 소매업이 도매업이나 메이커를 합병 또는 계열화하는
세로축 방향의 합병과 계열화를 말함. 또한 소매업이 소매업을
합병하거나 메이커가 메이커를 계열화하는 수평 방향의 합병과
계열화를 수평적 통합(Horizontal Integration)이라고 부름.

스컹크 워크(Skunk Work)

기업 내에서 기업 본래의 업무와는 별도로 남몰래 개인적으로
관심있는 일에 몰두하는 것을 말함.

스크랩 엔드 빌드 전략(Scrap & Build Strategy)

낡은 설비를 폐기(Scrap)해 버리고 새로운 고성능 설비로 대체
하는(Build) 전략을 말함. 소매업에서는 점포의 스크랩 엔드 빌드
전략이 유명함.

스테레오 타입(Stereo Type)

판에 박힌 표현이나 발상을 말함.

시뮬레이션(Simulation)

컴퓨터 등을 사용하여 실제의 실험을 거치지 않고, 모델로 어떠한 현상에 대한 해석(解析)을 행한다는 것. 이것을 모의실험이나 모의체험이라고 부름.

CIS(Corporate Identity System)

기업 이미지를 확립시키는 행동을 말함.

신디케이트(Syndicate)

카르텔 중에서도 가장 결속력이 강한 기업연합 형태를 말함. 배타적인 면이 강하고, 시장 지배를 목적으로 함.

애그러비즈니스(Agribusiness)

농업 관련 산업을 말함. Agriculture(농업)와 Business(비즈니스)의 합성어.

업계의 모르모트(Marmot in Business)

업계 내에서 다른 기업보다 앞서 새로운 것에 도전을 시도하는 기술지향형 파이어니어 기업을 말함. 돈키호테처럼 기업이 스스로 모르모트의 역할을 감당한다는 의미에서 다분히 냉소적이며 비꼬는 투의 말임.

SEC(Securities and Exchange Commission)

미국증권거래위원회. 1934년에 설치된 대통령 직할의 준사법기관. 상장회사나 신탁회사 등에 대한 조사권이나 감독권을 지님.

AV 전략(Audio Visual Strategy)

음성과 화상(畵像)을 결합시킨 전략을 말함.

에어리어전략(Area Strategy)

지역마다 다른 전략을 전개하되 세밀하게 비즈니스를 전개한다는 전략. 에어리어 마케팅도 이에 속함.

AMA

American Management Association(미국경영협회)
American Marketing Association(미국마케팅협회)

엑설런트 컴퍼니(Excellent Company)

초우량 기업을 말함. T. 피터즈와 R. 워터맨이 제안했음.

오거나이저(Organizer)

중간에서 작용하여 조직화를 위해 노력하는 기업이나 개인을 말함. 종합상사의 별칭이기도 함.

인큐베이션(Incubation)

신흥 기업에 대해 공적 기관이 경영의 노하우 및 자금, 인재 등을 제공하여 육성시키는 것을 말함. 육성시키는 기관을 인큐베이터(Incubator)라고 부름.

인텔리전트 빌딩(Intelligent Building)

통신, OA기기, 컴퓨터 등 정보화를 위한 설비가 보다 고도로 이용될 수 있도록 지원체제가 완비되어 있는 건물을 말함.

인프러스트럭처(Infrastructure)

사회·경제적 기반을 말함. 도로, 상하수도, 통신, 전기, 사회제도, 법률, 금융시스템 등을 포함함. 줄여서 '인프러' 라고도 부름.

저스트 인 타임(Just in Time)

가급적 재고량을 줄이기 위해 다빈도(多頻度) 소량 배송을 행하는, 매우 타이트한 시간관리를 하는 물류의 노하우를 말함.

전략사업단위(Strategic Business Unit : SBU)

새로운 발상으로 기존 사업을 재검토하고 새로운 전략을 입안하여 사업을 전개하는 프로젝트 조직을 말함.

전략적 제휴(Strategic Alliance)

대기업과 중소 기업, 국내 기업과 외국 기업, 타업종끼리 R&D(연구개발)나 생산·판매에 있어서 대등한 입장을 유지하며 역할 분담에 의해 공동사업을 행하는 것을 말함. 각 기업이 자사의 장점인 노하우를 제공하여 보다 큰 힘을 발휘함으로써 공존공영을 도모한다는 제휴전략을 말함.

전업화(專業化, Specialization)

사업을 하나로 압축하여 경영을 한다는 것임. 반대개념은 다각화(多角化).

정크(Junk)

잡동사니를 말함. 가치가 거의 없다는 뜻.

제조물 책임(Product Liability : PL)

메이커가 생산한 제품의 하자(瑕疵), 즉 흠집이나 결함 등에 의해 소비자나 소비자 재산에 손해를 입혔을 경우 메이커가 직접 부담 해야 할 책임을 말함. 제조물 책임에 대해 제도화한 법률이 제조 물 책임법(PL법)인데, 이 법률에서는 제품의 결함을 소비자가 입증(立證)하면 기업은 제품이 출하된 후 일정기간 동안 무조건 배상의 책임을 짐.

Z이론(Theory Z)

상호 신뢰와 협력을 바탕으로 하는 집단경영(Collective Enter-prise)을 말함. 기업 경영의 전형인 장기고용, 연공서열, 정기인사, 집단적 의사결정(Group Decision Making) 등이 그 특징임.

종합력 전략(Synthetic Strategy)

기업이 갖고 있는 종합력을 세일즈 포인트로 하는 전략을 말함. 톱기업이 장기로 하는 전략임. 이에 반대되는 전략에는 니치전략 (Niche Strategy) 또는 전문화 전략이 있음.

GALS 비즈니스(Gamble, Amusement, Leisure and Sports Business)

도박, 오락, 레저, 스포츠 등의 비즈니스의 총칭.

카리스마(Charisma)

대중의 마음을 사로잡아 복종시키는 힘을 말함. 조직을 지배하는데 대단히 효과적인 능력이라고 하겠음. 막스 베버가 조직지배력의 하나로 지적했음.

카운터베일링 파워(Countervailing Power : 대항력)

어떤 세력이 강대한 힘을 지니기 시작하면 이에 대항하는 수많은 약한 세력이 반작용적으로 결속하여 강대한 힘에 대항하는 힘을 갖기 시작하는 것을 말함. 밸런스 오브 파워의 원칙.

카테고리 킬러(Category Killer)

특정 제품 분야(카테고리)의 가격파괴 전문점 체인을 말함.

컴패티빌리티(Compatibility)

호환성(互換性)이 있어 어느 쪽에서든 사용이 가능하다는 것. 컴퓨터 용어였음.

컴퓨터 리터러시(Computer Literacy)

컴퓨터에 대한 지식이 해박하여 자유자재로 컴퓨터를 다루는 것을 말함. 반대로 컴퓨터에 알레르기를 일으키는 것을 컴퓨터 일리터러시(Computer Illiteracy)라고 함.

케이스 스터디(Case Study)

비즈니스의 구체적인 사례를 분석, 평가하여 경영의 노하우나 경영이론을 발견하여 배우는 것임. 이와 같은 연구방법을 케이스 메서드(Case Method)라고도 부름.

코스트 퍼포먼스(Cost Performance)

비용에 대한 생산성과 효과를 말함.

태스크 포스(Task Force)
기업 내의 특정 문제를 해결하기 위해 결성되는 팀 또는 위원회를 말함. 전쟁 용어의 기동부대가 이 말의 어원임.

텐트 비즈니스(Tent Business)
유휴지에 대형천막을 설치하고 단기적으로 비즈니스를 행하는 것을 말함.

트레이드 오프(Trade-off)
타사가 매출이 신장되면 자사의 매출은 감소된다는 이율배반적인 관계를 말함.

팀 머천다이징(Team Merchandising : 製販同盟)
메이커와 소매업이 공동으로 제품을 개발하기 위해 업무적으로 제휴하여 시스템적으로 행동하는 것을 말함. 소매업의 정보수집력과 판매력, 메이커의 생산 노하우를 결합시킨 것으로서 신제품의 높은 성공률, 높은 이익률, 재고량의 감소를 목표로 함.

파워 센터(Power Center)
대단히 싼 소매점을 집결시킨 새로운 타입의 쇼핑센터(Shopping Center)를 말함. 1995년 이후 일본에서 붐을 일으키고 있음. 업태 변화가 빠르며, 편성 상태가 각양각색임.

파인(Fine)
고부가가치의 제품을 뜻함. 고부가가치의 세라믹을 파인 세라믹, 고부가가치의 화학제품을 파인 케미컬이라고 부름.

퍼실러티 매니지먼트(Facility Management)
기업 경영을 시설면에서부터 효율적으로 만들겠다는 사고. 공장이나 사무실 등의 시설을 중심으로 한 발상에서 출발하여 건설, 레이아웃, 시설의 유지비, 심지어는 종업원의 작업 안전까지 포괄하여 종합적으로 생각함.

퍼지 매니지먼트(Fuzzy Management)
사원(인간)을 불완전하다고 생각하고 관리하되 이들을 가장 쾌적한 조직으로 만든다는 경영관리의 테크닉.

펌 뱅킹(Firm Banking)
은행과 기업을 온라인으로 연결하는 은행거래시스템을 말함. 일렉트로닉 뱅킹(Electronic Banking)에 포함됨.

플렉시블 매뉴팩처링 시스템(Flexible Manufacturing System:FMS)
다품종 소량자동생산시스템을 말함. 컴퓨터, 로봇, NC공작기계,

자동화 창고, 무인운반차 등으로 구성하되 시장의 다양화에 대응하는 것임.

헤드헌팅(Headhunting)

기업 경영자를 타사에서 스카우트하는 것을 말함. 헤드헌팅의 전문업자를 헤드헌터(Headhunter)라고 부름. 미국에서는 Executive Search 회사라고 부름.

홀론(Holon)

부분과 전체의 유기적(조직적) 결부를 생각하는 관점을 말함. 홀론적 경영 등으로 사용됨. 원래 생물학 용어임.

휴먼 릴레이션즈(Human Relations)

조직이나 기업 내의 인간관계.

기업조직의 직위

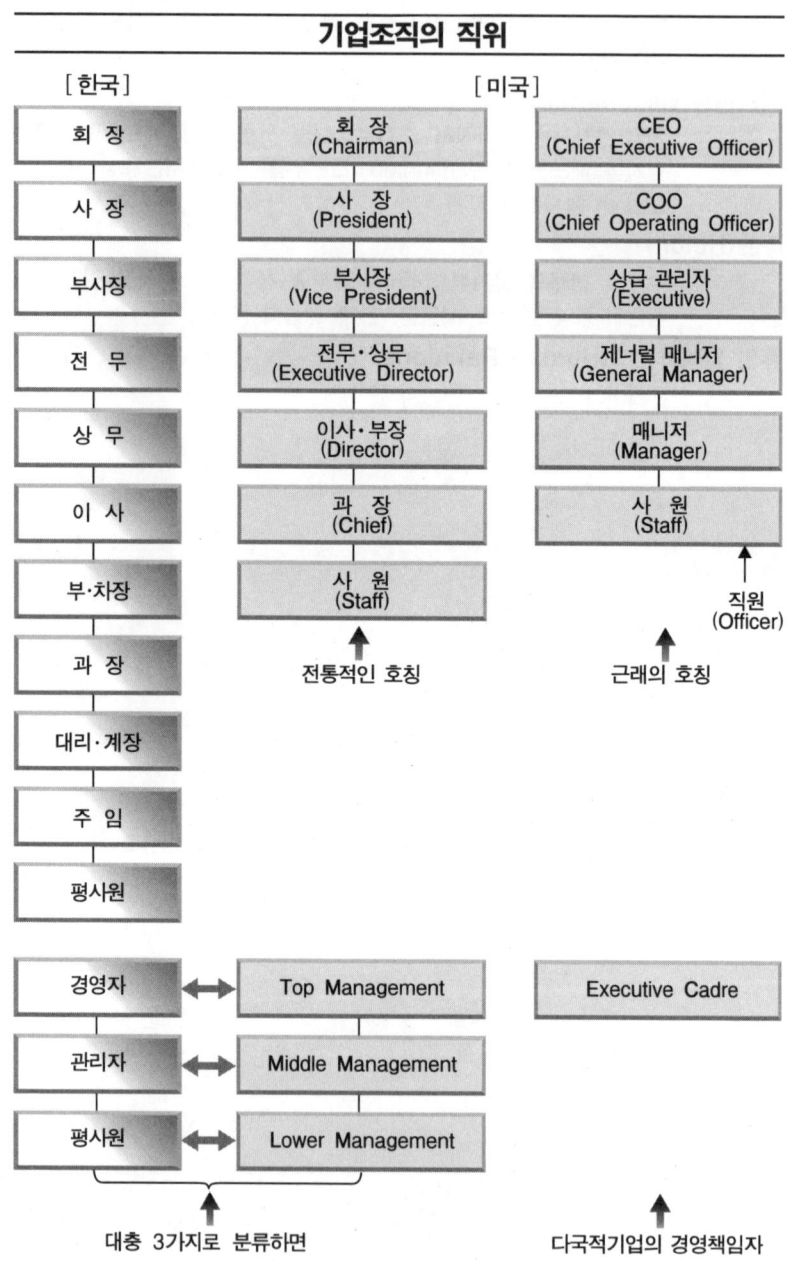

[한국]

| 회 장 |
| 사 장 |
| 부사장 |
| 전 무 |
| 상 무 |
| 이 사 |
| 부·차장 |
| 과 장 |
| 대리·계장 |
| 주 임 |
| 평사원 |

[미국]

회 장 (Chairman)	CEO (Chief Executive Officer)
사 장 (President)	COO (Chief Operating Officer)
부사장 (Vice President)	상급 관리자 (Executive)
전무·상무 (Executive Director)	제너럴 매니저 (General Manager)
이사·부장 (Director)	매니저 (Manager)
과 장 (Chief)	사 원 (Staff)
사 원 (Staff)	직원 (Officer)

전통적인 호칭   근래의 호칭

경영자	↔	Top Management	Executive Cadre
관리자	↔	Middle Management	
평사원	↔	Lower Management	

대충 3가지로 분류하면   다국적기업의 경영책임자

202

[참고문헌]

- *The Mind of Strategist*, K. Omae, McGraw-Hill, 1982.
- *Triad Power*, K. Omae, Macmillan, 1985.
- *Borderless World*, K.Omae, Harper & Row, 1990.
- *In Search of Excellence*, T.J. Peters and R.H. Waterman, Jr., Harper & Row, 1982.
- *Corporate Strategy*, H.I. Ansoff, McGraw-Hill, 1965.
- *Strategy and Structure*, A.D. Chandler, Jr., MIT Press, 1962.
- *A Behavioral Theory of the Firm*, R.M. Cyert and J.G. March, Prentice-Hall, 1963.
- *The New Science of Management Decision*, H.A. Simon, Harper & Row, 1960.
- *Administrative Behavior*, H.A. Simon, Macmillan, 1945.
- *The Sciences of the Artificial*, H.A. Simon, MIT Press, 1969.
- *Principles of Management*, H. Koontz and C. O'Donnell, McGraw-Hill, 1955.
- *The Functions of the Executive*, C.I. Barnard, Harvard University Press, 1938.
- *Organizations*, J.G. March and H.A. Simon, Wiley & Sons, 1958.
- *The Principles of Scientific Management*, F.W. Taylor, Norton, 1947.
- *The Third Wave*, A. Toffler, W. Morrow, 1980.
- *Future Shock*, A. Toffler, Random House, 1970.
- *Powershift*, A. Toffler, Bantam Books, 1990.
- *The Adaptive Corporation*, A. Toffler, McGraw-Hill, 1985.
- *The Practice of Management*, P.F. Drucker, Harper & Brothers, 1954.
- *Innovation and Entrepreneurship*, P.F. Drucker, Harper & Row, 1985.
- *Management*, P.F. Drucker, Harper & Row, 1974.
- *Prognostics*, F. L. Polak, Elsevier Pub., 1971.

- *The Greening of America*, C.A. Reich, Random House, 1970.
- *Top Management Planning*, G.A. Steiner, Macmillan, 1969.
- *Business Strategy*, H.I. Ansoff (ed.), Penguin Modern Management Readings, 1969.
- *From Strategic Planning to Strategic Management*, H.I. Ansoff, R.P. Declerck and R.L. Hayco, Wiley & Sons, 1976.
- *A Concept of Corporate Planning*, R.L. Ackoff, Wiley & Sons, 1970.
- *Redesigning the Future*, R.L. Ackoff, Wiley & Sons, 1974.
- *A Strategy of Decision*, C.E. Lindoblom and D. Braybrooke, The Free Press, 1963.
- *Organization and Environment*, P.R. Lawrence and J.W. Lorsch, Harvard University Press, 1967.
- *Liberation Management*, T.J. Peters, A.A. Knopf, 1992.
- *Competitive Advantage*, M.E. Porter, The Free Press, 1985.
- *Marketing Management*, 5th ed., P. Kotler, Prentice-Hall, 1985.
- *Dynamic Marketing Behavior*, W. Alderson, Irwin, 1964.
- *Marketing Behavior and Executive Action*, W. Alderson, Irwin, 1957.
- *Corporate Cultures*, T.E. Deal and A.A. Kennedy, Addison-Wesley Pub., 1982.
- *Future Perfect*, S.M. Davis, Raphael Sagalyn, 1986.
- *Theorie der wirtschaftlichen Entwicklung*, J.A. Schumpeter, 1912.
- *Innovation*, R.N. Foster, McKinsey and Co., 1986.
- *Business Strategy*, B. Karlöf, Macmillan Press, London, 1989.
- *Management*, third ed., J.A.F. Stoner and C.Wankel, Prentice-Hall, 1986.
- *Strategic Benchmarking*, G.Watson, John Wiley & Sons, 1993.
- *Competing for the Future*, G. Hamel & C.K. Prahalad, Harvard Business School Press, 1994.
- *Reengineering the Corporation*, M. Hammer & J. Champy, 1993.
- *Communication of Innovation*, 2nd ed., E.M. Rogers, Free Press, 1971.
- *Strategic Planning in Emerging Companies*, S.C. Brandt, Addison-

Wesley Pub., 1981.

- *The Aquarian Conspiracy*, M. Ferguson, St. Martin's Press, 1980.
- *Strategic Market Planning*, D.F. Abell and J.S. Hammond, Prentice-Hall, 1979.

그림해설 경영전략사전

초판1쇄 인쇄 / 1996년 12월 15일
초판1쇄 발행 / 1996년 12월 20일

저　자 / 미야 에이지
편역자 / 변명식
발행자 / 박경일
발행처 / 한국산업훈련연구소

주소 / 서울시 동대문구 신설동 104 - 30 2층
등록 / 1978년 6월 24일 제1 - 256호
전화 / 234 - 4174 ~ 5
팩스 / 234 - 6070

값 9,000원
ISBN 89 - 7019 - 143 - 7　03320